Frederick Guttmann R.

While every precaution has been taken in the preparation of this book, the publisher assumes no responsibility for errors or omissions, or for damages resulting from the use of the information contained herein.

EL SEXO AL DESNUDO - EL ORIGEN DE LA SEXUALIDAD

First edition. April 19, 2024.

Copyright © 2024 Frederick Guttmann.

ISBN: 979-8231868766

Written by Frederick Guttmann.

EL SEXO AL DESNUDO

El Origen de la Sexualidad

FredericK Guttmann R.
frederickguttmann@gmail.com
SEXO AL DESNUDO, EL ORIGEN DE LA SEXUALIDAD *(255 páginas)*
*Código de Registro: **1805297220457** (29/05/18)*
www.frederickguttmann.com[1]
Marzo – 2018
Candelaria, Santa Cruz de Tenerife (España)
CP. 38530
*Carátula: **Aday Quintero P.***

SEXO AL DESNUDO, EL ORIGEN DE LA SEXUALIDAD *(255 páginas)*

---

1. *http://www.frederickguttmann.com*

EL SEXO AL DESNUDO - EL ORIGEN DE LA SEXUALIDAD 3

Índice

Me he tomado más tiempo de lo habitual – en lo que respecta a escribir un libro – para ir recogiendo punto a punto lo que el Espíritu Santo me ha ido señalando para tratar esta obra cuyo contenido es tan importante. Hace años me hice consciente de la necesidad de abordar la materia del Sexo, pero no me sentía en capacidad intelectual, experiencial o contextual de evocar el asunto. No se trata solo de saber o tener experiencia en algo, sino de qué quiere el Espíritu Santo que abordes, de cuándo es el momento, cuáles han de ser las herramientas, cómo se va a dirigir la temática y qué se va a decir. Estoy hablando de un área que sabemos que es tabú, especialmente si se mira desde el ámbito cristiano, porque hablar de sexualidad desde el prisma humanista o esotérico no es nuevo, pero cada una de esas tendencias tiene intereses que están mal enfocados, y huecos fundamentales, en algunos casos incluso terriblemente tendenciosos.

La sexualidad se debe analizar desde la comprensión de la funcionalidad de nuestros órganos y sentidos, del rol de la psique, del rol espiritual, del rol mental, del rol emocional, del rol evolutivo, del rol biológico, del rol fisiológico y del rol educativo. ¿Qué es la sexualidad? ¿Qué es lo que hay detrás de la práctica sexual? ¿Qué son los arquetipos del género sexual? ¿Qué finalidades tiene el sexo? Quita de tu mente la idea de que el sexo es algo malo, sea en un sentido consciente o subconsciente. Dios no ha creado nada malo. Fue Dios quien creó el *subject* sexual, no el diablo. El mal plagia, no crea. Tampoco tomes el sexo como un dios y un referente, no lo idealices ni lo priorices.

¿Qué es el sexo? Según Wikipedia, «En biología, el sexo es el conjunto de las peculiaridades que caracterizan los individuos de una especie dividiéndolos en masculinos y femeninos, y hacen posible una reproducción que se caracteriza por una diversificación genética.» Empero, al decir, "tener relaciones sexuales", entendemos la unión de dos sexos diferentes con el uso de sus genitales, aunque en sociología a veces se decía "relación sexual" en lo que respecta a las relaciones sociales o interacción social entre personas de sexos opuestos. El contexto sexual estimula fuertemente los sentidos en el área biológica debido a que la mente creó el arquetipo sexual como proyección de la idea de "separación" y "unión".

Se dice que la palabra 'sexo' viene del latín 'sexus', de la forma 'sectus' (sección, separación), por lo que tendría el mismo cognado original que el vocablo 'sector' o 'secta'. Si miramos más allá de esta apreciación, nos podemos remontar a la Bestia de Apocalipsis. ¿Cómo? Dicha bestia representa a la humanidad en su mundanalidad. Se dice que tres son sus números: 66, 60 y 6. Cada uno es un segmento del 6, que en griego es 'Éxi', fonema de 'sexi' o 'sexo', como se ve en latín, donde 6 es 'Sex' ('sexo' en inglés) o 'Six' ('seis' en inglés). Igual que en los errores comunes sobre la interpretación del '666', se divide el patrón en tres '6', y no en un 600, un 60 y un 6. Por ello es evidente que el uso de la 'X' evoque a lo mismo, sea como sonido del 6 griego, latín, castellano o inglés (aunque hasta en hebreo se parece: 'Shesh'). Las letras originales del 666 eran Ji, Xi y Stigma, cuyo valor jónico era justamente, 600, 60 y 6, respectivamente, y al verse estas letras griegas se asemejan profundamente a las latinas XES, cuyo anagrama es 'Sex'. Viendo la profunda similitud de este concepto con la 'X', no es de extrañar que la pornografía también use este concepto con 3 X (XXX). La bestia es la era de la carnalidad, la era de la libertad y liberalidad sexual, porque el Sexo es el principio cuyas dos polaridades son antagónicas como la realidad misma, en lo bueno Creando, Amando, Uniendo, Complementando, Pacificando, Armonizando, Liberando, Satisfaciendo y alegrando, mientras en lo malo degradando, desequilibrando, separando, destruyendo, violando, traumatizando, matando, cegando, obsesionando, hipnotizando, fomentando adicción y desintegrando el núcleo familiar.

6 **FREDERICK GUTTMANN**

matando, cegando, obsesionando, hipnotizando, fomentando adicción y desintegrando el núcleo familiar.

HISTORICIDAD

Y los Hizo Dios 'Varón y Varona'

¿De dónde sale la historia del hombre y la mujer? El primer hombre y la primera mujer son historia que aparece en todas las culturas, hasta bajo relatos con muchas similitudes. Los escandinavos los llamaron Ask y Embla; los aborígenes de Australia los llamaron Wurugag y Waramurungundi; para los polinesios eran Kumu-Honua y Lalo-Honua; en el hinduismo el primer hombre fue Manu (concretamente Svayambhuva Manu, junto con su esposa Shatarupa); en la cosmogonía japonesa les llaman Susanowo y Amaterasu; en Mesopotamia hay relatos de varios adanes – incluso coincidiendo en la fonética del nombre - como Adapa, Mu, Enkidu o Adamu; los celtas llamaron a la primer pareja Dadam y Maeva; los griegos tenían otros varios como en el mito de Pelasgo o el de Pandora, junto con Epimeteo; los persas llamaron al primer hombre Asu (también Mashya, junto con su esposa Mashyana), los germanos lo conocían por Tuiscon, los lakota como Tocahe (o Wa y Ka), los cowichan como Quiltumtun, y los turcos como Törüngey; en Filipinas conocen a la pareja adámica como Malakas y Maganda; para los cherokee eran Selu y Kanati; para los chinos eran Fu Xi y Nüwa; los kikuyu los llamaron Gikuyu y Mumbi; los maorí Tiki y Marikoriko; los navajo Áltsé Hastiin y Áltsé Asdzą́ą́. Sucesivamente aparecen en múltiples relatos incas, aztecas y africanos, y de otras tantas culturas por todo el mundo. Todos tenían la noción de una pareja inicial de hombres mortales, a imagen de dioses iniciales, también masculinos y femeninos. En muchos de estos anales no aparecen los nombres propios de la pareja o del primer humano, pero sí se describe la idea, como en el caso del dios egipcio Khnum modelando al primer humano en su torno de ceramista.

El asunto de lo masculino y lo femenino ya existía entre los espíritus, entre las virtudes y entre los dioses, antes de verse en lo humano o en lo animal. En ellos no solo existía macho y hembra, sino la copulación. Ieshua (Jesús) nos dice que todo emergió de un Perfecto

Uno, quien vio su viva semejanza en el agua que le rodea, y se enamoró de ella y la penetró, y de su unión se produjo el eón universal del Hijo inicial. Es del Hijo primogénito del Perfecto Uno y su Imagen femenina en el manantial de agua pura que se crean los primeros reinos, y en ellos también existían las potencias masculinas y femeninas, posteriormente de ahí emanando el cosmos dual y sus polaridades. Esa separación debió necesitar del efecto de camino de regreso para volver a la unicidad, símbolo que conocemos por "sexo". Según fuentes gnósticas y griegas, la primera raza manifiesta en este eón fue Eros, la pasión, de la cual aún los primeros dioses se enamoraron perdidamente, y solo desearon poseerla. Fue la potencia creadora de ellos "eyaculada" la que cayó en cada porción que produjo la vida, según metafóricamente relatan los viejos manuscritos. Ella trajo el "deseo", la "motivación", para que los creadores deseasen poner su potencia al servicio de la creación y producir la vida, consciente o inconscientemente.

Eros permanece en todo, pues sin ella no habría el estímulo natural en la unión para producir. Los animales no copulan por pasión, como ocurre con hombres, simios y delfines, sino según el momento en que anualmente la Madre Tierra les ha impuesto el sentirse hormonalmente excitados. Así es también con los otros fenómenos que no necesariamente responden a la reproducción que nosotros entendemos, sea en las plantas, o en los que dan resultados de otras maneras, como los vientos, las semillas, las cargas eléctricas o magnéticas, las aguas, o los seres espirituales. La vida no es solo la parte de un ser que es engendrado, sino la activación anímica de una porción de la conciencia, y toda actividad responde a la energía, y la energía opera por cargas. Una carga es femenina y la otra carga es masculina. Las cargas opuestas se atraen, como es el hombre y la mujer, y se unen - pues ahí está presente la realidad creadora y de unicidad –, mas los polos opuestos se repelen, ya que, aunque afectivamente hombres con hombres y mujeres con mujeres han de amarse, su poder de creación es incompatible entre ellos mismos siendo cargas iguales. Tan simple es porque no tienen nada en qué complementarse siendo unidades semejantes, ausentes de su contraparte para producir la completitud.

«El celo de los hombres buenos es algo noble, pero de la base es base. De los hombres perversos la audacia es destructiva, pero renombre se deduce que es bueno. Pues a der ser reverenciado el amor virtuoso, mas Cypris trabaja aumentando la vergüenza. Un hombre tonto es considerado muy agradable entre sus compañeros. [Más bien] come, bebe y conversa con moderación; Pues todas las cosas con moderación es lo mejor; Pero la culpa de su límite lleva a la pena.» (Oráculos Sibilinos. Libro II. Vers. 172-182) Cypris es otro nombre para Afrodita (o Venus), el amor. Ella es la legendaria que ha surgido de la espuma del mar y hubo salido primero en tierra en la isla de Chipre. El amor de Cypris aquí significa el amor sexual impuro (Afrodita/Ishtar era promiscua, y por ello su nombre cananeo, Astarté (Astarot, Asera), denotaba más este defecto). En la mitología griega, Eros era hijo de Afrodita, pero también había un Eros que pertenecía a la primera generación de hijos de Noche (Nyx, Nicte) y Erebo (las sombras infernales, el Atardecer primordial). El mismo libro de la sibila, en los versos 344-354, habla del castigo sobre «los que licenciosamente contaminan su carne, y todos los que soltaron el cinto de la dama para relación sexual en secreto, y todos los que causaron abortos, y todos los que su descendencia arrojaron ilegalmente a distancia; y hechiceros y brujos con ellos, a ellos la ira del Dios celestial e inmortal deberá conducir, contra un pilar donde todo un círculo fluya en corriente inquieta de fuego...» La contaminación en la carne, o de la carne, era intrínsecamente una alusión al pecado sexual, que es el único de todos los considerados "pecados" que incide en el daño a sí mismo, en vez de ser directamente daño a otros, como en el resto de los pecados del decálogo.

«El cuerpo del hombre que Dios hace del agua y las cosas de la Tierra, la respiración en él [es] el Espíritu de la Vida, para que pudiera vivir. Pero el hombre, cuando es joven, sólo vivía para comer y beber y fornicar, pues, siendo consciente sólo de la Tierra, él sabía de las cosas terrenales y sólo [de los] fenómenos terrenales. Pero el Espíritu de Dios se movía sobre la faz de la Tierra, mas no era de la tierra.» (El nacimiento del hombre, Kolbrin, pág. 17-18) Estudiando el relato del Génesis, que ciertos ángeles dictaron al profeta hebreo Moisés, podemos hallar la mayoría de aciertos en lo que respecta al misterio del "Ishut". El nombre 'Adam' (Adán) significa 'hombre', mas no es simplemente para varones, sino para la humanidad en sí. Ahora bien, Varón, en lengua hebrea, es 'Aish' o 'Ish', mientras varona es 'Aishah'. Por su parte, 'Jevah' (Eva) no es exactamente relativo a "mujer", sino al hecho de "dar la vida", que, valga decir, efectivamente es propio de la mujer. Los primeros "adam" eran "aish-aishah", pero al separarse eran ya 'Zajar' (masculino) y 'Nekeba' (femenino), y la mujer fue llamada Javah (aquella que da vida), o en griego 'Zoi' (Vida), porque a partir de dicho momento ella era el receptáculo que gestaría la vida. Se puede considerar que Adam significa tanto "hombre" como "humano", y Javah es un contexto de la idea de "dadora de vida" (aunque en hebreo moderno esta definición significa "granja"). Adán representa a la humanidad del pasado hasta la aparición del patriarca Set, mientras Eva representa a todas las mujeres por su capacidad de gestar y dar a luz. Gracias a que los caracteres hebreos también tienen significados en sí mismos, puedes saber muchas cosas sobre una persona analizando su nombre. Adam se conforma de las letras Alef, Dalet y Mem. La Alef es la conexión del cielo y de la Tierra, y representa al ser humano como "templo del espíritu" o "templo de Dios"; Dalet es "entrada", multiplicidad, libre albedrío y autoridad; la Mem es inequívocamente relativa al "agua", o un líquido. A+D = 'Ed' (vapor) + M = vapor de agua (el hombre es 60-70% agua). También 'A'

(Dios) + DM ('Dam' = sangre) = la divinidad a través de la sangre. En griego antiguo (koine), las siglas A.D.A.M eran relativas a los 4 ángulos: norte, oriente, sur, occidente. Como explican el Hagadáh y textos alusivos hallados en yacimientos arqueológicos, de que la composición con la que se creó al ser humano fue de los elementos combinados de todas direcciones (los hallados en la Tabla Periódica de los elementos).

El hombre procede de otro universo, del reino de 'Adam Kadmon', asociada a la sefira Keter de la Kabalah. De ese universo se replegó en diversas esferas de realidad en múltiples galaxias y dimensiones. Yo suelo definir a esa primera humanidad manifiesta en estos mundos como 'Primera Humanidad' o 'Primera Generación Humana'. Ellos son almas en incontables niveles de conciencia, por lo que pueden ser percibidos desde hombres "naturales" – si así podemos entender fácilmente a nuestra raza terrestre – hasta dioses, pasando por extraterrestres, seres espirituales de toda índole y ángeles (que también podríamos definir como criaturas espirituales, siendo algunos asimismo "extraterrestres"). Su historia es diferente en cada esfera de realidad y eón, aunque se sigan determinadas pautas de sus Logos creadores, pero se percibe como mundos distintos a razón del factor tiempo/espacio en cada espacio/tiempo. La Segunda Humanidad, o "segunda generación humana", es a lo que llamo los seres de Tercera Densidad que resultaron de la construcción, modificación, alteración y mejoras de cuerpos de Segunda Densidad para habitar seres de Tercera Densidad. Esos seres de Tercera Densidad empezarían primero siendo ángeles encarnados, luego conciencias de Segunda Densidad evolucionadas, luego conciencias de Tercera Densidad de otras esferas planetarias, para finalmente ser conciencias de Cuarta Densidad. En ese proceso se irían incorporando esos ángeles, muchos de los cuales, en efecto, son seres de Cuarta Densidad o de alta evolución de Tercera Densidad venidos de los reinos setitas.

Cuando el Perfecto Uno y su amada, Barbelo, produjeron los universos, en los eones llamados 'Cristo', su Hijo produjo el primer hijo de dicho universo espiritual, al que llamó Esefec. Fue con Esefec y la voluntad del Perfecto y Barbelo que crearon al primer hombre eterno, llamado 'Pigeradamas' o 'Geradama', mejor conocido como 'Adamas', que otros llaman 'Primer Padre' o 'Primer Dios'. Viendo la gloria manifiesta, Adamas pidió un hijo, y entonces fue creado el primero de la raza setita, Set. Fue de estos, y de los eones donde empezaron a crearse los hijos sucesivos de estos, de donde vinieron las almas para estos universos. Los setitas vinieron a la Tierra en un remoto pasado a encarnar en cuerpos nuevos de Tercera Densidad, y según la voluntad divina fueron llegando en determinadas épocas y circunstancias, para ir completando su descenso en esta generación actual (cuando se "cumple el número de los elegidos").

Dada la importancia del periodo histórico de la "Caída" – cuando los ángeles bajaron a la Tierra y mezclaron su ADN con el de las humanas – hubo notables cambios en los procesos de evolución del hombre de Segunda Generación, más allá de los ya dispuestos por los dioses que habían creado a esta humanidad biológico-psíquica de Tercera Densidad. Aunque solo sea una cuestión humana, defino todos estos procesos del hombre prehistórico – como lo llama la paleontología – con un término global, como 'Segunda Generación Humana'. No es "humana" por ser terrícola, sino por ser setita. Empero, esa fue la época más importante en nuestro remoto pasado como hijos temporales de la Madre Tierra en cuerpos biológico-psíquicos. Estos seres de la Segunda Generación fueron creados "varón-varona", y no dependían de otra persona de sexo opuesto para complementarse, ni poseían carencias sexuales. Tras los procesos de cambio previos al hundimiento de la Atlántida (lo que conllevó al Diluvio), y los eventos subsecuentes, aparecieron lo que contextualmente denomino 'Tercera Generación Humana', a pesar de que al menos 7 razas autóctonas de este orbe engloban la Segunda y Tercer generación.

La biología de la Segunda Generación fue hecha a imagen de la Primera, la de estos cielos. Las criaturas de esa Primera Humanidad eran un conjunto de razas cuyos miembros llegaron a venir a nuestro planeta en un tiempo muy remoto, tanto como seres espirituales como voluntarios y pioneros encarnando en cuerpos mortales. Aunque se reparten por los universos, conciencias de Cuarta y Quinta Densidad de esta Primera Humanidad, vinieron a nuestro mundo con diversos fines. Los de Quinta Densidad positiva eran muy espirituales, y tuvieron incidencia sobre nuestros antiguos pueblos, pretendiendo darles nociones del reino espiritual y del trascender, y habiendo venido inicialmente a crear y producir la vida. Los de Cuarta Densidad tuvieron problemas en su integración, llegando en varias ocasiones muchos de sus grupos a interferir en nuestra historia y desarrollo de forma negativa, al grado de ser los principales responsables de los acontecimientos que conllevaron al Diluvio. Por ello fueron conocidos como "ángeles caídos", o 'Nefilim' (que igualmente significa "gigantes"). Estos grupos aparecieron en la época que fue creado Lucifer, quien sabía todo sobre esta raza y sobre los dioses de densidad inferior (Quinta Densidad negativa) en este sistema intergaláctico. Los textos cristianos egipcios llaman a este ser "bestia" o "instructor", porque "se las sabía todas"; los sumerios le llamaron Zu (sabio), que sería un traidor posteriormente; los nórdicos le llamaron Loki, los egipcios le llamaron Seth, los árabes le llamaron Iblis, los adámicos le llamaron Najash (serpiente), los celtas lo relacionaron con Namtenigal y su hijo Lewid, o incluso con Cernunos; los vedas lo relacionaron con Vala y Vritra, mientras que los griegos presumiblemente le llamaron Prometeo o Eósforo.

Las almas que estaban en el universo superior querían venir a este, y se les dio autoridad de gobernar y regir este nuevo universo, solo que Satanael (el nombre que el profeta Henoc da a Lucifer) y otros que estaban antes que él y con mayor importancia, no querían permitir que les quitasen el control. Estas cosas ocurrieron en el periodo de miles de años que Moisés en el libro de Génesis denomina "Quinto Día" y "Sexto Día", así como en el "Octavo Día". Esos dioses impostores que estaban en ese entonces en la Tierra, hicieron mucho daño a la humanidad - pero tampoco quiero ahora extenderme en esto que es para escribir varios libros y ya abordo en obras anteriores -. Lo que sí concierne a esta obra a propósito de esta temática es el origen de los procesos históricos que llevaron a la desintegración de la humanidad como núcleo, familia y unicidad. Tras muchas guerras y manipulación de estos ángeles caídos (dioses falsos menores) la humanidad fue casi toda destruida. Estos Nefilim usaron epidemias, modificación del clima y la instigación de multitud de conflictos para acabar con la población. Las 7 razas humanas que habían sido creadas entre el "Día Seis" y "Día Ocho" entonces quedaron prácticamente desaparecidas para sobrevivir a penas 4, y lentamente pasar a 3 (blancos, negros y amarillos), cuando la 4ª (elfos blancos) migró a Agartha.

Cuando cayó la Atlántida todo empezó de nuevo, y una nueva raza humana fue creada (nació de las cenizas) de los elementos del mundo, pero sin la espiritualidad y capacidad divina que habían tenido los anteriores. No obstante, seguían siendo cuerpos que depositaban almas del reino de la luz, y por ende podían recordar quiénes eran y con qué se identificaban: con la luz. Génesis 1:26 habla de la creación de esa Segunda Humanidad, la de la Tierra, definiendo cómo viene a reinar sobre las demás criaturas, pero en el verso 27 refiere que dicha humanidad eran masculinos y femeninos. ¿Poder qué dice esto? Con anterioridad Moisés no había dicho nada sobre los animales a propósito de su género sexual, pero ahora enfatiza en los humanos con este detalle, como quien quiere recalcarlo. La vida terrestre se aborda al inicio de este eón (Sexto), pero el hombre es la culminación de dicha era. Lo que define en sí el texto ha pasado desapercibido a ojos de casi todos los lectores: los primeros seres creados eran andróginos (hermafroditas). Además de las muchas referencias que existen en diversos manuscritos, en el 'Libro Secreto de Juan', Ieshua (Jesús) lo deja claro al afirmar sobre la creación del humano: «[hizo] Bedouk la vagina a la derecha, Arabeei el pene a la izquierda...» (Cap. 9:15) Estos son solo 2 de los 365 ángeles que habrían participado en la fabricación del cuerpo físico y psíquico humano terrestre en aquel momento. Posteriormente, al bendecir a su creación y ordenarles una dieta vegana, concluye el trabajo del Sexto Eón y se desarrolla el 'Séptimo Eón' (Día Siete), donde los ángeles no intervinieron en la Tierra y el hombre anduvo como cavernícola.

Al parecer, durante el Séptimo Eón en la humanidad no había aún personas hábiles o entendidos para la labranza de la tierra, lo cual podría reforzar la idea de que aún en esa edad los hombres sólo se alimentaban del fruto natural de la Tierra, sin intervención humana. El capítulo 2:7 del Génesis sostiene que entonces fue creada una raza, pero ya no a imagen y semejanza de sus hacedores, sino simplemente con base a los elementos (tierra, barro, arcilla, polvo...). En su caso, habla simplemente de Adam como humano, sin dar detalles sobre su aspecto sexual, y es justo más adelante donde sí aclara que el hombre es dividido, básicamente, tomando una parte de sí para diseñar el aspecto femenino diferenciado. Pero, ¿por qué la costilla? En hebreo 'costilla' se denomina 'Tzelá', del mismo cognado que da lugar a los vocablos 'Tzel' (sombra), 'Tzeleb' (cruz) o 'Tzelem' (imagen). En otras palabras, la costilla representaba "su sombra". Los sacerdotes egipcios antiguos eran de los principales que creían en la importancia de la sombra (a la que denominaban 'Sheut' o 'Jaibit') del ser como imagen de su parte antagónica. ¿Te habías parado a pensar alguna vez por qué Ieshua dijo, «quien quiera venir en pos de mí, tome su cruz y sígame»? La cruz es la parte negativa del ser. Por ello Ieshua fue clavado en un madero en forma de cruz, pues ella simbolizaba el mal del mundo. Ieshua representaba el bien, y la cruz el mal, y por ello inconscientemente sigue siendo la cruz símbolo de Cristo, pues él tomó para sí este símbolo como aceptación del antagonismo del mundo. Él cargó con el mal del mundo y dejó que le clavaran a él, uniendo su paz y amor a la sombra del mundo. Él personifica y es camino del equilibrio de las polaridades de este cosmos dual.

La costilla simboliza la contraparte del ser, no el mal del ser. La mujer no es la parte mala del hombre, sino la imagen que representa las cosas polarizadas del hombre (macho-hembra) que no es capaz de ver por sí sólo. Nos es fácil ver los errores en otros, porque somos su espejo y él es un espejo nuestro (somos reflejos unos de otros), pero si no tenemos a nadie delante, ¿cómo ver los errores? Creeríamos que somos perfectos y los mejores, como el que es soltero y cree que se conoce a sí mismo y no tiene defectos. En pareja es donde ve todos esos errores que se reflejan en su contraparte. Aunque el texto hable de género como hombre o como mujer, al final es lo mismo, porque la diferenciación del sexo solo radica en un patrón hormonal en el proceso embrionario en un cromosoma (X o Y). Además, el alma no tiene género sexual. En consecuencia, la mujer es reflejo del hombre como el hombre es reflejo de la mujer. El cuerpo es solo un vehículo temporal. El capítulo 11 del Libro Secreto de Juan nos lo relata así: «Adán sabía de la desobediencia contra el primer gobernante porque el Pensamiento posterior iluminado dentro de Adán restauró la mente de Adán para que **fuera mayor que la del primer gobernante**. El primer gobernante, a su vez, quería recuperar el poder que él mismo había pasado a Adán. Así que arrojó olvido sobre Adán". Yo le dije al Salvador: "¿Qué es este olvido?" El Salvador dijo: "No es como Moisés escribió y tu oíste. Pues él dijo en su primer libro: 'Hizo que Adán quedase dormido'. Más bien, este olvido hizo que Adán perdiera todo el sentido. Así dijo el primer gobernante a través del profeta: "haré que sus mentes sean lentas, para que no puedan comprender ni discernir".» (Vers. 19-23)

El Fruto Prohibido

Creado este humano es llevado a morar a Meruah (Japón es parte de lo que queda de dicho lugar inicial) la zona más hermosa de nuestro mundo material en esta esfera planetaria cuando había alcanzado la virtud de la inmortalidad. El verso 19 del capítulo 2 del Génesis bíblico afirma que el hombre reconoce lo que hay detrás de cada animal, y que al mismo tiempo no halla un espejo que le sirva para ver sus propias distorsiones, con cuya ayuda logre discernir su ser y alcanzar la perfección. El Libro Secreto de Juan nos cuenta en su capítulo 11: «El ser humano Adán **fue revelado a través de la sombra brillante de dentro**. Y la capacidad de Adán para pensar <u>era mayor que la de sus creadores</u>. Cuando alzaron los ojos, vieron que la capacidad de Adán para pensar era mayor que la suya, así que idearon un plan con toda la multitud de gobernantes y ángeles. Tomaron fuego, tierra, y agua, y los combinaron con los cuatro vientos ardientes. Los batieron juntos e hicieron una gran conmoción. Los gobernantes trajeron a Adán al interior de la sombra de la muerte para poder producir una figura otra vez, pero ahora de tierra, agua, fuego y el espíritu que procede de la materia, esto es, de la ignorancia de las tinieblas, y el deseo, y su propio espíritu contrario. Esta figura es la tumba, <u>el cuerpo creado nuevamente</u> que estos criminales ponen al humano como grillete de olvido. Así, Adán se convirtió en un ser humano mortal, el primero en descender y quedar apartado.» (vers. 1-5)

El hombre tuvo que caer en un estado de ausencia espiritual tal, que era incapaz de ver su luz interior, y vivía, pensaba y actuaba como un animal, aun cuando algunos humanos en determinado momento tenían una comprensión espiritual tan profunda que discernían el significado arquetípico de cada criatura zoológica. Entonces, si ya en ese periodo terrestre fue divido el humano en masculino y femenino, también esto sucedió en otros niveles. Uno de ellos fue integrar una parte espiritual como ayuda idónea. En el verso 24 del capítulo 2, Moisés acota que el hombre ha de dejar los asuntos ancestrales desde sus padres para focalizarse en la unicidad con su polaridad/contraparte, y ser uno. Asimismo, afirma que ambos estaban desnudos, pero no se sentían avergonzados por ello. ¿Por qué? Porque eran ingenuos e inocentes de toda malicia. Si observamos la actitud de los niños pequeños, ellos pueden andar de aquí para allá en pelotas, niños y niñas, con total naturalidad, y no ven nada malo en ello, ni se les pasa por la cabeza un pensamiento pícaro. Su pureza es tal que no interpretan el cuerpo desnudo como símbolo de lascivia, toda vez que no tienen en ellos espíritu de lascivia. Es cuando se ha sembrado en ellos algún parámetro desacorde a su naturaleza infantil, cuando ya ven más allá.

«Y Adán y Eva - pues así se llamaba la mujer - estaban desnudos y no sentían vergüenza, porque su mentalidad era inocente e infantil y no brotaban en ellos imaginaciones y pensamientos como los que engendran en el alma la concupiscencia y la pasión atizados por el mal. De hecho, vivían en estado de integridad, conservando su propia naturaleza, porque lo inspirado en el plasma era un soplo de vida. Ahora bien, mientras dura y persevera aquel soplo, en su orden y con su vigor, no es posible entender y concebir cosas abyectas. Por eso no sentían vergüenza al besarse y abrazarse con la inocencia más infantil.» (Epideixis – Demostración de la Predicación Apostólica. Vers. 14. Biblioteca de Nag Hammadi, Egipto) Su sangre (plasma) estaba puro, pues la luz divina permanecía en ella.

En registros celtas se habla del hombre de la Segunda Generación que fue a vivir al jardín del oriente de Eden ('E-Din' para los sumerios), donde estaba un paraíso llamado Meruah (nombre celta para el lugar, siendo la raíz de este término según mi opinión alusiva al tamil "donde mora el espíritu"). Según los registros celtas, una tribu Nagas (nombre veda para la gente "serpiente" (en hebreo 'Najash')), llamada yoslings, trataron de matar al adán que había llegado ahí, y de un costado que le fue herido, la deidad verdadera le creó una mujer, usando su material genético. Este adámico, llamado Fanvar, vivió y murió en Meruah con su compañera, llamada Aruah (que asumo que significa "el espíritu"). De ellos habrían venido muchos hijos, pero el punto es comentar sobre la tercera generación de ellos, de donde habría nacido un tal Dadam (que puede significar "origen del hombre", u "origen de Adán") y también Maeva (que puede significar "la que da vida" o "la que es Eva"), mas uno de los yoslings se metió al jardín y sembró la cizaña que trajo el mal por medio de su hijo. Ese yosling era llamado Namtenigal, aunque lo conocieron como el "Padre Oscuro", y su hijo Lewid hizo pecar a Maeva y la persuadió para tomar un fruto prohibido del templo sagrado, además de que la embriagó para yacer con ella, y ella quedó embarazada. Estos hechos provocaron que todos ellos fuesen expulsados del recinto y éste fuese vigilado por seres de fuego para que no regresasen.

Moisés y otros textos refieren lo mismo, pero con otros detalles y bajo otro punto de vista. ¿Nunca has pensado cómo es que la Biblia dice que Dios siempre perdona, que atiende al arrepentimiento, que no importa cuántas veces caigas Él te levantará y te restaurará, etc., pero no perdonó a Adam y Jevah que comieran del fruto del paraíso? Génesis 3 inicia diciéndonos que Najash era el más "astuto" de todos los 'vivientes' que habían sido creados. No dice "animales", porque esa definición es latina. Tanto en hebreo como en griego, el término usado para referirse a los animales es como "vivientes", o "seres vivos", pero esa palabra tiene muchas acepciones, si consideramos que las plantas, los humanos, los demonios, los espíritus, los ángeles y hasta los dioses son asimismo "seres vivos" o "criaturas vivientes". Lógico, porque si la tradición religiosa asume que la serpiente que los tentó no era una culebra en estricto rigor, sino Lucifer – lo cual explica que hablase -, ¿era una serpiente o era un ángel caído? Si era un ángel metamorfoseado en serpiente, está fuera de lugar que digan que "la serpiente" - y no Lucifer - era el más astuto de todos los animales. O era un animal o no lo era, o era un ángel o no lo era, o eran animales o no lo eran. Cotejando fuentes podemos considerar que serpiente es un concepto genérico para designar el espíritu de oscuridad detrás de la caída del hombre por medio del pecado, esencialmente, el sexual (igual como la serpiente Kundalini simboliza el camino interior desde el chacra sexual).

Si en Israel dices en hebreo "te conozco", tiene su parte pícara coloquial, que significa "he tenido relaciones sexuales contigo". La palabra "conozco", tanto de conocer (Makir) o saber (Ladat), son asimismo relativos a entender o tener astucia, enterarse de lo íntimo, y eso hasta el nivel del coito. El desnudo ha sido, desde el tiempo de la "serpiente" de Eden, símbolo de copulación. La misma palabra hebrea para "astucia", es prácticamente la misma que para "desnudo", mientras en griego es 'Zor' (de donde viene el nombre 'zorro'), cuya fonética pudo proceder del fenicio, cultura donde justamente la capital, 'Tiro', era llamada 'Tzor' (pedernal). Lo que todos estos detalles, y lo que desde hace milenios ya sabían los entendidos, es que la caída del hombre no fue desobedecer a un dios, pues ese dios, de haber sido justo, los habría perdonado. No los perdonó, primero porque no era el verdadero Dios, y segundo, porque la agresión no la sufrió la deidad, sino el hombre. Cuando Dios ordena un mandamiento no es para que la deidad tenga normas para dominar al hombre, y si el hombre las incumple no agrede a la deidad. Esas normas se basan en el conocimiento de la deidad o los ángeles en las repercusiones que tiene hacer determinadas cosas, y es por eso que prohíben, por la seguridad y salud del propio hombre. ¿Qué fue lo que ocurrió? El pecado del jardín de Eden fue sexual, fue adulterio. Incluso la sociedad actual, sin saberlo conscientemente, describen la seducción con una "manzana mordida", evocando al pecado del jardín de Eden.

Ergo, ni en griego, ni en arameo, ni en hebreo - entre otras muchas lenguas - existe el término "animal". Es más, dicho vocablo procede del latín para traducir "alimaña", que es más una apreciación para designar a un animal dañino o a una persona de muy malos sentimientos. En griego se denominan Zoo, de Zoi o Zoe, que quiere decir "vida", o sea un ser que tiene vida, o algo que se considera vivo. En hebreo y arameo se usan las formas Jaiat (vivo) o Behemah (bestia). De manera que Génesis 3:1 dice que "ha.Najash" era el más Arum (astuto, desnudo) de todos los 'Jaiat haSedeh', y cabe señalar que la palabra 'Sedeh' (campo) es raíz de 'Shed' (demonio, espíritu). Respetando las cosas tal como se escriben y significan, interpretar "animal" es interpretar, porque realmente dice que ha.Najash es más astuto, o desnudo, de entre todos los "vivientes" que había en el "campo". Es admisible que se le idealice como un ser muy astuto y malicioso, pero, ¿desnudo? Detrás de esto radica el hecho de que ha.Najash era **el más entendido en el ámbito <u>sexual, de la pasión, la lascivia y el adulterio.</u>**

Es notorio que si fuese Lucifer sería más sabio e inteligente que los animales, y eso ni hace falta decirlo, pero no dice que fuese aún más astuto que los humanos, sino que los supuestos animales del campo. ¿Qué mérito tiene eso? Entonces, ¿las aves y peces y animales que no eran del campo sí eran más astutos o desnudos que este "ser serpiente"? Si bien, aunque uno lee 'Sedeh' como campo, hay que reconocer que la pronunciación masoreta de la letra Shin es originalmente "sh", y por ende se puede leer realmente como Shedeh, cuya raíz es Shed (criatura espiritual o sobrenatural), que significa "demonio". De todas formas, ¿sólo había animales en el campo? El tal ha.Najash era el más astuto de los otros con los que se le comparaban, que no eran estrictamente animales. Lo que ha.Najash hizo fue cruzar su "especie" - semi-humanos no setitas/adámicos - con la especie humana, algo que estaba prohibido, y que trajo degradación genética y psíquica en los que nacieron de este cruce. Se deterioró el

ADN de ambos grupos en ese momento, pero el del hombre dejó la pureza y divinidad que tenía en su sangre, además que contener patrones que alteran psíquicamente su ser, especialmente al desorden sexual. La ciencia, ignorando esto, ha especulado en la relación-cruces que pudo empezar a haber hace más de 20.000 años entre neandertales y homo sapiens.

El pecado no es el mal, el pecado es la transgresión de una ley. Se suele decir que Lucifer fue el primer maligno, pero en vez de insinuarse que él fue el primer pecador, dicen que fue Adán, ¿por qué? Porque quien viola una ley comete transgresión, y aquellos humanos desobedecieron una ley impuesta sobre sus límites en Meruah (el jardín al oriente de Eden). Si esos humanos hubiesen hecho algo inconveniente para ellos, que no hubiese estado prescrito o condicionado por un mandato de prohibición, no habrían podido acusarles de infractores. Ialdabaot pecó en su ignorancia sobre su osadía al decir que él era dios y estaba sentado en medio de los mares, simulando su trono como el trono del Altísimo, pero él no era humano; Lucifer pecó siendo asesino y tentador desde el principio; Javah incurrió en pecado al caer en los lazos del malo y arrastrar a su esposo. Según eso, ¿cómo se interpretan las palabras de Pablo al afirmar que «el pecado entró al mundo por un hombre»? El pecado de Meruah no nos afecta como transgresión de una ley si no hacemos lo mismo. La propia ley de Moisés dice que no pagarán los hijos por los pecados (infracciones a la ley) de los padres, y lo que también dice es que los padres traen mal a sus descendientes hasta una cuarta "generación", y eso, si no se corta la secuencia (sino se sigue perpetuando). La humanidad comparte el mal porque de una sangre estamos hechos y de esa sangre se replican las células y los genes. El mal está en la sangre como trastorno genético a causa del cruce de ha.Najash con la humana que llaman Eva. Para curarnos definitivamente hemos de nacer en un cuerpo de otra sangre, un cuerpo inmortal, que es el cuerpo de la resurrección.

Las traducciones bíblicas dan a entender que ha.Najash (a quien llaman "la serpiente"), les dijo a los primeros padres que comiesen del fruto de determinado árbol, mientras que Elohim (la deidad) les dijo que no comieran. En ninguna parte dice "comer de los frutos de todo árbol" - menos de ese - sino "comer de todo árbol". Pocos son los árboles que en sí se pueden comer, se es el fruto de los árboles frutales – porque tampoco es que todos los árboles produzcan alimento -. Cuando en hebreo decimos 'Tojal', del verbo 'Leejol', es el equivalente al español "comer", pero es el mismo cognado de 'Iejol' (el verbo "poder", ser capaz). En otras palabras, al referirse a comer algo, los antiguos se referían a obtener, conseguir, lograr, alcanzar, acceder, obtener, realizar... yo "puedo". Ese "tojal" se refiere a "participar de...", o llevar a cabo. Por eso la ley del Sinaí decía "no COMAS de esto" y "no COMAS de aquello", no porque señalase a los animales como inmundos - como se traduce -, sino por resaltar las características que los representan. De entrada, Dios no crea cosas inmundas, sino que mandó a los ángeles a enseñar a los hebreos a "no ser como..." o "no participar de...". Dicho de otra forma, de lo que se trataba era de que dichos humanos en Meruah no adquiriesen experiencia (saber, conocimiento de causa) sobre prácticas tanto de cosas buenas como de cosas malas.

Resulta que ha.Najash le dijo a la mujer que si ella probaba del 'Etz' (árbol) ocurrirían tres cosas: 1) se abrirían sus ojos (como si estuviese ciega), 2) serían como dioses, 3) sabrían el bien y el mal. Irónicamente lo primero se cumplió: "fueron abiertos los ojos de ambos" (Gén. 3:7) La apreciación hebrea de "abrir los ojos" se usa para decir que la persona adquiere comprensión, entendimiento o conciencia, o sea, se da cuenta de la verdad y deja la ceguera. Resulta que ello conlleva a que vean que estaban "desnudos", como si por comer del árbol ahora se dan cuenta que carecen de ropa, ¿y antes no se habían dado cuenta? ¿Y cuál es el misterio de estar "desnudo", especialmente si están solo entre animales? El vocablo que traducen por "desnudo" es del término hebreo 'Eirmem' (cognado de Eirom y Arum, que es "astucia"), el mismo que usan para referirse a la serpiente, pero en el caso de la serpiente no dicen que "estaba desnuda" sino que era "astuta". Vuelvo a lo que antes mencionaba, ¿estaban desnudos o eran astutos después de saber del tema? Aparte de que se les quita el velo sobre su verdadera situación, se supone que vienen a ser iguales a los dioses, pero no como inmortales o creadores, sino conociendo el bien y el mal, cosa que, según parece, ocurrió. Empero, parece como si más bien Lucifer les hubiese hecho un craso favor, y la deidad fuera la egoísta que no quería que los humanos supiesen la verdad.

¿Por qué los griegos llamaban a Lucifer, 'Prometeo'? Porque dicho titán robó el fuego de los dioses y lo dio a los hombres. Lucifer era también conocido entre los griegos como Eósforo, el ángel de la luz y el fuego, lo cual metafóricamente quiere decir que era la personificación y/o encargado del conocimiento interior, de los misterios o de la comprensión. Esto parece una teoría de la conspiración. Durante milenios Lucifer ha sido retratado como el ángel maligno, enemigo del justo Dios, pero el relato de Moisés pareciera dar a entender lo contrario, donde Lucifer era quien deseaba que la humanidad saliese de su ignorancia, mientras el dios deseaba manteneros bajo control sumidos en el desconocimiento de su propia realidad. ¿Era Lucifer tan bondadoso, simplemente deseando que los hombres pudiesen salir de su negrura intelectual y espiritual? Hasta el momento lo que estaba claro es que la deidad fue incapaz de perdonarles, contrario a lo que habría hecho el verdadero Dios, y además los tenía engañados, mientras Lucifer les dijo la verdad. Este aparente paradigma que apoya la tesis de la masonería se empieza a resolver realmente leyendo manuscritos como el 'Libro Secreto de Juan', donde el mismísimo Ieshua de Nazaret revela a uno de sus discípulos la verdad por tanto tiempo oculta.

El relato nos cuenta: «Los gobernantes cogieron a Adán y pusieron a Adán en el Paraíso. Dijeron: "¡come y alégrate!", mas **su placer es amargo** y <u>su belleza es perversa</u>. **Su placer es una trampa**, <u>sus árboles son malvados</u>, **su fruto es venenoso mortal**, <u>su promesa es muerte</u>. Pusieron su Árbol de la Vida en medio del Paraíso. Yo te enseñaré el secreto de su Vida tal como está relacionado con el plan que idearon y la naturaleza de su espíritu: la raíz de su Árbol es amargura, sus ramas son muerte, su sombra es odio, una trampa hay en sus hojas, sus capullos son ungüento malo, su fruta es muerte, el deseo es su semilla, y brota en la oscuridad. La morada de los que prueban de ese Árbol es el infierno, y la oscuridad es su lugar de descanso. Pero los gobernantes estaban delante de los que ellos llamaban el Árbol del Conocimiento del Bien y del Mal, que es en realidad el Pensamiento Posterior Iluminado. Se quedaron allí para que Adán no contemplara su plenitud y descubriera así la vergonzosa desnudez del propio Adán.» (Cap. 11:8-15) Ahora hay otro enigma, parece que el dios en Meruah eran varios, no uno, y no parecían ser dioses justos.

Tal es así, que el propio Ieshua parecía estar en contra de esos dioses: «"Yo fui el que, empero, les hizo comer." "Yo le dije la Salvador: Señor, ¿no fue la serpiente la que ordenó a Adán que comiese?" El Salvador se rió y dijo: "la serpiente les ordenó que comieran de la maldad, la preñez, la lujuria y la destrucción para que Adán fuese de utilidad a la serpiente.» (Vers. 16-18) Aquí se aclara al menos una cosa: Lucifer tenía intenciones dobles con su gesto supuestamente altruista. Según parece, Ieshua había apareció en Meruah, y persuadió a los humanos a saber la verdad, pero lo que realmente quería Lucifer era que los humanos fuesen primero desorientados por la nueva revelación y cayesen en la trampa de no saber los límites de lo recto y lo incorrecto, de lo justo y lo injusto, y mayormente de lo santo y lo degradante y autodestructivo. En el capítulo siguiente, Ieshua le cuenta a su amado Juan: «"En cuanto a mí, yo aparecí bajo la forma de un águila sobre el Árbol de Conocimiento, que es en realidad el Pensamiento Posterior del Pensamiento Anterior puro, iluminado. Hice esto para enseñar a los seres humanos y para despertarles del sueño profundo. Pues los dos estaban caídos y se percataron de que estaban desnudos. El Pensamiento Posterior también se les apareció como luz y despertó sus mentes.» (Vers. 11-14) El gran Ieshua no solo obró en el tiempo de los romanos en Judeah, sino en otros tiempos, y en aquel entonces hizo despertar a la humanidad, que asimismo se vio engañada por Lucifer.

Pero, ¿qué les hizo ver Ieshua? Se trata de conocimiento-experiencia. Aprendes algo a través de la vivencia de ese hecho. El relato no pretende expresar solo un evento que ocurrió. Uno lo ve en un par de versos, pero realmente fueron varios incidentes que también pudo implicar a varias comunidades a lo largo de varias décadas. Como dije, el concepto de "desnudez" se usa para referirse a "relaciones íntimas sexuales", así como el coloquialismo de "conocer". Lo que vino como consecuencia sobre los descendientes de estos humanos fueron desordenes genéticos a causa de cruce entre especies desemejantes, aun cuando Ieshua les había impulsado a saber diferenciar entre lo bueno y lo malo y entender su unión macho-hembra/hombre-mujer. La unión sexual insana causó una serie de más de 70 trastornos en el ADN humano, lo cual ciertos textos antiguos definen como "setenta golpes", o "setenta y dos dolores", que progresivamente llevan a la muerte biológica.

La caída se trata de contradicciones y engaño mezclados con verdades, porque dichos dioses dijeron a esos humanos que si probaban de dicho "árbol" resultaría que «mot tamot», "muertos morirían". Algunos traducen esto como "moriréis de muerte", pero, en cualquier caso, ¿de qué otra manera se muere si no es muerto? Algunos ven esta alusión como una forma de decir que, ya estando muertos en determinado sentido alegórico, asimismo morirían biológicamente; otros consideran que se refería a que morirían espiritualmente, mientras otros solo ven ahí una redundancia en una amenaza de muerte. Parece como si estos dioses ahí presentes hiciesen uso de una verdad, que lo que había detrás del mal uso del ese saber conllevase al peligro de caer en la degradación en sus múltiples aspectos y/o perder el salvoconducto de su inocencia, que hasta el momento los libraba de ser juzgados por sus acciones, debido a su ingenuidad y desconocimiento.

Cuando uno lee que ha.Najash (la serpiente) aparece en escena, parece que nadie se preguntase de dónde salió o porqué se llama así. Si era un ángel, un demonio u otra cosa, ¿por qué no le llaman ángel, demonio u otra cosa, y le llaman "ha.Najash"? De repente aparece y el texto no dice quién lo creó, de dónde salió, qué hacía ahí. Los manuscritos remotos hacen entender que Lucifer tenía envida de la humanidad, y no solo quería ponerlos en aprietos con sus dioses, sino dañar la luz que había en ellos, y era plenamente consciente de que la inmoralidad y degradación sexual eran la piedra angular de destrucción para ellos, justamente donde él era el más "astuto-desnudo", o entendido, o inmoral. ¿En qué se supone que consiste un árbol de la "ciencia" de algo sino se trata del saber sobre determinado tema, en su caso saber discernir lo bueno de lo malo "como un dios"? El árbol es símbolo del saber, de la longevidad y de la genealogía. Si su fruto fuera realmente morir, aquellos humanos lo comieron y no se murieron. Pasaron siglos hasta que fallecieron. Incluso tan venenoso se supone que era que ni debían "tocarlo", y aun así no pasó nada los primeros 900 años. ¡900 años! Sí, porque Adam se dice que vivió 930 años. No solo no le hizo aparentemente nada, sino que Adam vivió más que la mayoría de sus predecesores.

Interesante que hay una aparente relación de cognado entre la partícula inglesa 'nake' (de 'naked', que es 'desnudo') y 'snake' (serpiente), recordando que la letra 'S' es un sigilo de 'serpiente'. El verso en español nos dice, «seréis como Dios sabiendo el bien y el mal», porque, ¿a razón de qué va Dios a plantar un árbol en las narices de una pareja ingenua solo para después decirles que no lo toquen, y que además es para saber el bien y el mal? Si Dios sabe el bien y el mal, ¿para qué iba a transmitir esa información a un árbol que luego sería prohibido? ¿Por si a Él se le olvidaba? El verso hebreo reza:

«כי ידע אלהים כי ביום אכלכם ממנו ונפקחו עיניכם והייתם כאלהים ידעי טוב ורע»

Que traducido es «Porque saben los dioses que en el día que comáis de él (de lo suyo), y se abran vuestros ojos y sean como dioses, sabréis (conoceréis) bien y mal.» Y resulta que el árbol estaba ahí y tan solo cuando ha.Najash hace ese comentario es que la mujer se da cuenta que el árbol es «agradable a la vista», ¿y es que antes le parecía feo? ¿En qué consiste un árbol que te permite saber el bien y el mal? ¿Qué es saber el bien y el mal? Como refieren las fuentes, se trataba de la comprensión entre lo que es correcto y lo que es incorrecto, lo que es moral y lo que es inmoral, lo que es sano y lo que es insano, lo que trae bien y lo que trae mal. El historiador judío del siglo I, Tito Flavio Josefo, lo expuso con sus palabras...

«Dios ordenó que Adán y su esposa comieran el fruto de todas las plantas, pero que se abstuvieran del árbol de la ciencia; y les previno que si lo tocaban se acarrearían la destrucción. Pero mientras todos los demás animales hablaban el mismo idioma en aquellos tiempos, la serpiente, que vivía con Adán y su mujer, les envidiaba que fueran felices viviendo en obediencia de los mandamientos de Dios. Y suponiendo que si los desobedecieran se acarrearían calamidades, indujo a la mujer maliciosamente a probar el fruto del árbol de la ciencia, diciéndole que en ese árbol residía el conocimiento del bien y el mal, y que si lo alcanzaran vivirían una vida feliz, a la par de los dioses; por este medio convenció a la mujer que desobedeciera la orden de Dios. Cuando ella probó el fruto del árbol, y lo encontró delicioso, persuadió a Adán a que lo hiciera él también. Advirtieron entonces que estaban desnudos; se avergonzaron e inventaron la forma de cubrirse. Porque el árbol les había aguzado el entendimiento. Y se cubrieron con hojas de higuera. Atándoselas por delante creyeron ser más felices que antes por haber descubierto lo que les hacía falta. Cuando llegó Dios al jardín, Adán, a quien antes le agradaba conversar con él, consciente ahora de su mal proceder, se ocultó. Dios le preguntó, asombrado, a qué se debía se conducta. Por qué él, a quien siempre le gustaba la conversación, ahora la eludía. Como no contestara nada, sabedor de que había violado la orden de Dios, le dijo Dios: Yo había decretado que vosotros vivierais felices, sin preocupaciones, sin cuidados y sin aflicciones; y que todo lo que es sirviera y pudiera proporcionaros placer creciera por mi providencia, sin trabajos ni esfuerzos por parte de vosotros; porque trabajos y esfuerzos os llevarían a la senectud y la vida ya no duraría mucho. Has abusado de mi buena voluntad y desobedecido mis órdenes; porque tu silencio no es señal de virtud sino de mala conciencia.» (Antigüedades de los Judíos 1:4)

En la versión de los seguidores de Muhamad (Mahoma), la historia se cuenta así:

«"¡Adán! ¡Habita con tu esposa en el Jardín y comed de lo que queráis, pero no os acerquéis a este árbol! Si no, seréis de los impíos". Pero el Demonio les insinuó el mal, mostrándoles su escondida desnudez, y dijo: "Vuestro Señor no os ha prohibido acercaros a este árbol sino por temor de que os convirtáis en ángeles u os hagáis inmortales". Y les juró: "¡De veras, os aconsejo bien!" Les hizo, pues, caer dolosamente. Y cuando hubieron gustado ambos del árbol, se les reveló su desnudez y comenzaron a cubrirse con hojas del Jardín. Su Señor les llamó: "¿No os había prohibido ese árbol y dicho que el Demonio era para vosotros un enemigo declarado?" Dijeron: "¡Señor! Hemos sido injustos con nosotros mismos. Si no nos perdonas y te apiadas de nosotros, seremos, ciertamente, de los que pierden". Dijo: "¡Descended! Seréis enemigos unos de otros. La tierra será por algún tiempo vuestra morada y lugar de disfrute". Dijo:

"En ella viviréis, en ella moriréis y de ella se os sacará". ¡Hijos de Adán! Hemos hecho bajar para vosotros una vestidura para cubrir vuestra desnudez y para ornato. Pero la vestidura del temor de Alá, ésa es mejor. Ése es uno de los signos de Alá. Quizás, así, se dejen amonestar. ¡Hijos de Adán! Que el Demonio no os tiente, como cuando sacó a vuestros padres del Jardín, despojándoles de su vestidura para mostrarles su desnudez. Él y su hueste os ven desde donde vosotros no les veis. A los que no creen les hemos dado los demonios como amigos.» (Corán 7:19-27)

«Comieron de él, se les reveló su desnudez y comenzaron a cubrirse con hojas del Jardín. Adán desobedeció a su Señor y se descarrió.» (Corán 20:121) ¿En qué consistió la desobediencia? ¿En probar en ese momento del fruto de un árbol? No. En perder la pureza y entrar en el estilo de vida de iniquidad. Cuando pierdes la "virginidad" (santidad, consagración, sacerdocio), sea física, moral o espiritual, ya no ves nada de la misma manera, y la pureza que tenías desaparece. Desde ese momento el camino de regreso a la luz es bajo consciencia y comprensión, no bajo una naturaleza pura en sí misma. Eso quiere decir que te enfrentas a la realidad del mundo tal como es, y por la madurez, la experiencia y la sabiduría y comprensión comienzas a buscar tus raíces y a buscar la fortaleza y herramientas espirituales para volver a la fuente y alcanzar lo que una vez perdimos. La sibila griega escribió hace casi dos milenios: «De la higuera dulce penetrante hicieron ropa y los pusieron en la otra, y ocultan las partes sexuales, porque se avergonzaban. Pero en ellos el Inmortal estableció su ira y los echó de la tierra inmortal.» (Oráculos Sibilinos. Libro I. verso 60) La pureza los mantuvo en su naturaleza espiritual, que es acorde al despertar, y en consecuencia a la adquisición de la inmortalidad, pero ahora el camino a la inmortalidad estaba velado por obstáculos, primeramente en las pasiones del propio cuerpo. Ahora consciente de sus debilidades, y sujeto a ellas, el hombre se ha de perfeccionar en una medida mayor, y eso es la desnudez y a la vez la astucia en cuando al saber/conocer y adquirir experiencia.

«Entonces la mujer carnal tomó del árbol y comió, y ofreció a su marido junto a ella. Y los psíquicos comieron. Y su malicia se disipó (al desaparecer) su ignorancia, y comprendieron que estaban desnudos de elemento espiritual. Y tomando hojas de higuera se ciñeron los lomos. Entonces se acercó el gran arconte y dijo: "Adán, ¿dónde estás?", pues no sabía lo que había sucedido.» (Hipóstasis de los Arcontes 1:23-24. Nag Hammadi) La malicia ahora pone al humano en un estado muy diferente, donde sabe y entiende del mal, del pecado, de lo sexual, pero al mismo tiempo se ve vulnerable ante sus pasiones. A mayor conocimiento, mayor responsabilidad. Por ello, el virgen es inocente de pecado y culpa – como el cordero -, pero carece del conocimiento sobre la materia y esa experiencia – que sí tiene el carnero -. El virgen no disfruta de ese placer, ni en lo bueno ni en lo malo. El que lo conoce, lo disfruta en lo bueno, pero también entra en el riesgo de sus amenazas, que es la tentación, fruto de los deseos y pasión despertados. De un fragmento de los libros del profeta Henoc, reza: «...y] tu primera madre, y a[prendieron ... y comprendieron] que estaban desnudos.» (Libro de los Vigilantes 32:6. Henoc. Cuevas del Qumran) ¿Quién les dijo que estar desnudos era algo malo? Su saber, por la experiencia sexual, de que el cuerpo desnudo induce a las pasiones carnales.

Sobre el Najash (serpiente) y Jevah (Eva) dijo Mashah (Moisés): «"Y cuando había recibido el juramento de mí, se fue y vertió sobre la fruta el veneno de su maldad, que es la lujuria, la raíz y principio de todo pecado, y él dobló la rama en la tierra y me tomó de la fruta y yo comí. Y en esa misma hora mis ojos se abrieron, y de inmediato supe que estaba desnuda de la justicia con la que se había vestida, y yo lloraba y le dije: "¿Por qué me has hecho esto en que me has privado de la gloria con la que estaba vestida?" Pero yo lloraba también sobre el juramento, que me había jurado. Pero él descendió de los árboles y desapareció.» (Apocalipsis de Moisés 19:3 al 20:3) Es importante comprender que Jevah fue engañada, o sea, no actuó por maldad o por alevosía. Pablo refirió correctamente, que «la serpiente con su astucia engañó a Eva...» (2ª Corintios 11:3) El capítulo 21:5-6 del Apocalipsis de Moisés agrega: «"No temas, tan pronto como hayas comido has de saber el bien y el mal." Y rápidamente me persuadió a él, y él comió y directamente sus ojos se abrieron y él también conoció a su desnudez. Y me dijo: "¡Oh mujer malvada! Lo he hecho a ti que me has privado de la gloria de Dios?"»

El problema no radicó en que simplemente Jevah fuera engañada, sino que había jurado en dar también a Adam. Aquí empezó el cargo de consciencia y culpabilidad utilizado en las posteriores generaciones machistas para someter a la mujer, y que ella misma carga inconscientemente en la mente, aunque no sea su culpa. Habían quedado dos cosas en evidencia para el juicio de la sociedad: 1. La mujer no debía estar separada del hombre, porque sin él ella era vulnerable; 2. La mujer podía persuadir al hombre a hacer lo que ella quisiera, incluso desde el engaño y la deshonestidad. Con esta fama y mala reputación la mujer se vio relegada a un segundo plano y a que su opinión incluso no fuese creíble, aun cuando el resto de las mujeres no hubiesen seguido el ejemplo de Jevah. En la traducción de 'La Hipóstasis de los Arcontes' (una obra de los cristianos de Egipto de los primeros siglos de nuestra era) de José Montserrat Torrents, comenta que «el "árbol del bien y del mal" representa la moralidad psíquica, que la pareja Adán y Eva desconoce. Al comer del árbol, descubren el bien y el mal morales, y por ende su propia sexualidad y su capacidad procreadora. Para evitar una degradación del elemento espiritual, éste desaparece una vez más de Adán. La clave de este pasaje se halla en Ireneo, Adv. Haer. I 30, 8: "Yaldabaot hubiera deseado que Eva engendrara hijos a Adán, pero no lo consiguió porque su Madre se le oponía en todo vaciando subrepticiamente a Adán y Eva de la impregnación de luz para evitar que el espíritu que procedía de la Suprema Potencia participara en la maldición y en el oprobio."»

Una obra sin título, perteneciente a los manuscritos hallados en Nag Hammadi, cuenta que «entendidos entonces [fue] cuando se cubrieron de vergüenza de que estaban desnudos de conocimiento. Cuando estuvieron sobrios, vieron que estaban desnudos y se amaron de amor recíproco. Y viendo que sus creadores tenían formas animales, y tuvieron repugnancia y entendieron muchas cosas.» (Sobre el Origen del Mundo 119:13-19. NH) Aquí el texto afirma que estaban descubiertos de conocimientos, vulnerables, ignorantes, pero tras pasar el momento de "embriaguez" se dieron cuenta de su desnudez y ambos se amaron recíprocamente. Es de comprender que no da a entender que antes la pareja no se amase, sino que tuvieron amor sexual.

Ciertas coincidencias tiene esto con un libro de 1882, llamado Oahspe, que relata los asuntos de las gentes de estos cielos y de la humanidad primigenia: «He mirado a los hombres y las mujeres desnudas de esta gran tierra, arrastrándose sobre las manos y los pies, sin pensar, salvo para comer, y [los] he visto levantados por el Señor y sus ashars, para caminar en posición vertical y usar las palabras del habla y llevar ropa y pieles para ocultar su desnudez. Sí, Padre, he gritado con gran alegría, y clamo en voz alta a ti, oh Jehovih, diciendo: ¿Quién conoce la obra del Señor!...?» (Cap. 5:8:15) Aquí resalta que el humano de ese periodo, del Séptimo Día, andaba por el mundo curvado, desnudo y sin el habla. El gen FOX-P2 es un misterio, en él radica la habilidad del hombre en hablar, cosa que no tienen el resto de animales, y que es una de las grandes virtudes de sus ser, y tan referidas entre los sabios egipcios en los tiempos mileniales, como principio divino que hace al humano poseedor del poder de la creación. Ese gen fue introducido a nuestro ADN por los ángeles de Iaheveh.

Sobre Adam y Jevah refieren mitos y leyendas hebreas: «Adán admiraba la desnudez de Eva, porque su espléndida piel exterior, una lámina de luz pulida como la uña de un dedo, había desaparecido. Pero, aunque la belleza de su cuerpo interior, brillante como una perla blanca, lo embelesaba, luchó durante tres horas contra la tentación de comer y hacerse igual a ella, y entretanto tenía el fruto en la mano. Por fin dijo: "Eva, prefiero morir a sobrevivirte. Si la Muerte reclama tu ánima, Dios nunca podría consolarme con otra mujer que igualase tu belleza." Dicho eso, probó el fruto y la piel de luz exterior desapareció también de él. Algunos sostienen que Adán, al comer el fruto, consiguió el don de la profecía; pero que, cuando trató de arrancar hojas para hacerse un delantal, los árboles lo rechazaron gritando: "¡Vete, ladrón, que has desobedecido a tu Creador!» Estos son pasajes de las obras de Robert Graves y Raphael Patai, que tienen similitud con las interpretaciones rabínicas y del Talmud, como la Hagadá. La idea de una piel brillante primigenia – también citada en *Flying Serpents and Dragons*, de R. A. Boulay - aduce a que los primeros hombres tenían, o bien un cuerpo inmortal, y/o una energía interior inmortal que vigorizaba y hacía vibrar su cuerpo en un nivel mayor de energía. Ese cuerpo o vibración hacía de dichos humanos seres cuasi angélicos, pero se mantenía según su pureza interior y exterior. Lo que la tradición judía refiere es que aquellas mujeres de ese entonces fueron mancilladas por hijos del cielo, y esa idea se respalda por las creencias conocidas de casi todas las culturas remotas de nuestro globo, aduciendo a ese contacto entre ellas tanto con dioses como por ángeles y demonios, incluso por otras razas similares a la humana adámica, que vivían en ese entonces también en nuestro planeta.

Como refiero en mis previas obras de 'La Rebelión de Sakla', las mujeres fueron objeto de abuso por parte de los más fuertes, y fueron tan vulnerables que esto fortaleció el hecho de que la mujer no estuviese fuera del seno de sus padres hasta ser tomada por un varón, y al unirse a él debía estar bajo su techo y no irse, salvo por divorcio o viudez, para lo cual debía regresar al seno de sus padres o ser tomada por algún familiar cercano a su esposo fallecido, estando así siempre protegida por una figura masculina. La vulnerabilidad de la mujer antes fuerzas externas fue tan evidente que se vio que separada de Adam (del hombre) fue usada casi como un trapo, o como un mero vehículo para traer hijos y perpetuar o producir una estirpe particular. Algunos conjeturan, pues, si Jevah fue mancillada por estas fuerzas antes de haber "conocido" a Adam, o sea, de haber tenido relaciones sexuales con él, pero lo cierto es que, viéndolo en contexto, si Jevah eran las mujeres, usadas como "granja" de crianza, muchas pudieron conocer a sus maridos antes de ser abusadas, y otras haberlo conocido después. El primer ser habría estado detrás de estas violaciones y sometimiento a las mujeres prehistóricas fue el Demiurgo, llamado Ialdabaot por los gnósticos, Sakla por los arameos, Samael por los judíos, u 'orionitas' por la ufología.

«Según algunos relatos, Samael nunca se acostó con Eva antes que lo hiciera Adán. Dios se proponía al principio que Samael gobernara al mundo, pero la vista de Adán y Eva haciendo el amor, desnudos y sin avergonzarse, le puso a Samael celoso y juró: "Destruiré a Adán, me casaré con Eva y gobernaré verdaderamente." Esperó a que Adán se acostase con Eva y se quedase dormido, y entonces ocupó su lugar. Eva se entregó a él y concibió a Caín.» (Nacimiento de Caín y Abel. Mitos Hebreos – Robert Graves y Raphael Patai)

El mismo libro argumenta sobre Noé: «Algunos dicen que cuando estaba completamente embriagado se desnudó, y en aquel momento Canaán, el hijo menor de Cam, entró en la tienda, maliciosamente ató una fuerte cuerda alrededor de los órganos genitales de su abuelo, apretó la cuerda y castró a Noé. Luego entró Cam, vio lo que había sucedido y se lo dijo a Sem y Jafet, sonriendo como si fuera una broma de personas ociosas en la plaza del mercado; pero se ganó sus maldiciones.» Por ello la sibila griega compara la historia de Sem,

Cam y Jafet con la de los titanes, refiriendo asimismo la castración. Otros, en cambio, sostienen que el desnudo debía ser algo sagrado y no ser conocido sino por la pareja, aunque otros van más allá y sostienen que literalmente Canaán violó a su padre. El punto es el mismo, la desnudez está directamente ligada a la sexualidad, y por ello aún el Oahspe refiere que los ángeles fueron mandados en la antigüedad a instruir a la raza adámica a que estuviese vestida, ya que no tenían originalmente esa costumbre, y otros pueblos por mucho tiempo ni siquiera la siguieron.

Si bien, uno lee que Samael deseó a Jevah, otros afirman que Samael estuvo con su propia hermana Lilit, y la puso al lado del primer hombre antes de que éste conociese a Jevah, pero lo que Adam vio en Lilit fue la oscuridad sexual. Todo lo insano en una relación fue experimentado en Adam antes de ver la virtud sexual en su verdadera compañera, razón que explica la alegoría de que Adam identificó a los "animales" pero no halló entre ellos "ayuda idónea", porque es evidente que no iba a copular ni a casarse con una jirafa, una vaca o un chimpancé. El hombre inicial habría tenido una vida sexual multifacética (fornicación) antes de unirse a la que sería su verdadera contraparte y reflejo en su despertar espiritual, y habría conocido todos los lados oscuros de ese mundo, siendo su conciencia y su luz interior la que le hicieron ver que nada de eso era afín con su ser interno. Las fuentes de múltiples culturas, con sus propias definiciones y nombres concluyen en que Ialdabaot (Samael) preñó humanas para producir dioses oscuros: los 7 arcontes de Ialdabaot "preñaron" a 7 mujeres para producir las primeras 7 razas humanas; los nagas tuvieron hijos con las adámicas, y los hijos impuros de estos aún siguieron uniéndose con las adámicas al grado de que casi toda la estirpe pura adámica perdió su pureza; los Anak fueron persuadidos por Ialdabaot y sus demonios a copular con mujeres, cada uno escogiendo una y sembrando en ellas el mal y embriones que serían semi-dioses y héroes sobre la Tierra, haciendo su propia justicia y matándose entre ellos; el propio Iaheveh, el dios de los hebreos, también usó la inseminación artificial, tanto partiendo de su ADN como del de otros seres de luz que estaban con él, para gestar hebreos sobrehumanos, fuese en fuerza, como Shamshun (Sansón), puros, como Nah (Noé), de los reinos eternos, como Set, Juan el bautista y los 12 apóstoles, o del reino sempiterno, como Ieshua (Jesús).

Así que, en resumen, se podría resumir en que uno fue el cruce de la serpiente y humanos, la cual dañó nuestro ADN y nos expulsó de Meruah (el jardín que había al oriente de Eden); Otro fue el cruce de unos doscientos Anak con humanas, que creó gigantes que luego de muertos sus cuerpos se hicieron malos demonios. Aparte de esto los de Orión-Dragón también usaron a mujeres para gestar humanos que fuesen señores sobre este mundo (los dioses de la Tierra y semi-dioses que mencionan las mitologías). Se trataba de una guerra por la supremacía de la Tierra, y para generalizarlos les conocen a todos como los Nefilim. En la ufología, la idea de Ialdabaot es definida como "orionitas" y "draconianos", así como con algunos de Sirio. Si vemos los mitos y leyendas de oriente a occidente, y de norte a sur, siempre las mujeres fueron ultrajadas y usadas como muñecos de satisfacción y/o de gestación para otros, y en todos los casos remarcables y trascendentales, los compañeros de estas mujeres no estaban para protegerlas. «Si la mujer no se hubiera separado del hombre, no habría muerto con él. Su separación vino a ser el comienzo de la muerte. Por eso vino Cristo, para anular la separación que existía desde el principio, para unir a ambos y para dar la vida a aquellos que habían muerto en la separación y unirlos de nuevo. Pues bien, la mujer se une con su marido en la cámara nupcial y todos aquellos que se han unido en dicha cámara no volverán a separarse. Por eso se separó Eva de Adán, porque no se había unido con él en la cámara nupcial. El alma de Adán llegó a la existencia por un soplo. Su cónyuge es el [espíritu; el espíritu] que le fue dado es su madre [y con] el alma le fue otorgado [...] en su lugar. Al unirse [pronunció] unas palabras que son superiores a las Potencias. Éstas le tomaron envidia [...] unión espiritual [...].» (Evangelio de Felipe 78-80)

Según los textos hebreos, Jevah cuidaba una parte de Meruah, mientras Adam cuidaba otra. La serpiente primero pensó en engañar a Adam, pero lo vio invulnerable, así que optó por ir hacia la mujer, esperando a que estuviese sola. Este es un ejemplo de cómo el pecado original ocurrió, ya no en la Tierra, sino en los reinos eternos, pues la Sofias (que representa un reino inmortal celeste), se preparaba para la visita del soberano de esos eones, el Cristo – no lo confundamos con Jesús de Nazaret -, mas entró en ella la idea de separación, y su deseo se materializó en el eón en que ahora estamos, creando el Destino, es decir, la muerte, que es el sufrimiento. Así como ella fue tomada de su sombra, ella misma sería la luz que iluminaría a su fuente. Cuando la mujer descubre su identidad, comprende que es el espíritu de vida y de despertar de conciencia de sí misma y en el hombre. Si se separa del hombre es vulnerable, tentada y destruida, y envenenada ya es un peligro para el propio hombre, porque lo puede descarriar también a él y perderse ambos. El principio del hombre/mujer en su lucha por regresar a la luz es unirse al espíritu de vida, a quien representa Ieshua (Jesús) si vemos su contraparte como esposa, mas quien es el Espíritu Santo si vemos su contraparte como varón. La unión del humano con su parte espiritual es la fundición en el tálamo o cámara nupcial, donde el ser vuelve a ser uno con el todo y entra al camino de origen, la senda de la inmortalidad y la ausencia de sufrimiento.

Otra traducción de este texto del apóstol Felipe nos dice: «Si la hembra no se hubiera separado del varón, ella no moriría con él. La separación de [ella] fue el comienzo de la muerte. Por eso vino Cristo, para que pudiera anular la separación que había prevalecido desde el principio y aparear a los dos de nuevo. Y a quienes han muerto en la separación, él los apareará para darles la vida. Pues la hembra se aparea con su marido en el tálamo. No obstante, quienes se aparean en el tálamo ya no se separarán. A causa de esto, Eva se separó de Adán - porque ella no se había apareado con él en el tálamo -. El alma de Adán entró en la existencia por un Espíritu y la pareja de ella es el [Cristo]. El Espíritu regalado a (Adán) es su Madre y se le regala en su alma. [Mas porque] él no fue apareado [...] en el Logos, las potestades dominantes le hechizaron. Pues quienes se aparean en secreto con el Espíritu [Santo,...] son convidados individualmente al tálamo, donde se aparean.» (Ev. Felipe copto 86-87) El espíritu que recibió el humano fue su contraparte, analogía con el soplo de vida que le fue insuflado, es decir, su capacidad de alcanzar la inmortalidad. Solo con el espejo el hombre/mujer puede verse a sí mismo, y entonces corregir sus defectos. Fue Zoi (Vida, Jevah), hija de Sofía (Sofías, Sabiduría) quien enviada al hombre le hizo despertar y reconocer su gloria, apareciendo primero de forma incorpórea, y posteriormente encarnando en el cuerpo hecho a semejanza del hombre.

El Targum pseudo-Jonathan en el capítulo 4:1 de Génesis, define ya que Samael había desnudado a Jevah, y es evidente para un judío entendido, que el concepto que responde al nombre de 'Kain' (Caín) es el resultado de dicha unión. Algunos textos y manuscritos sostienen que la idea de una raza humana sembrada con el mal en la Tierra es lo que viene de ese concepto de la metáfora de Kain, mientras los que fueron virtuosos, mas víctimas de los malignos, fueron los Hebel (Abel). Pero entre el adulterio ocurrido y el nacimiento de estos dos linajes ocurrió el destierro. Primero la serpiente violó a la mujer y ella concibió de él a Kain. La serpiente no era un ofidio sino la forma de designar a la gente Nagas/Najash que ya vivía en la Tierra. Los nagas son muy antiguos, de hecho, más antiguos que los humanos ergaster-erectus, y presumiblemente fueron creados en la Tierra por los que vienen del Dragón (en latín se denomina a esta constelación "Draco", y está cerca de la estrella polar ártica).

La gente del Dragón son los dioses más antiguos y conocidos en la Tierra en el pasado. Todas las culturas ancestrales saben y hablan de ellos, y la sabiduría que simbolizaba el dragón-serpiente viene de esos anales. Dichos seres fueron los que dañaron a la gente de Orión y han fomentado la maldad y lo han diseminado en nuestro sistema intergaláctico. Ellos son ese "Satanás" de las religiones, tanto como entidades, así como espíritu que opera trayendo el mal, y ellos crearon los más antiguos demonios, pero también engañaron a los Anak para crear una nueva raza, más fuerte que los Nagas, y que cumplieran con lo que los Nagas no habían podido cumplir: exterminar a la raza humana y crear un sistema de poder para controlar nuestro orbe. Ese sistema hasta hoy existe, porque ellos lo han alimentado con los supervivientes de estas razas, y nosotros los conocemos como las monarquías europeas (ellas vienen de los cruces de esa gente de esos cielos con humanas), aunque operan en todo el 'Iluminati' desde las dinastías faraónicas hasta hoy, habiendo corrompido la masonería y todas las cúpulas de poder en este globo.

«Entonces consideré si el embarazo [de mi mujer] era debido a los Observadores y Santos, (o debería ser atribuido) a los Nefil[im], y me puse perturbado sobre este niño (Noé).» (Manuscrito de Lamec. Cuevas del Qumran).

«Y Adán respondió: "Oh Dios, aquí estoy. Cuando oyó el sonido de su persona y su voz, y se escondió porque estaba desnudo." El querubín entonces tomó los dos higos y se los llevó a Adán y a Eva; pero se los tiró desde cierta distancia, para que no se le acercaran, por motivo de su carne, pues no podían acercarse al fuego. En un primer momento, los ángeles temblaban a la presencia de Adán y tenían miedo de él, pero ahora era Adán quien temblaba delante de los ángeles y les tenía miedo. Adán se acercó y tomó un higo, y Eva, viniendo también tomó el otro. Y cuando ellos tomaron los higos en sus manos, se vieron mutuamente, y supieron en ese instante, que eran de los árboles entre los cuales se habían escondido.» (1er

Libro de Adán y Eva 36:3-7) El traductor hace una explicación sobre las prendas de la pareja, diciendo que «las prendas que el Señor les ha dado en Génesis 3:21 se quemaron de modo que Adán y Eva quedaron desnudos de nuevo. El capítulo de referencia según el cual Adán y Eva buscan prendas con las que cubrir su desnudez», basándose en la referencia a 'quemarse' del capítulo 46:1, que reza: «Entonces Adán y Eva comenzaron a entrar de nuevo en la cueva. Y cuando llegaron al camino entre el fuego, Satanás soplaba en el fuego como un torbellino, causando que el fuego aumentara a fin de que cubriera a Adán y a Eva y los quemara.» El capítulo 52 refiere sobre su situación postrera que «A partir de ese momento Adán y Eva no vieron más su desnudez, pues ya habían sido vestidos. Y esto ocurrió al final del quincuagésimo primer día. Entonces, cuando Adán y Eva vestidos con prendas hechas de oveja...» (Vers. 9-11)

Es notorio que el fuego aquí simboliza la comprensión, la conciencia, el saber y el darse cuenta. Ellos ya no estaban desnudos, es decir, ya no eran ingenuos, ni ignorantes ni vulnerables por no saber ni entender, y la higuera, símbolo de la esperanza por venir, fue su cobertura ahora. En otras palabras, esto representa que la pareja sabía que viviría esa vida temporal separada y en sufrimiento, pero bajo la esperanza de que al desencarnar serían glorificados y continuarían su perfeccionamiento hacia la luz. En Génesis se habla de 'Katnut oor' (como dice en hebreo la versión más antigua y fidedigna conocida (el Códice de Leningrado)), que, a mi juicio, tiene más sentido como "túnicas para la piel" que "túnicas de piel". Para algunos rabinos del Talmud, la descripción se refiere a un cambio corporal que recibió el hombre (según midrashim). El texto dice «katnut oor», donde Katenet es túnica o vestido largo, y Oor, o Aor, tiene muchas acepciones, desde piel o cuero, hasta ceguera, pasando por despertar, ponerse en movimiento, avivar, levantar un clamor, tizar el fuego, o tamo (en arameo), pero especialmente 'recubrir' o 'exultar' (muestra de gran alegría o satisfacción). Es decir, es más probable que se refiera a que les puso ropaje largo para dignificarlos. El Tárgum dice que les dio «labushin dikar al mashej basdarhun», que del arameo quiere decir "ropa-vestimenta digna-honorable sobre [la] carne [de su] piel", es decir, vestimenta para cubrir sus partes y cubrir en general el cuerpo. Pero también puede representan una integridad temporal basada en la ceguera espiritual que tendrían, en el sentido de ya no tener acceso a la luz espiritual directa (cosa que cambió desde el ascenso de Ieshua a los cielos).

Otra obra de Moisés menciona episodios de aquellos incidentes, diciendo: «Y en la tercera semana en el segundo aniversario dio a luz a Caín, en el cuarto y dio a luz a Abel, y en la quinta dio a luz a su hija Awan. Y en el primer (año) del tercer aniversario, Caín mató a Abel [...] y en el cuarto año de la quinta semana se convirtió en alegría, y Adam conoció a su esposa de nuevo, y ella le desnudó a un hijo, y llamó su nombre Set, [...] Y en la sexta semana engendró a su hija Azura. Caín tuvo a Awan su hermana por esposa suya y ella le desnudó a Enoc en la clausura del cuarto aniversario.» (Jubileos 4:1-9) Si todos los hombres vienen de un ancestro común, eso no explica las diferencias milenarias entre asiáticos, negros, nórdicos y caucasianos, siendo grupos característicos que entre más atrás se vaya menos se parecerían unos a otros. No son diferentes por adaptación, sino por genes concretos relativos a la forma y color de ojos, tipo y color de pelo, color de piel... sin contar con los grupos de sangre que hay (A, B, AB, O), que no son "uno", y que se dividen entre los que tienen el gen rhesus (RH+) y los que no (RH-). Si Kain dijo a la deidad que no le dejase porque cualquier que le hallase le mataría, ¿quién le iba a matar si no había nadie más? Si aún no había crecido ni su hermanastro Set, y él era desterrado, ¿quién le iba a matar? ¿Y cómo dio a parar a una tierra llamada 'Not' (fugitivo, desterrado)? ¿Quién le dio nombre a esa región antes de que él llegara? Los adámicos eran muchos, unos de la ascendencia que fue a parar a

Meruah, pero también había otros seres antropomorfos que no tenían la luz interior que sí tenían los adámicos.

El Testimonio Kolbrin

En el siglo XII d. C. un incendio se habría producido en el Monasterio de Glastonbury, en Inglaterra, y del mismo se rescató un compendio de manuscritos del pasado, cuyos autores iban desde escribas egipcios hasta celtas, evocando anales de hasta más de 3.600 años de antigüedad. Este libro ha sido considerado casi como una Biblia, y recibe el nombre de 'Kolbrin'. Con él se puede cotejar la remota historia del mundo comparándola con los registros de las viejas culturas del globo. Considero importante evocar algunos de sus pasajes, que dan luz en todo este relevante capítulo de introducción a esta obra:

«Ahora, a causa de la maldad que se ha hecho, hay entre los hombres los que son los Hijos de la Bestia, y que son un pueblo diferente. La raza del hombre solo era castigada, porque la bestia actuaba de acuerdo a su naturaleza. En el hombre, la bestia y el dios se esfuerzan por decidir si tomará su lugar entre los dioses que viven o las bestias que mueren, y la mujer, en su debilidad, lo traicionó a la bestia. Los hombres luchan a diario con la bestia y arrebata la vida en el suelo, siendo su día abarcado por la lucha y el trabajo. Así que las mujeres dan a luz niños con sufrimiento, y porque son frágiles gobiernan sus maridos sobre ellas. El hombre es concebido en el vientre de mujer y ella le da a luz a la vida. Por lo tanto, cuando Dios levantó al hombre de entre los animales, le eligió de él como su heredero y le dotó de un espíritu inmortal, Él puso un velo sobre los portales de la vida. Esto, que la mujer no debe olvidar que ella es diferente a todos los demás seres vivientes, y es síndica de una misión divina. Pues una mujer no sólo da la vida de un ser mortal, ella también tiene una chispa de la divinidad a la Tierra, y no puede haber ningún ojo que vea lo engañoso de las cosas terrenales, mas el ojo que ve las cosas espirituales es verdadero.» (Libro de Gleanings, Kolbrin, pág. 59)

Este pasaje evoca igualmente la cuestión de las dos razas que cohabitaban nuestro planeta, una como adámicos (hombres (o 'Ihin' como se denomina en el Oahspe)) y otra como nagas (najash), yosling o bestia. Mientras el hombre era corregido, como un padre lo hace con su hijo, los otros no tenían un mentor espiritual, sino iban según las bestias. Esos seres representan la propia parte antagónica del ser humano. Al dejar la gloria en que se estaba en Meruah, ahora la humanidad fue dejada, abandonada, y ya no tendría tiempo ni medios fáciles para alcanzar la gloria, la verdad, la espiritualidad, la inmortalidad. La serpiente fue maldita, obligada a ser errante y fugitiva, pero la mujer fue dejada para dar a luz con mucho dolor y a criar hijos en la incertidumbre, mientras el hombre dedicaría toda su vida al arduo trabajo para tratar de conseguir alimento. La enemistad entre la mujer y la serpiente permanecería, ella educando hombres invulnerables a las tretas de la serpiente, mientras la serpiente atacando a la mujer por sus puntos débiles. Evidentemente, la serpiente obraría por sus hijos en la Tierra, en tanto pudiese, pero el principal ataque de la serpiente sería desde la psique, ya que los espíritus y dioses de los nagas son los verdaderos reptiles.

«"Admiro la fuerza y la valentía que asigné alta en la relación de los hombres y en gracia para con los ancianos, pero su espíritu díscolo y desconsiderado es indigno de su cuerpo. Aunque te halles favor a los ojos de las mujeres jóvenes y tontas que sólo ven la exterioridad de su cuerpo y por lo tanto son más tontas, a los ojos de las mujeres sabias ve su espíritu desnudo y que no se deja engañar. Por lo tanto, haz caso omiso de las miradas de las doncellas necias y que también a ti te llevan. Obra de tal manera que encuentres favor ante los ojos de las mujeres sabias". Y ella dijo: "¿No soy yo Maya, la más deseable de las mujeres, a quien todos los hombres buscan? Sin embargo, me quedo reservada para ti, por lo tanto, no seas indigno de mí". El hombre salió del desierto y terrenos baldíos. Se fue ante el consejo de mujeres sabias y dijo: "¿Qué debo hacer para que yo pueda tener a esta mujer de un compañero? Porque yo la deseo sobre todas las cosas, incluso por encima de mi propia vida. Por ella me convertiré en el más digno de los hombres entre las personas, su nivel es lo sumo que no puedo poseer de otro modo". Las mujeres sabias le respondieron, diciendo: "Por mucho tiempo tendrás que llevar a cabo a ti mismo de esta manera", y le fijaron un tiempo y una tarea.» (Kolbrin, pág. 62)

En este episodio, los registros Kolbrin nos relatan que hace muchos milenios la mujer solía ser virtuosa y sabia (era lo habitual), lo cual hacía que los hombres tratasen de tener buen renombre en la sociedad para aspirar a tener por esposa a una de ellas. Algunos de estos detalles aparecen en los proverbios del rey Salomón, aduciendo a la gloria de una mujer virtuosa, así como asimismo a la hombría de un caballero y señor verdadero. La idea del hombre que sale del desierto o lugares estériles es la misma a otras referencias de otras culturas, como la babilonia, donde se recuerda a un lejano héroe, mitad dios y mitad humano, Gilgamesh. Él ve al humano andando entre animales, bebiendo de los estanques, desnudo e irracional, y persuade a una mujer para que le haga caer en razón de quién es él realmente. Una vez más, este despertar está directamente relacionado con el conocimiento sexual. Pero, así como en el caso de esta historia, la 'Épica de Gilgamesh', la mujer es una cortesana, también una mujer en el Kolbrin es mencionada como la responsable de denigrar el valor de una mujer verdadera. El mito judío de Lilit cobra aquí una potente relevancia bajo la explicación de los remotos registros, donde concretamente es denominada 'Lila', que en todo caso deriva del mismo significado, 'Noche' o 'La Nocturna'.

«[He] aquí se llamaba Lila. Sucedió que, surgiendo temprano un día, vio al hombre salir al bosque por los pantanos, dedicado a sus tareas, y ella tomó consejo con ella y lo siguió. Ella se encontró con el hombre mientras él descansaba en un lugar de soledad y [...] se acercó suavemente, diciendo: "Soy tu sierva Lila. Oh mi Señor, ¿No estás cansado de la tarea [de] carga diaria, también faltándote alegría

[de] compañía para descargarla? ¿Dónde está ella, la que establece la carga sobre tu espalda fuerte? ¿Dónde está mi pariente que, sin duda, es más hermosa y mucho más deseable que yo y, por tanto, una muy apropiada recompensa por tus trabajos pesados? ¿Ella descansa en la sombra o le recoges frutos [en la] espalda en los jardines? Sin duda, sus pensamientos están con usted, pero es que ella es excesivamente dura de corazón, ya que no puede consolarte, porque, ¿no está en la naturaleza de la mujer por venir al hombre y aligerar su carga con su suavidad? ¿No está en la naturaleza de la mujer el ser de rendimiento y sumisa, que el hombre pueda regocijarse en su poder? ¿Es, tal vez, que a pesar de su belleza el corazón de esta mujer de su deseo no es el corazón de una mujer? ¿Es como la naranja falsa, dulce a la vista, pero amarga al morder? ¿O es que está su corazón en el mantenerse con las ancianas, prefiriendo las de apariencia vieja a las de forma joven? ¿Qué te ha hecho a ti, ella no ha humillado a su hombría mediante el aprovecharse de ti como un buey a las costumbres de las personas? ¿Puede ser correcto que los viejos decretos de tiempos muertos ya deban venir entre cómo el hombre y la mujer ha de estar? ¿No es más apropiada la costumbre de los hombres sometidos a aquella ley que nos dio nuestra naturaleza?»

«Esa mujer deseable es tuya, que te proporciona trabajo y espera. Ella es tuya, pero no sin condiciones. Ella no viene sin reservas, ya que una mujer debería, pero como un hombre que llega a su brida asno en mano. ¡Ay, que me falta el encanto que sitúa al yugo sobre ti! Pero debajo me falta nada y soy tanto una mujer como cualquier otra. Mi corazón arde por ti con una llama que viene casi a consumir mi cuerpo. Llévame, acepta mi humilde ofrenda. Le doy todo libremente, voy a ser tuya sin ninguna condición. ¡Oh, mi Señor? ¿Cuál de nosotras las mujeres realmente ofrece más? ¿Ella, que no concede nada, o soy yo la que va a ser incluso maldita por Dios y los hombres por tu bien? Yo, que no soy nada a tus ojos no requiero sacrificarme a usted en mi nombre. Que no pido nada y te ofrezco todo un lote de mujer". Entonces Lila se arrodilló a los pies del hombre y colocó su cabeza sobre su rodilla. El hombre se conmovió profundamente en su cuerpo y luchó con él, pero su espíritu trajo ante sus ojos la visión de la doncella más deseable, y se fortaleció. Él se levantó y dijo: «Vete y no me tientes más!" Entonces Lila salió y se fue a su manera, pero dentro de sí misma [lo] que cernía y en el curso del día sus pensamientos tramaron un plan oscuro.»

«Mezcló una poción prohibida a partir de hierbas y, poniéndola en una jarra de agua con miel, la llevó al hombre mientras trabajaba en el calor del día en declive. Al verla, el hombre dijo: "¿Por qué razón has venido otra vez?" Y ella le respondió: "¡Señor, que tu sierva hace una oferta mucho menor! Una no tiene por qué temer como lo hizo la mayor, un humilde regalo de refresco". El día era caliente y el trabajo arduo, el regalo bienvenido. El hombre bebía mucho de la jarra y debida la poción su espíritu [hubo] dormido mientras la bestia entró en su [ser]. Cuando el fuego de su pasión se apagó por las aguas de la lujuria, recobró su espíritu e injurió a la mujer, diciendo: "¿Qué has forjado? ¿Me destruirás de esta forma?", Respondió la mujer, "La escritura es la tuya, mi Señor, porque tú eres un hombre y yo soy una mujer". Entonces el hombre se asustó, porque sabía el código y personalizado. Se enfureció después de la clase de hombres asustados y gritó: "¡Fuera de mi vista, víbora, no sea que te aplaste!" Lila respondió en voz baja: "¡Señor mío! ¿Por qué te pones iracundo o con miedo y sin causa? Pues esto será un secreto entre nosotros, ninguno sabrá nunca de ello. He aquí que mi Señor, ¿no es libre de nuevo y el yugo removido de su cuello? Ahora usted puede saber las alegrías que una mujer puede dar, sin someterse a tareas; por lo tanto, lleve a su gusto". Mas las palabras de la mujer no eran dulces a los oídos del hombre, porque él estaba lleno de remordimiento por lo que había hecho.»

«Él dijo: "Usted no es la doncella de mi tierno deseo, de quien mi corazón [está] encantado y deseo por el cuales emprendí la tarea.

¿Qué ahora ella cuya belleza se compara con la gloria del sol, cuya gentileza [es] como caricias del rayo del sol, junto a cuyo brillo no eres más que una sombría sombra?" Lila respondió: "Ella es en verdad como el sol, [a quien] es posible adorar desde lejos, pero nunca tocas para que no seas quemado y destruido. Yo soy la mujer de su cuerpo a quien ha elegido su carne. ¿Qué tiene esta otra mujer hecho por ti? ¿Acaso no afilar la espada en la que usted se corta? Si se enciende un fuego entre los juncos, a sabiendas de que un hombre duerme allí, ¿quién es el culpable de la quema? ¿El que encendió el fuego o las cañas? ¿Está por debajo de su hombría el encenderme por lo que soy yo no avergonzada por tu bien? ¿Y quién entre las mujeres invitaría a la ira de los dioses y los hombres como lo he hecho? Estate contento con el mal [de] tu lujuria ya forjado. Este es un mal acto que has cometido, mas porque estamos unidos en la carne no hay daño que deba haber a partir de aquí". [Pero] entre las personas [aun]que fueron por caminos separados, la carne llama a la carne, llevándolos furtivamente en los lugares secretos. Cada [rato] yacieron con el reproche [del] susurro de su espíritu, y cada uno caminaba en la sombra del miedo por el código.»

«Y ahora, los ancianos no eran sin astucia y vieron que el hombre ya no era diligente en la tarea y habían regresado a sus antiguos caminos. También evitó los ojos de Maya y ya no era reservado a las mujeres, después de habérsele mostrado [el] fruto prohibido ahora buscaba otras variedades. Él no era un hombre con un fin a la vista hacia el que se esforzó, su porte no era el de un hombre libre. Las miradas entre el hombre y la mujer, y su inquietud, no eran difíciles de interpretar.» (Kolbrin, pág. 63) Este triste relato es una muestra de cómo el valor y principios de ese entonces se perdieron. Así empezó el tiempo de la degradación y de la conciencia de ser ramera entre las mujeres que querían una vida cómoda y fácil, y el poder del dinero también para comprar el favor sexual de otro, dominándolo y sirviéndose de él como un objeto (ya que es más cómodo para el que paga el servicio recibir lo que quiere sin discusión, intereses de por medio o estado de ánimo, porque la práctica sexual se realiza, en toda su extensión, como un servicio obligatorio y completo): «Entonces el jefe de los cazadores dijo a la mujer. "Oh mujer, desnuda tus pechos y siéntate al lado de las aguas, utiliza las artimañas de tu llamado, no tengas vergüenza, sino dale la bienvenida con valentía. Cuando él vega cerca revélale tus secretos, atrayéndolo a ti; enseñarle el arte de la ramera que atrapa a los hombres." La mujer no se resistía a llevarlo, respondiendo así a la tarea, sentada junto a las aguas, cantando. Sin embargo, Hurmanetar rodeó con cautela el lugar, pero no descubrió nada y ningún daño se le acercó. Él se acercó y cuando lo hizo la ramera le reveló encantos secretos y estaban bien satisfechos por el afán que desplegó. Ella le dio instrucciones en el arte de la mujer ramera, y se demoró allí durante varios días; pero los cazadores no llegaron a llevarlo, porque no encontraron ninguna manera de llegar a él furtivamente.» (La Compañía de Yadol. Kolbrin)

RAÍZ

Espíritus Machos y Hembras

En el mundo de los espíritus también funcionan las cosas bajo el principio de Polaridad y de Generación (dos de los 7 principios de la Hermética). El principio de Generación ocurre en el plano mortal por medio de la copulación, mas, en otros niveles ocurre de otras formas, con otros medios de transmisión de energía, según el nivel, como se ve en el principio de Correspondencia - igualmente de la Hermética -. La sexualidad representa en el hombre la fuerza, y en la mujer la sensualidad. El vigor sexual era símbolo de la masculinidad, y se usaban alusiones a la 'fuerza' o 'poder' como equivalentes a lo mismo. Si analizamos lo que sabemos sobre Min (originalmente 'Menu'), dios egipcio de la fertilidad sexual, observamos el mismo concepto de una deidad retratada con un falo erecto. Era lo sexual y lo creador, al mismo tiempo. Lo mismo respecto de la 'virilidad' y la juventud, y lo podemos ver en las representaciones del reino animal a propósito del toro (de hecho, la manifestación zoomorfa de Min era como toro blanco con dos plumas sobre la cabeza, y el toro también fue un clásico en las ideas del origen de la estirpe europea, según la mitología griega).

Pero la fecundidad de la tierra solo era un nivel por debajo del poder creador y de vida de los dioses, ya que había dioses menores y dioses mayores, como parangón de una jerarquía de espíritus en el cosmos. La fecundación entre los dioses mismos no siempre fue por medio de copulación: «El dios Khepri egipcio, que tenía la forma de escarabajo, estaba asociado con el dios-sol Atón y era el sol naciente. La homofonía con el nombre del escarabajo (hprr) parece estar en el origen de este acercamiento. Como para el escarabajo de Heliópolis, el nacimiento de Khepri, según los teólogos, no era fruto de relaciones sexuales. Su etimología "el que llega a ser desde sí mismo" puede haber dado quizá origen a la creencia de que todos los escarabajos son machos (según Plutarco en 'De Iside', pág. 556); al menos, la misma idea de autogeneración está presente.» (Opiniones en la Introducción de la Moralia de Plutarco)

Los mitos referían a los dioses concibiendo de diversas maneras, haciendo uso de poderes mágicos, ilusionismo, fenómenos naturales, alucinaciones o ensoñaciones, o inclusive metamorfosis. Parecía para ellos una manera de mantener las distancias entre el humano y ellos, de modo que no perdiesen el toque de misticismo, temor, veneración, respeto o admiración, como hicieron los dioses en Egipto al representarse como criaturas zoo-cefálicas. El velo del misterio era fundamental para dioses y espíritus, aunque no lo fuera para los ángeles, que no tenían problema en presentarse tal como humanamente podían ser vistos, y aclarar tanto su naturaleza como sus intenciones.

Los poetas y escritores antiguos, filósofos o hasta historiadores - especialmente de parte de redactores griegos -, describen detalles de infidelidades, adulterios, violaciones y todo tipo de más actividades sexuales de los dioses, y si miramos la historia hebrea, ésta no se queda atrás en descripciones similares, dejando claro que las ínfulas de soberanía y sentimiento de derecho sobre los mortales les hacían usarlos a su beneplácito, ya no solo en lo político, sino en en gran parte en lo sexual. Pero los dioses mismos no solo hacían esto por capricho, sino por debilidad, porque aun siendo dioses eran vulnerables de espíritus más poderosos que ellos mismos, que controlaban fuerzas más allá del límite aún de los dioses más poderosos de este sistema interestelar. Si bien, en esta obra no busco explayarme en detalles sobre la naturaleza de los dioses, pero he de recordar para quien no ha conocido mis explicaciones sobre estos temas, que hay muchos dioses, unos menores y otros mayores, unos de la justicia y otros de la injusticia, y entre ellos hay sub-grupos. Aquellos dioses de los que hablo nada tienen que ver en la descripción con los dioses de la justicia (pues ellos moran en la Luz y son superiores a los espíritus que aún doblegan y controlan el designio y deseo de los otros dioses, que son conocidos como "dioses del destino").

«Se cuenta este mito con el menor número de palabras posible, omitiendo lo que es completamente inútil y superfluo. Dicen que el Sol, habiéndose enterado de la unión secreta de Rea con Crono, lanzó contra ella la maldición de que no daría a luz ni en el curso del mes ni del año; pero que Hermes, enamorado de la diosa cohabitó con ella; después, habiendo jugado a las damas con Selene y habiendo ganado de cada uno de sus períodos luminosos la setentava parte, formó con todo cinco días y los añadió a los trescientos sesenta; a éstos ahora los egipcios los llaman «adicionales» y en ellos celebran los nacimientos de los dioses.» (Moralia. Isis y Osiris, cap. 12. Plutarco) El traductor explica a propósito de este comentario sobre Rea (Nut): «El adulterio de Nut no está atestiguado en la literatura egipcia, aunque ha podido existir como secreto teológico [...] En efecto, en el sistema primitivo de Heliópolis, Nut y Geb, esposos legítimos, son los padres de Osiris e Isis. Pero cuando el Sol, Ra, llegó a ser en Heliópolis rey de los dioses, expulsó a Geb de su condición de padre de Osiris. Para guardar la antigua forma del sistema se ha podido inventar e introducir el motivo del adulterio. [...] señala que puede servir para justificar la maldición de Helio sobre Rea, que a su vez explica el nacimiento de los hijos de Rea en los cinco días adicionales, narrado a continuación.»

«Dan el nombre de Neftis a las regiones extremas de la tierra, las limítrofes de las montañas y las del borde del mar; por esta razón aplican también el epíteto Teleute («Fin») a Neftis y dicen que es esposa de Tifón. Y cuando el Nilo, saliéndose de su cauce y desbordándose lejos, entra en contacto con esas regiones extremas, a eso lo llaman unión de Osiris y Neftis, probada por las plantas que allí brotan; entre ellas está también el meliloto, que, cuenta la leyenda, al caer al suelo y ser dejado atrás, delató a Tifón la violación de su lecho conyugal. De ahí que Isis engendró legítimamente a

Horus, mientras que Neftis clandestinamente a Anubis. Sin embargo, en las Genealogías de los reyes está registrado que Neftis, después de haberse casado con Tifón, al principio era estéril; y si esto se dice no respecto a una mujer sino respecto a la diosa, simbólicamente se está hablando de la total esterilidad de la tierra y de su infertilidad por la dureza del suelo.» (Cap. 38) En este sentido, el traductor añade: «Sobre el adulterio de Neftis y Osiris, cuyo frutó fue Anubis, [...] La [prueba] que delata el adulterio, el meliloto, es mencionada también [...] pero aquí, donde claramente está haciendo uso de la alegoría, el plano metafórico y el plano real están muy imbricados: el meliloto es la planta que germina con la crecida del Nilo en esas regiones extremas de la tierra, pero que «al caer al suelo y ser dejado atrás» (ambivalencia entre la retirada del Nilo y el enamorado que deja el meliloto como símbolo de amor ante la puerta cerrada de la amada) delata a Tifón la violación de su lecho. En contra de lo que aquí dice Plutarco el nombre de Neftis no aparece en las Listas de los reyes que derivan de Manetón y de fuentes egipcias.» (Plutarco, Moralia)

El universo fue proyectado 'dual' en base a polaridades, y por ello también espíritus para cada polaridad fueron creados. Los primeros eones y sus mundos, todos fueron emanados de fuerzas complementarias, partiendo de seres masculino y femenino, aún en las esferas de los dioses. Incluso en la realidad de los arcontes, ellos produjeron espíritus, pero sabían que esos espíritus se reproducirían bajo el mismo rol del que depende la creación: contrapartes. Antes de la separación manifiesta, la virginidad del espíritu era la del cuerpo, y viceversa con resultado inmediato en la inmortalidad, y ese estado mantenía en paz fisiológica al hombre, pero «el primer gobernante violó a Eva y engendró en ella dos hijos, [...] Hasta hoy la copulación ha persistido debido al primer gobernante. Él plantó la lujuria para la reproducción dentro de la mujer que estaba con Adán. A través de la copulación el primer gobernante produjo cuerpos duplicados, e insufló en ellos parte de su espíritu contrario.» (Libro Secreto de Juan 13:7 y 12-13) Ialdabaot (el 1er gobernante) creó sus dioses y sus demonios y espíritus, y usó a la mujer como vehículo, no solo para gestar seres al antojo de Ialdabaot, sino para dañar su simiente. Moisés, relatando los inicios de este cosmos, refiere que el Primer Día ya el Creador hubo creado a los espíritus que dirigirían todas las fuerzas del mundo sensible:

«Para el primer día que creó los cielos y [lo] que está por encima de la tierra y las aguas y todos los espíritus que sirven ante él: los ángeles de la presencia, y los ángeles de la santificación, y los ángeles [del espíritu de fuego y los ángeles] del espíritu de los vientos, los ángeles y el espíritu de las nubes, y de las tinieblas, y de nieve y de granizo y las heladas de Hoar, y los ángeles de las voces y de los truenos y de los relámpagos, y los ángeles de los espíritus de frío y de calor, y de invierno y de primavera y de otoño y de verano y de todos los espíritus de sus criaturas que están en los cielos y en la tierra, (ha creado) y los abismos de la oscuridad, atardecer (y noche), y la luz, el amanecer y el día, que Él ha preparado en el conocimiento de su corazón. Y entonces vimos sus obras, y elogié a Él, y le elogié a razón de estar ante todas sus obras, de siete grandes obras que Él creó en el primer día.» (Jubileos 2:2-3) Salomón en sus textos secretos menciona la existencia de espíritus del mal y espíritus de la naturaleza y el cielo. Él mismo clarifica cómo esos ángeles gobiernan sobre los espíritus de la naturaleza y sobre los propios planetas y las estrellas. Son esos espíritus los primeros, y es de ese origen de donde vino el espíritu Eros para animar la unión de las polaridades, pues Dios designó que todo fuese puesto en dualidad y polaridades para empujar al avance hacia el reencuentro, hacia la unicidad por medio de la fricción y el sacrificio.

La Hipóstasis de los Arcontes nos dice: «La envidia engendró la muerte, y la muerte engendró sus hijos e instaló a cada uno (de los ángeles) sobre su propio cielo (rakiyá); todos los cielos del caos quedaron repletos de su multitud.» (Vers. 38) Siete eran los arcontes creados por Ialdabaot (cuyo animal "totémico" – por así decirlo - sería justamente el toro). Cada uno tenía dos nombres, uno masculino y otro femenino. Estos 7 personifican el Destino. Para ellos creó ese gran ángel y arconte 7 poderes. Los 7 crearon 7 virtudes femeninas y 7 masculinas. Estos 7 eran la personificación y poder de la Muerte, y habiendo estos 7 copulado entre ellos - a su manera – multiplicaron la cantidad de ellos para llegar a ser 49 demonios. Podemos ver aquí los dos ejemplos de cómo no solo son creados los espíritus iniciales con sus polaridades complementarias en lo puro, sino la réplica en lo impuro.

El tratado sobre el origen del mundo, de Nag Hammadi, nos explica que además uno de los 7 hijos de Ialdabaot le traiciona y crea su propia cohorte de espíritus de todo tipo, desde kerubim, serafim, galgalim, ofanim y jaiot, hasta espíritus puros, produciendo siempre unos y otros complementarios. A la hora de crear los mundos y la vida, se siguió el mismo patrón. El 'Enuma Elish' (la épica sumeria de la creación) nos describe los cuerpos del sistema solar en formación como personificaciones de dioses, y les da géneros masculinos y femeninos. Seguimos viendo esto una y otra vez en los procesos de creación en todas las culturas. Las tablillas de Mesopotamia definen nuestro mundo en formación como dos poderes intrínsecamente complementarios: Tiamat (aguas saladas) y Apsu (aguas dulces). Unos son aguas de arriba y otros son aguas de abajo. Si bien, la llamada "mitología" da personificación a principios que, a pesar de que ahora unicamente solo observamos y medianamente comprendemos en lo fenoménico, en efecto tienen una fuerza invisible tras ellos, tanto en la esfera psíquica como en la etérica.

Los relatos de la creación en cualesquiera que sean las tradiciones ancestrales, folclóricas o religiosas que observemos, suelen hablar del aspecto familiar en la creación, apreciémoslo comenzando por un solo ser que se crea hijos - o se crea esposa y luego hijos – o bajo la forma de dos fuerzas unificadas que juntos vienen a producir. Los espíritus y dioses asimismo estaban ligados a los elementos, dado que la dimensionalidad del tiempo y el espacio estaba prescrita bajo la idea de parámetros y ángulos limitantes: «Sí, vislumbré los Perros de Caza de la Barrera, echados en espera de quien pasara. En ese espacio en donde el tiempo no existe, débilmente sentí a los guardianes de los ciclos. Ellos solamente se mueven a través de los ángulos. No son libres de las dimensiones curvas. Extraños y terribles son los Perros de Caza de la Barrera. Ellos siguen la conciencia hasta los límites del espacio. No piensan escapar entrando a tu cuerpo, puesto que siguen rápidamente al Alma a través de los ángulos.» (Tablilla VIII. Tablas Esmeralda de Thoth)). Hasta los cuatro elementos eran entendidos como masculinos o femeninos, como de arriba o de abajo, como terrenales o espirituales. En el siguiente fragmento, podemos leer cómo se habla de las fuerzas que fueron andróginas hasta que llegó la hora de que se separasen en géneros, habiendo venido todo - al menos en este mundo - por medio de los 7 arcontes y su idea de imitar lo que había en los reinos superiores. Asimismo nos vuelve a hablar del destino o ciclo de la muerte, necesario para reiniciar todo y llevarlo al siguiente nivel de evolución. La muerte es la separación, el sufrimiento:

«...Como te decía, la generación de estos siete ocurrió de la siguiente manera: la tierra fue la hembra y el agua el ardiente macho, del fuego la naturaleza recibió el madurar y del aire el espíritu, y produjo los cuerpos según la imagen del Hombre. Y así el Hombre, de vida y luz que era vino a ser con alma y mente, la Vida se hizo alma, y la Luz mente, y todas las cosas del cosmos sensible permanecieron así hasta el fin de un ciclo, hasta el comienzo de las especies. Escucha lo que viene ahora y que ardes en deseos de oír. Cumplido el ciclo, por voluntad de dios se rompió el lazo que unía todas las cosas: en consecuencia todos los seres vivos que hasta entonces eran andróginos fueron separados al mismo tiempo que el Hombre, y fueron por un lado machos y por otro hembras. Y enseguida el Dios dijo una palabra santa: "Creced en crecimiento y multiplicaos en muchedumbres, vosotras las criaturas todas y las cosas que han sido hechas, y que el que tiene intelecto se reconozca inmortal y sepa que la causa de la muerte es el amor y que conozca todas las cosas." Y habiendo hablado así el Dios, la providencia por medio del Destino y de la estructura produjo las uniones y estableció las generaciones, y todas las cosas se multiplicaron según sus especies, y el que se reconoció a sí mismo llegó al bien superelegido, pero el que se aficionó al cuerpo producto de un extravío de amor quedó extraviado en la tiniebla padeciendo en los sentidos las cosas de la muerte.» (Corpus Hermeticum, pág. 3. Vers. 17-19)

En otra parte reza: «Este, pues, el Único y el Todo, inmensamente repleto de la fecundidad de ambos sexos, cuya Voluntad siempre está preñada y siempre pare todo lo que quiere procrear.» (De Hermes a Asclepio, Corpus Hermeticum, vers. 20) Esta majestuosa obra milenaria de origen egipcio añade en el verso 21 y 22: «- ¿Dices que Dios tiene ambos sexos, oh Trismegisto? - No solamente Dios, Asclepio, sino todos los seres animados e inanimados. Es imposible que ningún ente sea infecundo. Porque si se quitara la fecundidad de todos los seres que existen, sería imposible que siempre fueran lo mismo que son. Yo por mi parte digo que, por naturaleza, la Mente, la Naturaleza y el Mundo contienen en sí el poder de engendrar y conservar todas las cosas que han nacido. En verdad, ambos sexos están colmados del poder de procrear, y la mutua conexión de ambos, o mejor, la unión de ambos es algo incomprensible, y ya puedes nombrarla correctamente Cupido o Venus o con ambos nombres a la vez. Quiero que guardes bien en tu mente lo que sigue, la más verdadera y evidente de todas las verdades: el Señor de la Naturaleza toda, Dios, inventó y concedió a todos los seres este misterio de procrear eternamente, cuyos atributos naturales son el sumo afecto, la felicidad, la alegría, el deseo y el divino amor.»

Las enseñanzas de Hermes Trismegisto también se habla de la interacción y transmisión de energía y del poder de cada principio sexual: «Y hubiera que explicar más cuánta es la fuerza y la imperiosa necesidad de este misterio, si no fuera bien conocido de cada uno, en su íntimo sentir, por propia experiencia. Porque en el momento extremo del orgasmo, al que llegamos después de repetidas frotaciones, cuando un sexo en el otro vierte su sementera, advertirás que cada uno ávidamente arrebata y esconde en sí mismo la del otro, y que, en ése momento, por la compenetración mutua, la hembra se apodera de la fuerza del macho y el macho se abandona a la languidez de la hembra. Por donde el acto de este misterio, tan dulce y necesario, se realiza en privado, no sea que las burlas del vulgo ignorante avergüencen a la divinidad de ambas naturalezas durante la unión sexual, y mucho peor si uno se expone a las miradas de impíos. Los hombres piadosos no son muchos, más bien son tan pocos que se pueden contar en el mundo. Porque ocurre que en los muchos se asienta la malicia, por carencia de buenas costumbres y de la ciencia de cómo son todas las cosas. De la comprensión del plan divino nace el desprecio y la cura de todos los vicios que hay en el mundo. Pero si la torpeza y la ignorancia perseveran todos los vicios renacen con vigor y lastiman el alma con heridas incurables, y finalmente infectada y enviciada por ellos se inflama como de veneno, salvo en el caso de aquellos que han hallado la cura total por la disciplina moral y el conocimiento.»

«Entonces poseedor ya de plenos poderes sobre el cosmos de los seres mortales y de los animales irracionales, se inclinó sobre la estructura, y desgarrando el velo mostró a la naturaleza inferior la bella figura del Dios. Y al ver la naturaleza que la figura del Dios poseía una belleza inagotable y las energías todas de los gobernadores, sonrió de amor, pues ya había visto la bellísima figura del Hombre reflejada en el agua, y su sombra sobre la tierra. En cuanto a él, viendo su propia figura en la naturaleza reflejada en el agua la amó, y quiso habitar en ella. Y al punto que lo quiso se realizó, y vino a habitar la forma irracional. Y la naturaleza a su vez acogiendo a su amado se entrelazó entera con él y copularon juntos, porque eran amantes.» (Corpus Hermeticum, pág. 2. Vers. 14) Poimandres, maestro del sabio Hermes, es otro – como tantos pueblos, fuese esenios o toltecas - que presenta a Dios como principio celestial y masculino, y a la Tierra como principio terrenal y femenino. Dios sería el Padre, la Tierra sería la madre; Dios sería lo espiritual e invisible, la Tierra sería lo material y visible; Dios sería lo excelso e inmortal, la Tierra sería lo voluble y temporal. Siendo el hombre ambas cosas, mortal e inmortal, goza del principio de lo de arriba y lo de abajo, y su santidad se perpetúa por el cuidado tanto de la luz interior como del vehículo corporal.

Los gobernadores que menciona el texto son los arcontes, y el hombre reflejado en el agua fue el gran Dios personificación del Cristo de los reinos eternos, quien habiendo mostrado su reflejo en el agua material, duplicó su luz como vida y sangre para las cosas que serían manifiestas en lo físico. Así, como el Perfecto Uno amó a su imagen en el agua luminosa del primer eón de todos los eones, así también aquel hombre de Luz amó su reflejo en el agua material, del cual produjo la vida de este mundo. El agua material era el espíritu femenino, y la luz era el espíritu masculino. En los vedas leemos que el Atman (alma) por naturaleza no tiene un principio de género determinado, aunque hay espíritus que poseen una virtud masculina o femenina: «El Atman no tiene sexo, ni tampoco apego.» (Srimad Bhagavatam. Cap. 52)

¿A qué se refiere al hablar de que el alma no tiene apego? A que no está atado a preconceptos de la mente consciente. En consecuencia, ajeno a las pautas fijas en la encarnación, el alma, sin relación con el cuerpo, no se identifica ni con macho ni con hembra. Ahora bien, este texto hindú habla de los 10 'Indriyas' (los sentidos), los cuales separa en dos grupos de 5. Estos 10 indriyas son la conexión del alma y la materia: los "Jñana-Indriyas", que son los órganos de conocimiento: la vista, el oído, el tacto, el olfato y el gusto; y los "Karma-Indriyas", que son los órganos de acción, claramente representan el aspecto de la pasión: las manos, los pies, la lengua, el ano y el sexo. Además de la parte biológica que conocemos para la reproducción o los placeres, la parte espiritual refleja que hay una raíz que es motor de los fenómenos perceptibles. Puede parecer extraño, pero incluso en la propia naturaleza hay desarrollo de vida sin sexo, «Como también se observa que algunos géneros de seres vivos nacen sin mediar relaciones sexuales.» (Brahmasutras 3:1:20)

Pero, así como hay desórdenes sexuales en los fenómenos biológicos a causa de las distorsiones de la mente, en niveles psíquicos también los espíritus desencarnados permanecen aún un tiempo experimentando los desórdenes que les marcaron en vida. Además de esto, hay espíritus que han sido creados o se han degradado al nivel de ser o estar trastornados y deambular o atarse a lugares y estados donde la vibración y acciones de determinadas fuentes les alimenten o sacien su insatisfacción o adicciones, conllevando a casos de posesión "demoníaca" - como algunos bajo el miedo la llaman al no entenderla.

El Kolbrin hace muchas referencias a los espíritus – tal como otros tantos manuscritos –, pero en un caso hace un comentario sobre la atracción que el mal de alguien conlleva a vincularse con espíritus de esa índole, vibrando ambos en el mismo principio polarizado en alguna de sus gamas: «Es el deber de un hijo el proporcionar sustento para uno Infiltrado que fue su madre o su padre, y él no descuidar a su hermano o a su hermana o cualquiera de sus parientes que los niños no tienen. Si él es negligente en su deber, no escapará de abuso sexual por parte de *sombras terrestres* de los seres difuntos, que vagan sin descanso hasta que estén satisfechos. Si unos *sin forma* son llamados sucesivamente por la negligencia para que lleguen a la estabilidad en la Tierra, perseguirán [a] los observadores oscuros de la noche y chuparán la sangre llena de vida para mantener sus formas horribles.» (Regla de Yosira, Kolbrin) Un tanto horripilante, pero ejemplo de la visión de ciertas culturas de la remota Europa sobre el mundo de los espíritus oscuros en la naturaleza y su actividad. Pero nada que cause temor si se conoce la raíz.

Como menciono en obras anteriores apropósito de los súcubos e íncubos, el apóstol Felipe hace ciertas acotaciones a considerar: «Entre los espíritus impuros los hay machos y hembras. Los machos son aquellos que copulan con las almas que están alojadas en una figura femenina. Las hembras, al contrario, son aquellas que se encuentran unidas con los que están alojados en una figura masculina por culpa de un desobediente. Y nadie podrá huir de estos (espíritus) si se apoderan de uno, de no ser que se esté dotado simultáneamente de una fuerza masculina y de otra femenina —esto es, esposo y esposa— provenientes de la cámara nupcial en imagen. Cuando las mujeres necias descubren a un hombre solitario se lanzan sobre él, bromean con él (y) lo manchan. Lo mismo ocurre con los hombres necios: si descubren a una mujer hermosa que vive sola, procuran insinuarse e incluso forzarla con el fin de violarla. Pero si ven que hombre y mujer viven juntos, ni las hembras podrán acercarse al macho ni los machos a la hembra. Lo mismo ocurre si la imagen y el ángel están unidos entre sí: tampoco se atreverá nadie a acercarse al hombre o a la mujer.» (Ev. Felipe 61)

En otra versión dice, «Entre los espíritus impuros hay varones y hembras. Los varones en efecto son quienes se aparean con las almas alojadas en una forma femenina, mas las hembras son quienes se juntan con una forma masculina - ambos por disparidad -. Y nadie podrá escapar de éstas una vez que lo agarren, a menos que reciba un poder tanto masculino como femenino - el cual es el Novio con la Novia -. Se reciben en la alcoba nupcial reflejada. Cuando las mujeres necias ven a un hombre sentado solitario, se lanzan sobre él para bromearle y contaminarlo. Así también los hombres necios, cuando ven a una mujer hermosa sentada sola, la seducen o la fuerzan por el deseo de contaminarla. Pero si ven al hombre sentado junto con su mujer, las hembras no pueden violar al varón ni pueden los varones violar a la hembra. Así es, si la imagen y el ángel se aparean entre sí, tampoco puede nadie atreverse a violar al varón o a la hembra.» (Ev. Copto Felipe 65) Si se conoce la leyenda de la demonesa Lilith – según algunos, hermana y consorte de Samael – es notorio venir a la memoria tantos cuentos de espíritus de los bosques - en muchos casos malignos -, y de sueños sexuales o hasta de visitas de entidades durante el sueño, que buscan actividad erótica. Con todo, son cosas relativas a la vibración en que se vive, y hay muchos más espíritus de la naturaleza que siguen el espíritu de la propia naturaleza, que las minorías que están polarizados.

La historia que va desde las semillas (sémina) mandadas a producir en la tierra, hasta los Nefilim tratando sobre la unión de los espíritus oscuros y sus tratos sexuales, es resumida por el patriarca Sem (primogénito de Noé) en un manuscrito: «Y yo le dije, "semilla haya y el poder de ti me saldrá en la tierra." Y ella obedeció la voluntad del Espíritu que podría ser reducido a la nada. Y cuando volvió sus formas, frotaron sus lenguas entre sí, sino que copularon; ellos engendraron los vientos (espíritus) y los demonios y el poder que es del fuego y la oscuridad y el Espíritu. Pero la forma que se quedó solo emitió la bestia de sí misma. Ella no tenía relaciones sexuales, pero ella fue quien se frotó solo. Y dio a luz un viento (espíritu) que poseía un poder del fuego y la oscuridad y el Espíritu. Y con el fin de que los demonios también pudiesen llegar a ser libres del poder que poseían a través de la relación sexual impura, un vientre fue con los vientos del agua semejante. Y un pene sucio estaba con los demonios, de acuerdo con el ejemplo de la oscuridad, y en la forma en que se frota con la matriz desde el principio. Y después de las formas de la Naturaleza habían estado juntos, se separaron el uno del otro. Entonces la echaron fuera del poder, maravillado por el engaño que les había sucedido. Se afligían con una pena eterna. Se cubrían con su poder.»

«Y cuando los puse en vergüenza, me levanté con mi ropa en el poder y lo que está por encima de la bestia, que es una luz, para que yo pudiera hacer que la naturaleza [quedase] desolada. La mente que había aparecido en la naturaleza de la oscuridad, (y) que era el ojo del corazón de las tinieblas, en mi deseo de reinado en los vientos (espíritus) y los demonios. Y le dio una imagen de fuego, luz, y la atención, y una parte de palabra ingenua. Por lo tanto, se le dio la grandeza con el fin de ser fuerte en su poder, independiente de la potencia, independiente de la luz del Espíritu, y las relaciones de la oscuridad, con el fin de que, al final de los tiempos, cuando la naturaleza será destruida, él puede descansar en el lugar de honor. Pues él sea hallado fiel, ya que él ha odiado la falta de castidad de la naturaleza con la oscuridad. El fuerte poder de la mente surgió de la mente y el espíritu engendrado. Pero los vientos, que son los demonios a partir de agua y el fuego y la oscuridad y la luz, tuvieron relaciones sexuales a la perdición. Y a través de esta relación de los vientos recibió en su seno de espuma que sale del pene de los demonios. Se concibió un poder en su seno. Desde la respiración de los vientres de los vientos ceñidos entre sí hasta los tiempos del nacimiento que vino. Bajaron al agua. Y el poder fue entregado, a través de la respiración que se mueve el nacimiento, en medio de la práctica.»

«Y todas las formas de la luz recibieron la forma en ella. Cuando los tiempos de la luz estaban cerca, todos los vientos (espíritus) fueron recogidos del agua que está cerca de la tierra. Se dio a luz a toda clase de impureza. Y el lugar donde el viento fue el único que iba impregnado con la falta de castidad. Las mujeres estériles vinieron de sus maridos y estériles. Porque, así como han nacido, es lo que llevan. Debido a ustedes, la imagen del Espíritu apareció en la tierra y el agua. Porque tú eres como la luz. Pues usted posee una parte de los vientos y los demonios, y un pensamiento de la Luz de la fuerza de la sorpresa. Pues todo lo que sacó de la matriz sobre la tierra no era algo bueno para ella, mas su gemido y su dolor, debido a la imagen que apareció en el que [era] por el Espíritu. Pues usted es exaltado en su corazón. Y es bienaventurado, Sem, si una parte se da a alguien y si se sale desde el alma al (ir) a la idea de la Luz. Porque el alma es una carga de la oscuridad, y los que saben dónde está la raíz del alma vendrán a ser capaces de andar a tientas después de la naturaleza también. Porque el alma es una obra de la falta de castidad y un desprecio (objeto del) pensamiento de la Luz. Porque yo soy el que reveló sobre todo lo que es engendrado.» (La Paráfrasis de Sem 21:15 al 24:25) Estos actos sexuales de la "bestia", y los símbolos representativos son los mismos que se utilizaron en Egipto para denotar los conceptos antiguos del mismo género.

¿Puede el alma tener género? Según se conoce de las fuentes de textos revelados, los espíritus son machos o hembras si fueron creados como principios masculinos y femeninos, es decir, para ser motores de fuerzas masculinas y femeninas, mas las almas de los seres humanos no tienen género sexual, sino que se adaptan por la mente a la psique y biología del cuerpo, y es en ese laberinto de distorsiones donde estriban las confusiones de la identidad sexual. Nos cuenta un relato védico: «Recordaba a Sikhandin del swayamvara de Draupadi. Decían que había nacido mujer, que nadie aparte de su madre y su padre lo había visto y que la habían hecho pasar por varón. Se decía también que era una reencarnación de nuestra tía abuela Amba, que tenía muchas razones para odiar al Patriarca Bhishma y que había jurado, mientras se inmolaba a sí misma, retornar a esta vida para asesinarlo. En cualquier caso, Sikhandin había ido al bosque y sufrido un cambio de sexo. Era ahora uno de los mejores arqueros de Panchala. Krishna nos recordó el voto de Sikhandin, pero la idea de que alguien matase al Gran Patriarca no me complacía en absoluto.» (Batalla de Kuru. Cap. XX. Mahabharatha)

Unión Sexual

Al hablar de relación sexual, ya no nos limitamos a la unión genital de un hombre y una mujer, sino de cualquier tipo de forma que emerja del deseo carnal copulativo o el placer relacionado. Las fuerzas de la oscuridad trabajan en la Tierra desde hace mucho por medio de grupos clandestinos, lentamente tomando el poder de los estamentos gubernamentales por diversos gremios herméticos. Sus ritos son oficialmente ocultos, pero en ellos realizan las prácticas que legitiman y mantienen el poder de determinados espíritus – sea de estos cielos como de estos planos de la Tierra (llamados 'de la potestad del aire') - de oscuridad en el control de sus lacayos, para, a cambio, darle a sus siervos el poder sobre las naciones y sobre la economía.

Evidentemente la práctica sexual está presente en esos ritos, ya que los espíritus, aun siendo inmateriales, se alimentan, a pesar de realizarlo a otro nivel. Al fin y al cabo, el alimento es energía, y otras formas hay de absorber la energía, y por ello los demonios siempre han demandado sacrificios de comida, libaciones, o rezos, disfrazados de estatuas o figuras de vírgenes, santos o dioses. A cambio de muchos beneficios temporales, muchos de estos espíritus – denominados "inmundos" o "sucios" - demandan la energía de sexo inmoral y sufrimiento de víctimas, y eso no solo a nivel particular o grupal, sino en masa. Por ello, para ampliar estos límites la élite ha introducido tendencias de todo tipo y con distintos enfoques, creando y promoviendo el feminismo, para que se convierta en libertinaje femenino; ideología de género, para hacer ver natural cualquier tipo de desviación natural sexual; la propaganda "anti-machismo", donde culpan a la sociedad de "machista" y victimizan a la mujer, en vez de reconocer el carácter humano ausente de respeto, amor y dominio propio con el que se debe inculcar a las personas desde pequeños; incluso el transhumanismo (hombre máquina o "post-humano"), donde pretenden imponer la idea de que el alma humana es una idea fútil, y los sentimientos meramente parten de reacciones biológicas y neuronales, limitándose a las reacciones químicas.

Como decía, acorde a la literatura antigua, hace mucho tiempo las especies eran andróginas - es decir, hermafroditas -, por lo que estaban completas en sí mismas, como los dioses más elevados. Según se entiende, antes de la existencia de humanos en la Tierra habían sido creados y modificados los animales, pero llegada la hora se proveyó a todos de dos sexos separados. Esta idea se define como el hecho de que una "costilla" del hombre le es removida y de esta se produce una mujer, y es por esto que el nombre del hombre (Adam) toma la connotación, a partir de ese momento, de 'Ish' ('varón', en el sentido masculino), y de él naciendo en consecuencia la idea de 'Aishah' ('varona', femenina), que es conocida como Javah (Eva), por ser ella, estrictamente, quien gestaría la vida. A partir de este punto los roles de ambos son distintos, y la fisionomía, fisiología, mentalidad, anatomía, y otros aspectos de masuclino y femenino, se hacen antagónicos e intrínsecamente complementarios y dependientes el uno del otro. Cabe decir que es comparable al hecho de que, al dividirse el ser en dos, vive desde ese entonces carente de su otra parte, como quien vive sintiendo un vacío hasta que halla a su compañero/a. La unión sexual viene a ser el momento de "re-unión" entre las dos partes, el momento de placer que recuerda la completitud de ser uno. El papel del aceite tiene aquí un significado trascendental, y si se comprende su raíz, se entiende la razón de su uso natural a imagen de su significado arquetípico.

Cristo y Mesías significan "ungido" – lo uno del griego (Jristós) y lo otro del hebreo (Mashiaj) -, y ungido quiere decir, "impregnado de aceite". El aceite sirve para facilitar el contacto sin producir daño, pero los aceites combustibles como los de los hidrocarburos o de las semillas, combustionan al rozamiento si esto llega a tal grado que eleve potencialmente su temperatura. El buen aceite, no solo evita que la fricción queme, y a la vez deslice, sino que la energía producida por contacto active a ambas partes. El buen aceite no es para quemar, porque pierde sus propiedades originales, sino que sirve para complementar, dar sazón y suavizar el contacto. El Espíritu Santo simboliza nuestro contacto con el Espíritu. Debido a esto, el sexo representa la unión del cuerpo y el espíritu, pues en la frotación se estimulan los sentidos, mas dependiendo de una sinergia o ritmo que active el lubricante corporal que emula al aceite. Sin este "aceite" que emite el amor y el deseo, la relación sería dolorosa, como ocurre con el abuso o violación, porque la unción no se alcanza humanamente, sino por el Espíritu Santo, con la impregnación de la santidad.

No es extraño, pues, decir que la unión sexual es "amor", ya que están implicados ambos cuerpos en la frotación con necesaria "lubricación", pero con un hilo fino entre el placer y el dolor, que se traduce a veces en "sangre". Es habitual que haya sangre por la frotación ya que entran en contacto y a veces se rozan por mucho trato zonas muy sensibles – especialmente al principio -, aunque a simple vista no se note, ya que por lo regular no llega a manifestarse la aparición de la sangre como tal, sino solo de fluidos corporales con sustancias exudadas. Ergo, la mente desinhibe la sensación de dolor cuando se está estimulado, toda vez que el cerebro dispara al organismo gran cantidad de dopamina, oxitocina y adrenalina que actúan sobre la hipófisis controlando la secreción de las hormonas encargadas de la sensibilidad.

Si el aceite o lubricante es unción, y el vino también - así como símbolos de la sangre - podemos entender por qué Felipe los define como "unción", pero unidos como "amor", aduciendo a que «hacen de bálsamo» (alivio, confort): tanto la acción como la consumación – especialmente, por el orgasmo - del coito (espiritualmente llamado 'cámara nupcial' o 'lecho' (en sánscrito, 'sexo' o 'deseo' se define como 'kama')) u otra actividad sexual sana del Ishut, mágicamente dejan atrás preocupaciones, estrés, cansancio psicológico, ansiedad e irritabilidad. Lo mismo es con el contacto espiritual: la conciencia da a la realidad ilusoria su carácter insignificante y absurdo y transporta la mente a la verdad (la realidad, el cielo). Por ello la magia del sexo radica en que es imagen de la conexión del mundo con el cielo, de lo terrestre con lo espiritual, de la muerte con la vida. Así como el aceite de oliva y el vino tinto hacen de bálsamo (que del Evangelio copto de Felipe traducen como "fragancia"), en la parábola del samaritano justo vemos a un hombre herido que es curado con aceite y vino, porque esto quiere decir que le ayuda, le alivia y le da consuelo.

El nombre 'samaritano' deriva de los pobladores de Samaria, quienes tras la división del reino de Israel fueron posteriormente mal vistos por absorber las ideas extranjeras (con la invasión y deportación asiria) y aislarse de Judeah, estableciendo Samaria como la capital de Israel, es decir, del reino del norte. Sin embargo, en contra de lo esperado, el 'Shmeroni' (samaritano) fue quien realmente ayudó al ultrajado (Lucas 10:25-37). La palabra 'Shmeron' - o 'Samirin' en arameo - parece venir del original 'Bet Humri' (casa de Omrí), pero irónicamente 'Shmer' significa guardar, cuidar, respetar, proteger y considerar. El bálsamo representa el amor. El vino y el bálsamo representan el consuelo, el apoyo, el altruismo, la entrega al prójimo y la ayuda, y debido a esto, el vino con el bálsamo identifican intrínsecamente el amor espiritual, o 'Ágape', que es simbólicamente caracterizado por la unción. "Los que se dejan ungir gozan de la unción", más dejarse ungir es permitir el amor verdadero, y para atraerlo se debe ungir con bálsamo primero a otros: el amor siembra amor. Así lo expresa David, al escribir: «Unges mi cabeza con aceite; mi copa está rebosando.» (Salm. 23:5, R60) David sembró lo que después cosechó, más siempre se deleitó en su dios, y buscó agradarle. La abundancia del reino de Israel y de la casa (hogar, familia) de David fue el tiempo de mayor gloria para cuando Salomón tomó el reino, y él lo santificó aún.

El hombre sexualmente da, y la mujer sexualmente recibe. La principal razón de la falta de afinidad para una práctica sexual en pareja estriba - entre otras cosas - en que el hombre por naturaleza quiere "dar", pero la mujer no siempre tiene ánimo para "recibir". En un ejemplo simple, es fácil tirar una piedra contra otro, no tan cómo atajarla de quien te la tira - aunque sea un juego -. Más fácil y cómodo es estar cargado y descargarte lanzando la piedra, más, ¿si el otro también está cargado, le descargará recibir impactos? Más bien el que recibe estaría más propenso a cerrarse y protegerse hasta sentirse seguro. Está en el hombre el crear, y la herramienta inconsciente biológica/fisiológica por excelencia en él es el pene. El eyacular es la sensación de satisfacción de poder alcanzar, realizar o proyectar (su idea es materializada, comenzando el principio de creación). La adicción de hombres al ámbito sexual implica esencialmente la frustración de no poder materializar sus proyectos o liberar su frustración, es "impotencia". En inglés, 'objetivo' se dice *Goal*, y un "gol" en fútbol es inconscientemente para el jugador, su equipo y su hinchada una eyaculación alcanzada. Esto no es solo para con los hombres biológicamente hombres, sino para cualquier contexto social o personal de mentalidad masculina. La insatisfacción y la frustración - en el terreno que sea - suele tender a recurrir a recursos sexuales – usualmente desordenados y hasta violentos -, y si la insatisfacción y la frustración son explícitamente sexuales, ese desorden puede derivar en fuerte inestabilidad.

El apóstol Felipe nos habla de la 'alcoba', la 'cámara nupcial' o 'tálamo' como el lugar privado donde la pareja declarada una viene a consumar su unión. La Tanaj (Antiguo Testamento), en pasajes de la Torah (Pentateuco) ordenaba a que un hombre no iría a la guerra o tendría ningún trabajo impuesto si estaba recién casado. Igualmente ordenaba a que un hombre que hubiese tomado mujer no fuese a ninguna actividad fuera de su tienda o casa sin haberse unido antes a su mujer. Uno en particular sostiene que no se hiciese tal cosa de irse, no fuese que viniese "otro" y la tomase estando él fuera. ¿Cómo es eso? Sin sexo (coito) no había sello de validez del matrimonio. Cuando dos están a solas en la zona privada, ahí sellan su unión. Felipe enfatiza esto al afirmar que además dicho lugar es muy significativo, pues «la cámara nupcial no está hecha para las bestias, ni para los esclavos, ni para las mujeres mancilladas, sino para los hombres libres y para las vírgenes.» (Ev. Felipe 73) Lo que deja claro acá es que el momento crucial de la unión es en un lugar personal, un lugar de los propios novios, un lugar dignificado. Solo los que santifican y glorifican la unión que tiene el significado de ser lo que realmente es, entran al tálamo a consumar su unión. Esto es símbolo de volver a la unicidad y equilibrar las polaridades de toda distorsión de la Mente cósmica.

«Tres eran los lugares en que se hacían ofrendas en Jerusalén: uno que se abría hacia el Poniente, llamado el "Santo"; otro abierto hacia el Mediodía, llamado el "Santo del Santo", y el tercero abierto hacia el Oriente, llamado el "Santo de los Santos", donde sólo podía entrar el Sumo Sacerdote. El bautismo es el "Santo", [la redención] es el "Santo del Santo", mientras que la cámara nupcial es el "[Santo] de los Santos". [El bautismo] trae consigo la resurrección [y la] redención, mientras que ésta se realiza en la cámara nupcial. Mas la cámara nupcial se encuentra en la cúspide [de estos]. Tú no serás capaz de encontrar [cosa comparable] aquellos que hacen oración [...] Jerusalén [...] Jerusalén [...]. Jerusalén [...] llamada «Santo de los Santos» [...] el velo [...] la cámara nupcial, sino la imagen [...]. Su velo se rasgó de arriba abajo, pues era preciso que algunos subieran de abajo arriba.» (Ev. Felipe 76) La redención es llamada "expiación", en la versión copta de este texto (en el verso 82). Como en otros ejemplos bíblicos, hay un acceso a la Verdad, que es conociendo la senda correcta, o Camino, para finalmente acceder a la Vida. Los israelitas tuvieron primero un 'Mishkan' (tabernáculo) que era armado y desarmado para transportarse a otro lugar, pues representaba el cuerpo terrenal (el alma que reencarna hasta el Moksha). Éste tenía el acceso inicial como Derej (Camino), el interior como Emet (Verdad), y el profundo como Jai (Vida), pues el primer hombre ha de conocer el camino que le llevará a la verdad que le otorgará la inmortalidad.

Sin embargo, el segundo lugar santo fue el 'Heikal' (templo), o 'Beit ha.Mikdash' (casa de oración). Este segundo lugar es el cuerpo psíquico que ya está "estable", pues conoce sus bases y vive según ellas. Este ser se ha consagrado (Santo), luego se hace 'consagrado para el Santo', es decir, ya no solo se consagra a sí mismo para dejar el mundo y vivir en pureza, sino que accede a un principio mayor, que es consagrarse a aquel que ya ha sido consagrado y santificado. Esto es, el Mesías, el Ungido de Dios. Así, el consagrado sirve ahora al Cristo. Es de esta manera que se elimina el velo hacia la Totalidad, hacia la completa y absoluta verdad de todas las verdades y el misterio de todos los misterios, que es la Unicidad, la Conciencia Universal, ese 'Santo de los Santos'. El ejemplo en el cuerpo es el mismo, así como en el principio de la consagración, comenzando por morir al hombre impío y renacer por la iniciación (bautizo) para vivir según Cristo, donde se recibe el despertar de la conciencia (resurrección y expiación). La cámara nupcial es el éxito final de ese trayecto, igual que en una relación está primero el conocerse ambos y el compromiso, luego los preparativos para emanciparse, y la ceremonia, y finalmente la unión en la alcoba.

La Reproducción y la Vida

En el Génesis de Moisés se afirma que Elohim (la deidad, o deidades) ordenó al hombre y a la mujer el multiplicarse, poblar la Tierra llenándola con su progenie y, además, someter y sojuzgar a las otras "criaturas". Varios otros textos evocan a la misma sentencia, pero con matices diferentes, y al menos uno de ellos parece tener la clave principal de esta cuestión: hablaba de las almas. Habría sido el dios de este mundo en aquel entonces, quien dijera a las almas que venían a esta realidad que al entrar a la materia se multiplicasen, lógicamente por unión sexual. ¿Por qué? Este y otros planetas ya tenían especies habitando en ellos. Parecía una prioridad que fuesen muchos y sometiesen a los otros, sojuzgasen sobre las otras formas de vida. Empero, no solo era ser señores sobre los animales, sino sobre todas las otras "inteligencias" creadas. Eso apoya las enseñanzas que aducen a que el hombre es parte mortal por su cuerpo, pero parte inmortal por su alma, y tiene por misión reconocer su naturaleza divina y hacerse inmortal, primero como un ángel y, posteriormente, como un dios. Parecía haber una pugna por la dominación de los mundos, y la raza humana venía de otras dimensiones y universos para tomar el control, y aunque los amos iniciales de estos mundos fuesen dioses, ángeles y demonios, el hombre reconociendo su naturaleza descubriría que es superior a ellos en luz e inteligencia, y con la autoridad y conocimiento que iría adquiriendo, sobrepasaría a los señores de este eón.

Por ello era imperativa la estructura familiar funcional (no política, sino piramidal), de modo que funcionase como estructura militar, a sabiendas que el enemigo era real, y habría que combatirlo bajo parámetros de índole militar. El rol del padre, la madre y los hijos eran, cada uno, clave en este reto y misión. Conociendo cada uno su rol, solo era cuestión de unirse a sus congéneres para dominar los mundos. Entre más fuesen, más control y victoria tendrían sobre los hijos de la oscuridad, y antes tomarían el lugar que les corresponde como legítimos herederos de esta creación. Conociendo el peligro que amenazaba su supremacía, Ialdabaot y sus adeptos y aliados, configuraron este sistema interestelar en lo material y psíquico de tal manera que tuviesen a los seres de menor vibración en estado de ignorancia y división, al grado de lograr una gran ventaja de tiempo sobre ellos, y causándoles mucho sufrimiento a estas criaturas. Inicialmente Ialdabaot no conocía el plan, pero cuando lo supo trató de evitarlo por siglos, hasta que olvidó su temor a la profecía. Él mismo con sus arcontes estuvieron detrás de la creación de cuerpos humanos, primero andróginos y luego separados sexualmente.

Aun así, sus creaciones fueron estériles al principio, ya que él deseaba solo un número limitado de esclavos. Deseando un mayor rendimiento, permitió que su capacidad reproductiva fuese alterada, mas dichos experimentos se le salieron de sus manos, y los Mu, o primeros hombres, crecieron a modo exponencial, al grado que los lacayos de Ialdabaot los exterminaban en masa con epidemias creadas en sus laboratorios, desastres medioambientales alterados con armas geofísicas e instigando a las tribus a la guerra para eliminarse mutuamente, vivir preocupados por miedo a sus enemigos y sufriendo por las dolencias de sus cuerpos limitados, el desconocimiento de su ser y los afanes del abastecimiento diario de los recursos de primera necesidad. Estas creaciones e hibridaciones tuvieron lugar en laboratorios, en el sureste de África, desde hace más de 75.000 años (algunas teorías estiman que hasta 100.000, otras hasta 150.000, e incluso algunas otras hasta más de 230.000 años). Cuando esto se vio que no era suficiente, Ialdabaot tuvo la "suerte" de contar con un ángel desertor que fue más astuto que el demiurgo, y utilizó el sexo como arma de degradación masiva definitiva. Iaheveh (Yave, Jehova), una deidad que en aquel entonces había sido comisionada en aquel entonces como parte de las conciencias que operaban con fines de rescate de las almas en la Tierra (aparte de él en ese entonces había al menos cuatro grupos más, dos de ellos en América, otra en Egipto), alteró benéficamente ADN humano para que tuviésemos la chispa de la inmortalidad, el despertar de la conciencia y el habla (sus ángeles enseñaron a los hombres el lenguaje e idiomas y la escritura).

Lo mínimo que pudo hacer Ialdabaot fue fingir ser Iaheveh todas las veces que pudo, para crear desinformación y confusión. Pero los intentos de Iaheveh no siempre fueron infructuosos, puesto que cuando se retiró de esta esfera y del plan con los hebreos, la Asamblea que enviaba a estas conciencias a operar sobre la humanidad, decidió dejar que el pueblo de Israel se mezclase genéticamente con todas las razas, tribus y etnias del planeta, para transmitir la codificación y valores que Iaheveh había implantado en esa estirpe. Hasta que el ADN humano se degradó por el adulterio entre humanos e hijos de la serpiente, la humanidad tuvo un brillo interior afín al exterior y despertó rápidamente a su identidad divina, superando a sus creadores biológico-psíquicos, como aún se vio en los vestigios de la Atlántida. La chispa de vida entró a los Asu (Mu, homo erectus) y su despertar se avivó con los cambios y mejoras en su estructura genética. Hoy mismo se ha logrado captar el momento en que un espermatozoide fecunda un óvulo y ocurre una chispa de carga de energía, supuestamente por una descarga de zinc en ese instante. La gloria de luz no pasa desapercibida al entrar en el mundo material, pero los dioses y espíritus son los responsables de que estos fenómenos tengan lugar.

Entre las notas de los traductores de la 'Moralia' de Plutarco, se comenta que «los egipcios como los griegos creían que la Luna tenía una influencia benéfica sobre el crecimiento en general y sobre la reproducción sexual en particular.» En otro punto explican: «La mención del comienzo de la primavera sugiere una fiesta estacional, en la que la luna es honrada. La expresión de Plutarco evoca un significado sexual, en cuyo caso Osiris es realmente el sol aquí e Isis la luna, aunque Osiris o Apis como luna es el tema del pasaje. Plutarco elude la dificultad haciendo de la luna una divinidad andrógina.» Y también refieren que «la idea de que la luna es hermafrodita es griega: hay unos pocos ejemplos de la diosa griega Selene como hermafrodita. Los egipcios siempre consideraron a la luna del sexo masculino, como a los dioses I'ah y Thoth. Entre otras deidades de carácter bisexual es el dios creador Atón el que lo presenta de un modo prominente. En cuanto a la identificación de Isis con la luna, ha sido admitida unánimemente por todos los comentaristas griegos posteriores a Plutarco como complemento a la teología solar de Osiris (en las aretalogías de Isis la diosa dirige a la vez el curso del sol y de la luna).» Agregan después que «En Babilonia, donde tanto se desarrolló la astrología, la luna fue considerada primitivamente la divinidad principal, de sexo masculino, que precedía al Sol y con más poder que él.»

¿Qué cultura no ha considerado que la Luna y el Sol afectan al hombre? No hablamos solo de las mareas o de la menstruación, sino desde la ovulación, al temperamento y a faces de meditación. El sol nos manda fotones, y la Luna rebota fotones hacia nosotros (por ello aún el horóscopo tiene su razón de ser). Los fotones son paquetes de conciencia. Cuando Moisés dijo que los grandes luminares fueron creados para dar luz, el vocablo usado también aducía a ser maestros e influyentes sobre las formas de vida. El Sol y la Luna son ejemplos de dualidad, y al empujar la vida, son motores de la misma, y por ende, de la fecundidad. Los fenómenos como he dicho, responden al impulso y ejercicio de los espíritus, y muchos de ellos, identificados como tipos de dioses, son responsables de la esterilidad o la vida, sea en la humanidad como en la naturaleza en toda su extensión. Hay dioses señores de los elementos, pero también hay espíritus que rigen los elementos, subalternos a ángeles que rigen los mismos, y que aún tienen mayor poder sobre los tales que los mismos dioses menores. Ninfas, sirenas, elfos, gnomos, silfos y hadas, daimones, duendes, etc., no fueron cuento de la fantasía, sino criaturas creadas en tiempos muy remotos para regir la naturaleza, obedientes a los ángeles de los 4 elementos.

«Shraddhadeva, el hijo de Vivashwat, fundador de la Surya-Vamsa (la dinastía solar), no tuvo hijos por un largo tiempo. Por ello, pidió a su Guru Vashistha que realizara un Yajña de plegarias ante Mitra y Varuna. Su esposa, sin embargo, deseaba una hija mujer y no un varón. Cuando el Yajña estaba siendo realizado, ella pidió al Hota (sacerdote) que hiciese posible que su deseo se tornase realidad. El

Hota transigió y así nació una niña. El Rey se sintió desilusionado y preguntó a Vashistha cómo había ocurrido semejante desventura. El Rishi entonces le dijo que el sacerdote Hota había cambiado las fórmulas de encantamiento a fin de complacer a la reina, quien deseaba una hija. La niña fue llamada Hila. Vashista, de todos modos, le dijo al Rey que, con el poder adquirido a través de sus disciplinas espirituales, haría que la criatura cambiara de sexo. Así, la pequeña se transformó en muchacho como consecuencia del poder de Vashista. Entonces, el ahora niño príncipe fue llamado Sudyumna. Años más tarde, en una ocasión, el príncipe fue de caza en dirección al norte. Bajo las laderas del Monte Meru, se divisaba un bosquecillo. Cuando ingresó en él junto con sus compañeros, Sudyumna se dio cuenta de que se había transformado nuevamente en una mujer. Su caballo también había cambiado de sexo, y todos sus compañeros se hallaban en el mismo problema. Todo esto era por causa de la maldición del Señor Mahadeva.» (Srimvat Bhagavatam. Cap. 113)

Así como espíritus de la fecundidad también hay espíritus de la sexualidad. Fiestas como las consagradas a Démeter, tenían como finalidad promover la fertilidad de la tierra y que las mujeres por magia simpatética (de sentimientos afines) acrecentasen su fertilidad sexual. Por ello, no solo se empujaba el ser de determinado género sexual biológico o emocional, sino ser más o menos fértil, o ser más o menos sexualmente apasionado/a. No por nada fue considerada desde el principio la mujer como un vaso santo, un vehículo para la vida casi tan equiparable a una diosa creadora. Por ello, la mujer, aún si no reconoce su propia naturaleza, no puede obviar su instinto materno ni su espiritualidad innata. Tanto hombre como mujer tienen sus instintos implícitos, pero suelen tardar en reconocer su verdad interior a causa de los engaños ilusorios de la vida que los arcontes les han fraguado, y por las pasiones introducidas dentro de ellos. Aunque Lucifer despertó del deseo sexual en la humanidad, el deseo sexual ya estaba. Por ello digo que él simplemente "despertó" algo que subyacía dormitando. En el libro Secreto de Juan, capítulo 9, Ieshua describe los ángeles y demonios implicados en la creación del cuerpo psíquico humano, y menciona a algunos de los espíritus detrás de la naturaleza débil del humano:

«Siete ángeles gobiernan sobre todo ello: Miguel, Uriel, Asmenedas, Saphasatoel, Aarmouriam, Richram, Amiorps. Otros ángeles gobiernan: sobre los sentidos, Archendekta; sobre la asimilación, Deitharbaths; sobre la imaginación, Oummaa; sobre la disposición, Aachiaram; sobre todo el impulso, Riaramnacho. Las cuatro fuentes de los demonios que están en el cuerpo entero se denominan: calor, frío, humedad, sequedad, y madre de todas ellas es la materia. El que es señor sobre el calor es Pholoxopha, el que es señor sobre el frío es Oroorrothos, el que es señor sobre lo que está seco es Erimacho, el que es señor sobre la humedad es Athuro. La madre establece en ellos a Onorthochras, pues ella es ilimitada y se mezcla con todos ellos. De hecho, ella es materia, pues a través de ella se nutren los demonios. Los cuatro demonios principales son: Ephememphi, el del placer; Yoko, el del deseo; Nenentophni, el del dolor; Blaomen, el del miedo. La madre de todos ellos es Sensación-Ouchepiptoe. De estos cuatro demonios han venido pasiones: De la congoja vienen los celos, la envidia el dolor, los conflictos, los apuros, la dureza de corazón, la ansiedad, la pena y así sucesivamente. Del placer vienen mucho mal, la vanidad y cosas parecidas. Del deseo vienen la ira, la cólera, la amargura, la lujuria intensa, la codicia y cosas parecidas. Del miedo vienen el temor, el servilismo, la angustia y la vergüenza. Todas estas pasiones se parecen a lo que es valioso además de a lo que es malo. Anaro, la cabeza del alma material, comprende su verdadera naturaleza, pues ella mora con Sensación-Ouchepiptoe. [...] Hay otros ángeles sobre las pasiones restantes, y no os he hablado de ellos. Si queréis saber de ellos, la información se registra en el Libro de Zoroastro.» (Vers. 24-36)

Este tipo de referencias de Ieshua no son únicas, y hay mucho más qué decir y evocar de fuentes, pero lo apropiado es citar lo justo para ilustrar la idea y darle validez para no quedar en mera suposición o conjetura personal. Ahora bien, más allá de los espíritus de la sexualidad y la reproducción, están los que fomentan la vida, parte crucial del proceso de dominación del hombre sobre la materia de los arcontes. Acorde al 'Material de Ra' (1982) - o 'La Ley del Uno' -, los padres realizan un gran favor a las almas que vienen a encarnar, al ser mentores y guías de un alma que no recuerda y viene a experimentar. Asimismo, Hermes Trismegisto considera la simiente como algo más que nivel siguiente de la misión de vida de un hombre y una mujer: «El otro nombre del Dios es el de "el Padre", ahora a causa de que creó todas las cosas: el padre es el que crea. Así la gente sensata considera a la procreación de los hijos como la mayor función y la más sagrada, y piensa que es un gran infortunio e impiedad dejar la vida y no dejar hijos, y justamente un tal es entregado a los genios después de la muerte. Y ved cuál es el castigo: el alma del que no ha tenido hijos está condenada a entrar en el cuerpo de un ser que no tiene la naturaleza del varón ni de la mujer, lo que es execrable a los ojos del Sol. Por eso, Asclepio, guárdate de congratular a hombres sin hijos, más bien tenle piedad sabiendo el castigo que le espera.» (Tratado II, Corpus Hermeticum. Vers. 17)

Un hombre y una mujer que no tenían hijos, sentían que su razón de vida había perdido el objetivo. Podían llegar a fuertes depresiones, al suicidio o a la locura, no solo por sentir que no perpetuarían su linaje y el apellido de su familia, sino que serían vistos con menosprecio y juicio por parte de la sociedad. El matrimonio tenía por objeto público ofrecer hijos al pueblo para ser parte del crecimiento de la comunidad y aportar al fortalecimiento de la misma. Una familia sin hijos no aportaba nada a la etnia, y denotaba egoísmo por parte de aquella pareja. En consecuencia, el Ish (varón) y la Aishah (varona) tenían por primer objeto el complementarse, pero una vez hecho esto, debían ser puente para la llegada de nuevas almas, servicio de beneficio para todo el pueblo y para la humanidad setita en sí misma. No desear pasar a ese siguiente nivel solo mostraba un carácter egoísta de aquellos, queriendo simplemente limitarse a una vida sexual plena, sin molestias, y paz en su propia esfera, sin integrarse con los demás, ni aportar al crecimiento del conjunto. Otrosí, el matrimonio que conocían los pueblos antiguos fue la ceremonia pública del paso determinado por una pareja que, aparte de empezar su camino de unión y despertar, informaban de su decisión de integrarse en el engranaje comunitario y racial, pues se daría por sentado que sus hijos serían parte fundamental de la misma, y educados en valores que darían mayor virtud a la estampa étnica.

Es de entender por qué la poligamia, el adulterio, la prostitución, la homosexualidad y tantos tipos de tendencias siempre fueron vistas con desagrado e indignación por las comunidades ortodoxas, conservadoras, patriarcales, religiosas, tradicionales, espirituales y puritanas. Estas prácticas denigraban el valor autóctono de la estirpe, malograba el renombre de la familia y deformaba el principio del hogar, ya aparte de lo que individualmente dañase a los directos implicados o practicantes. Si bien, el matrimonio ha tenido muchos propósitos, más allá de representar la unión de dos personas de sexos opuestos. Fue usado como pacto en alianzas de paz, para cruces genéticos, para enlaces reales, pero primeramente para estructurar la familia, como núcleo base de la sociedad, pilar inamovible de soporte integral de una sociedad. En Israel, si un padre quiere conocer al novio de su hija, pregunta por los padres del chico; si una empresa quiere contratar a alguien, indagan por los padres del solicitante, su apellido (reputación familiar). Es bien sabido que una persona es, básicamente, lo que sean sus padres, porque de ellos vienen todos los principales estereotipos, valores, enseñanzas, ejemplos y creencias que lo configuran como persona. Una sociedad sabia aceptaba para sí las familias de mejor reputación, porque sabían que sus hijos serían la llave para el éxito del país. Invertir en el país debe ser invertir en los jóvenes, e invertir en los jóvenes no debe ser programarles (como permitir que sean adoctrinados en una escuela prusiana, o por la televisión), sino invertir en la estructura familiar.

El matrimonio moderno es cosa de los hombres, no de Dios, y es asunto de este mundo, no del venidero. La "unión" (ishut) original, simplemente consistía en la unión sexual. Los hebreos, como en la época de Ieshua en Judeah, estaban bajo la ley de Moisés, y por ende sujetos a esta y creyendo en esta. Ieshua por eso les respondió a un acertijo propuesto por ellos sobre el matrimonio tras la resurrección (Luc. 10:34), afirmando que los que lleguen a ese día, «ni se casan NI SE DAN en casamiento», refiriéndose a la tal como negocio y como necesidad temporal. Hoy día hay miles de "matrimonios" legítimos e ilegítimos, conyugales y empresariales. Toda alianza donde una corporación y otra firman un documento con intereses entre las dos partes, es un tratado matrimonial, si la comparamos con la estipulación de la ley del Sinaí. Ese tipo de "alianza" no existe en los cielos de Dios ni mucho menos entre los ángeles. Las ceremonias mortales fueron imagen de fiestas celebradas por los dioses, y de ahí que las bodas ganasen más pompa de lo normal para una mera decisión de unión entre dos personas. En ese entonces simplemente bastaba con hacer saber la decisión a los padres de ambas partes para integrar a la nueva esfera hombre/mujer al conjunto ya establecido. El Ish (varón) con la Aishah (varona) eran entonces considerados por Dios y los hombres como 'Ishut' (acción de ser varón-varona = una sola carne), que en otros idiomas es llamado matrimonio o esposos.

Por otra parte, y ya tomando en consideración el Ishut original, vemos en el libro del Génesis que no hubo testigos cuando los patriarcas Itzjak (Isaac) y Rebeca tuvieron relaciones sexuales por primera vez. No hubo documentos, ni boda, ni anillos, ni trajes, ni juez, ni testigos, ni festejo, ni danza, ni música ni todo el resto de cosas – al menos en las referencias escritas conocidas - que solo son folclore y costumbrismos, cuestiones anexas dada la bendición de lo convenido. Isaac simplemente se metió con ella a la tienda de su recién difunta madre, Sara, y se "amaron". Ni siquiera se la presentó al padre. ¿Dónde se constatan las bodas de todos y cada uno de los patriarcas? Debieron ser eventos importantes y sin embargo solo se dice "tomó" a esta o "tomó" a la otra – es decir, la escoge y la posee -, o "desnudó" a esta o "desnudó" a la otra. Recuerda que te dije que en nuestra cultura, israelita, cuando dicen "conocer", "saber" o "desnudar" se refieren coloquialmente a tener relaciones íntimas sexuales. Decir "tomar" es poseer algo, como si fuese ganado, riquezas o especias, y no está claro si las compañeras de Abraham opinaron si querían o no estar con él.

La mujer samaritana que tuvo 5 maridos (con quien Ieshua habló en el pozo, como refiere el Evangelio de Juan, capítulo 4 (vers. 5-6)), ¿decidió ella estar con los 5, o eso lo determinaba el varón y los padres de ella – y según el caso también los padres del marido -? Eso no es amor sino acuerdo patriarcal. En la vida eterna, cuando resuciten, ¿de cuál de esos hombres con los cuales no decidió unirse voluntariamente será ella "esposa" obligatoriamente? Si la vida eterna consiste en amor, ¿se seguirán uniendo por papeles y determinaciones de los padres? La ley de Moisés incluso fue flexible con las mujeres en favor de ellas, ya que, si eran repudiadas por su esposo, él debía darles una carta de divorcio, con lo cual ella podía volverse a casar y no quedarse en la calle. Y es que desde el incidente de Meruah, la mujer dependía del hombre para ser alguien en la comunidad, así como el hombre dependía de ella para ver su luz interior y no permanecer en el salvajismo y la irracionalidad. En la vida eterna no existen estas ataduras, porque no existen estas necesidades.

Evidentemente, una vez el ser trascienda a este mundo, el papel del matrimonio cultural pasará a un segundo plano, ya que por un lado el ser sería completo en sí mismo, no sería débil a la pasión sexual y seguiría evolucionando gracias a su propia incursión e introspección en su luz interior. Por la misma regla, el cambio de conciencia será tan evolucionado que los ideales feministas hoy deformes serán bien estructurados para dar el valor real al ser Ishut, no al machismo ni al feminismo. Empezaremos una era Femenina (no lo confundas con "feminista" o "afeminada", sino "FEMENINA", o sea, del principio maternal y femenino de la Madre Naturaleza y de honor y gloria Femenina). Y esto será así hasta que el ser pase a ser un verdadero Adam (es decir, completo). Así es como desaparecerá la imposición patriarcal hacia la mujer, no teniendo la mujer que soportar que el hombre se regodee de su fuerza sobre ella, ni el hombre sintiendo su debilidad respecto de la mujer.

La estructura patriarcal que gira en torno al hombre aún se mantiene en muchas comunidades, familias y pueblos, especialmente los de corte abrahámico, pues aún permanecen en el escalón de la religión, que es una etapa más allá de la ignorancia, pero justo por detrás de la libertad espiritual, que es el escalón previo, a su vez, al despertar. Antes de Moisés, no existía ese matrimonio conocido hoy en las gentes de creencias abrahámicas. Cuando alguien decidía estar con otra persona, y el sentimiento era recíproco, simplemente estaban, y no dependían de papeles, ceremonias, testigos, jueces, etc. Ese protocolo fue creado por razones "jurídicas" (basándome primeramente en la ley del Sinaí, antes que en la ley del resto de naciones posteriormente a eso).

Para asegurarse de que el hombre no usaba a la mujer y luego la abandonaba, la despreciaba o la desechaba; asegurarse de que los hijos tendrían la herencia de los padres y no quedarían desprotegidos; asegurarse de que en caso de muerte o abandono, la mujer tendría derechos de las posesiones del varón; que los padres se responsabilizarían de los hijos que tuviesen con su cónyuge; que en caso de abandono o rechazo la mujer podría optar por volverse a casar sin ser considerada inmunda o infiel; que la mujer no podía abandonar al hombre sin más; asegurar que los hijos son legítimos herederos a tomar lo que dejasen sus padres, como la corona de un rey, una empresa o fondos económicos; que los hijos tenían un apellido que les granjeara una reputación en la sociedad; que los hijos y la mujer alcanzaban la ciudadanía del varón, sus títulos de familia y nobleza y - parte de sus posesiones incluso estado vivos -; recibir dotes de los padres y suegros para impulsar los recursos que permitiesen a la pareja emanciparse; estar obligado el varón en el sostenimiento de la mujer y de los hijos; estar obligada la mujer a atender las necesidades del marido, de modo que él pudiese encargarse de su trabajo; estar obligada la mujer a atender el hogar y a los niños; cumplir con los deberes sexuales entre ambas partes; tener hijos para perpetuar la especie y el apellido de la familia; estrechar líneas de sangre que pudiesen estar desvinculadas hasta ese momento, lo cual fijaría inmediatamente una alianza de paz entre las naciones o reinos que cada una de las partes representase.

Un matrimonio legítimo es el que realmente es matrimonio ante Dios, así como el que realmente entra en el concepto de matrimonio según la visión antigua. Un matrimonio ilegítimo es el de personas que pagan para casarse ante la ley solo para adquirir papeles de ciudadanía, pero no tienen realmente relación entre ellos, o cuando lo hacen por reputación o prestigio; cuando se refiere a convenios escritos y no de la "cámara nupcial". Asimismo, el matrimonio legítimo puede ser puro o impuro, porque para la visión original consistía primero en la unión sexual no en un papel o algo apalabrado. Cualquier relación sexual de una persona con otra es matrimonio, dado que realmente de lo que se trata la "unión" (Ishut) es primeramente de eso: la "unión" (coito). El resto es la añadidura. Donde sigue al sexo la unión psíquica. Un hombre que tiene relaciones sexuales con una prostituta, a ojos de la verdad universal es "uno con ella", porque la unión se establece en el sexo, no por palabras o escritos que meramente son burocracia. Por eso fue dicho "serán una sola carne", siendo que nadie que tiene sexo con otra persona se convierte en uno con ella.

La "carne" (en hebreo 'Baar') es un "cuerpo", o sea, un solo organismo. Moisés dijo que si alguno "toma" (por papel) a una mujer, y no la ha "conocido" (tener sexo), no vaya a la guerra, sino que primero venga y duerma con ella, "no sea que venga otro y la tome", porque aún no han fundido ambos seres en un cuerpo completo. El propio término "conocer" es fundamental, porque la comunicación entre una pareja consiste primero en lo sexual – especialmente en el hombre - y luego en lo verbal – especialmente en la mujer -, según la propia biología. La ley del Sinaí dejaba claro que, si en un "matrimonio" no había sexo, el tal quedaba automáticamente invalidado, y de la misma manera, si estaban "casados" (periodo de betrotal: desde el acuerdo hasta el sexo (consumación)) y no habían tenido aún relaciones sexuales, en cualquier momento legalmente y sin compromiso se podía anular el acuerdo. Igual que las grandes reuniones y acuerdos se sellaban con una comida, apretándose el muslo o dándose una prenda personal, en el matrimonio la verdad del mismo se basaba en el sexo. En el caso de la parábola de los muchos maridos se entiende que hablaban del sentido legal, porque los judíos estaban ciegos y aún no habían entendido, ni la ley ni el propósito espiritual de la misma: cobertura sexual y complementación en las áreas psicológico-mentales (pero en esto no entraré ahora). Así, al aparecer los hijos, son un nivel aún mayor de consolidación, porque ya no solo hablamos de consolidar el ser un solo cuerpo (organismo), sino en representar un núcleo familiar de una estirpe.

Aparte de disfrutar de los estímulos sensuales que produce el sexo, el hombre y la mujer gozar de engrosar su amor en un mayor amor: los hijos. Su amor hacia sus hijos llega a ser desmedido, y por ellos hacemos cualquier locura. Los padres sacrificamos, a partir de ese momento, nuestra vida anterior, para integrar la de nuestros vástagos. Por ello el sexo es en naturaleza un impulso hacia la reproducción, un impulso hacia la vida, la continuidad de la especie, y el camino para que nuevas almas tomen un avatar para experimentar el mundo o una nueva suma de vivencias y aprendizajes. Solo hay que observar a las criaturas de la Madre Tierra y cómo nacen, crecen, se reproducen y dejan el cuerpo. Reproducirse es parte fundamental de su experiencia en ese cuerpo de animal, como nosotros lo llamamos. Dentro de sus tantas variedades y tipologías de métodos de copulación y/o reproducción, incluso el cortejo es una parte artística clave en parte de su etapa evolutiva. Danzan, cambian de colores, presumen de cuernos o de plumaje, hacen alarde de fuerza. A excepción de los malandros, los animales inician la conexión sexual con el arte de conquistar, lo cual se traduce en mostrar la verdadera valía antes de unirse sexualmente de la manera que su biología les haya definido.

SIGNIFICADO

Desnudo y Vergüenza

Cuando leemos el Génesis de Moisés, nos dice que los humanos estaban "desnudos", pero el término aduce asimismo a "astutos", ¿recuerdas? La sola idea de "desnudo" ya cobra una idea arquetípica de sexualidad, seducción y deseo, siempre inclinado hacia la lujuria o la lascivia. Desde el punto de vista hebreo, la sexualidad se define como 'desnudez' (también usada para hablar del nacimiento: «¡Bendita sea mi madre, entre las que conciben, y elogio a la mujer que me desnudó.» (2ª Baruc 54:10)), 'astucia' o 'conocer'. La idea de desnudez/astucia es lo mismo que el eufemismo "conocer", al referirse a la "experiencia sexual" biológica/fisiológica y el principio del camino del despertar y del complementar las polaridades. Por ello, el adulterio y la fornicación degradan este desarrollo, que debería procesarse entre la pareja, varón-varona. Precisamente por ello, en la cultura hebrea, 'matrimonio', 'casarse' y 'unión sexual' se definen como 'Ishut', combinación de 'Ish' (varón) y 'Aishah' (varona).

La piel es símbolo de vestido, y el vestido, símbolo de la piel. Como refiere un proverbio cristiano antiguo, parafraseado, "en la tierra la gente puede comprarse un vestido, como si eso mostrase su verdadera integridad, pero en el cielo el vestido es recibido (otorgado), y éste muestra cuál es realmente la integridad del individuo". En una tablilla sumeria, se dice: «En la séptima puerta, Inanna se vio despojada de su túnica y, con ella, de su identidad como mujer. Desnuda, arrodillada, Inanna entró en el salón del trono del palacio de su hermana. Ereshkigal se puso en pie y los jueces del inframundo, los siete Anunna, rodearon a Inanna, juzgándola y condenándola.» (Descenso de Inanna a los Infiernos. Registros sumerios). La túnica es la parte exterior del vestido de alguien, la parte vista por los demás. La piel es el órgano más grande del cuerpo, y que recubre todo lo que está dentro de la estructura física completa. Es el vestido del cuerpo.

La piel es la vestimenta para lo sexual, lo interior, mientras la ropa es la vestimenta pública, para lo exterior.

La concepción profunda de la idea de la piel en el cristianismo primigenio era de idea del vehículo corporal, ya que representaba al cuerpo, y el cuerpo es la piel o vestido del alma, del cuerpo espiritual. Entonces hay cuerpos de cuerpos, unos dentro de otros; unos visibles a la materia y otros no, unos visibles al público y otros solo al Ish de la Aishah, o a la Aishah del Ish. Si quitásemos la piel al cuerpo, ¿dónde estaría su gloria (belleza)? Si alguien quita su vestimenta en público, ¿dónde está su gloria (belleza espiritual)? El que tiene ojos carnales solo ve la piel - o exterior del cuerpo material -, pero el que tiene ojos espirituales solo ve un pedazo de carne (mortalidad, una cosa), no gloria. Porque el que estudia la anatomía corporal, no tiene pasión sexual hacia ello, ya que lo ve como ciencia, como algo profesional y como partes de un algo meramente biológico. La diferencia es que el desnudo viene acompañado de una previa programación en la psique y en la sangre, predisposición hacia el deseo carnal. El cuerpo de gloria es justamente el vehículo superior a éste, y el vestido de gloria es lo mismo, y por ello la Escritura da mucho énfasis al vestir digno, recompensa en ropas blancas para los puros. Ese vestido blanco simboliza el cuerpo inmortal.

Desnudez es un concepto de intimidad sexual, ver el cuerpo sin ropa, saber lo oculto o privado, estar avergonzado, tener relaciones sexuales. En papiros de magia griega se habla del uso de aceite puro de rábano rociado «sobre un muchacho inocente del gimnasio», pero el traductor del texto sugiere que la palabra griega usada es Gymnazoménoi, tiene un sentido dudoso, aunque podría referirse a "desnudo", o un muchacho egipcio helenizado, que se ha entrenado como efebo (adolescente de entre 15 y 20 años alistado al servicio militar, o en buen estado deportivo). La desnudes de culturas como la griega, conllevó a perder la distinción y límites, haciendo degradar a la sociedad por lo que es el deseo más pasional de todos. El cuerpo debe mantenerse públicamente cubierto como símbolo de integridad, esencialmente en lo que a las partes privadas se refiere. El yo se ve afectado por el cuerpo desnudo, pues altera los estímulos/ pasiones personales. «Ni prives a nadie del cubrimiento de su desnudez, sino que revístete con la gracia del Amo sin restricciones, entra en Su Paraíso y hazte una guirnalda con hojas de sus árboles...» (Odas de Salomón. Oda 20) ¿Qué es desnudar a otro en un sentido metafórico? Avergonzarlo o ridiculizarlo. ¿Qué es revestirse? Ponerse más que la ropa interior, sino la exterior, la que representa la gloria del buen ejemplo y de la integridad espiritual. La guirnalda simboliza la gloria de la persona, la gloria de su ser, mientras las hojas del árbol representan los principios.

La cuestión de estar desnudos era tan reservada que los ángeles dictaron a Moisés que solo los más próximos podrían llegar a verla, y nadie más. Dado que el cerebro cambia incluso químicamente tras la imagen de un desnudo, esto también promueve alteraciones que alimentan cualquier mínimo desequilibrio. Y no solo eso, sino que la desnudez representa lo más íntimo, privado y secreto de alguien, denotando su mismísima integridad como ser humano. Un ejemplo se puede ver en las filas militares de los judíos en la guerra contra los romanos: «Además, debe haber una distancia entre todos sus campamentos y el sitio que sirva de letrina corno de unos mil codos, de modo que ninguna indecorosa desnudez pueda verse en los alrededores de ninguno de ellos.» (Maniobras de los Combatientes, La Guerra de los Hijos de la Luz contra los Hijos de las Tinieblas. Qumran) En la obra de Josefo, se dice: «Noé, cuando después del diluvio la naturaleza se restituyó a su anterior condición, se dedicó a la agricultura; plantó viñas, y cuando maduró la uva la recogió en su estación, hizo vino, ofreció sacrificios y festejó. Y habiéndose embriagado, quedó dormido, desnudo de manera indecorosa. Su hijo menor lo vio y riendo lo mostró a sus hermanos; ellos cubrieron la desnudez de su padre. Cuando Noé lo supo, oró por la prosperidad de sus dos hijos mayores; a Cam no lo maldijo, por su parentesco sanguíneo, pero maldijo a su descendencia...» (Antigüedades de los Judíos 6:3)

Dado que la percepción cerebral del desnudo reconfigura la idea mental biológica, el uso de estrategias para esclavizar al individuo a imágenes programables ha sido llevado a cabo por los poderes fácticos. Ese es el rol de los sigilos y mensajes subliminales. Inconscientemente el cerebro puede configurar muchas más ideas de las que conscientemente podemos procesar. El uso de palabras e imágenes ocultas, sigilosas o mimetizadas en canciones o gráficos estáticos o en movimiento se viene usando desde hace muchas décadas para reprogramar el cerebro, por así decirlo. Eso quiere decir que la sociedad actual es más propensa al adoctrinamiento por medio de los medios - como la publicidad -, la música y las pantallas (cine, televisión, móviles, computadoras, etc.). Basta conocer cuáles son los "ingredientes" que estimulan los sentidos o adiccionan el inconsciente, y entonces se puede llevar a cabo el bombardeo deliberado. Se podría decir que la sociedad <u>moderna</u> tiene una mayor programación cerebral sexual que la que no estaba sujeta a la era de la publicidad y los medios, víctima de una gran saturación de formas, palabras e ideas netamente "sexualistas", así como a la era de la "libertad femenina" (donde de vestidos en playa fueron pasando a pantalones cortos y camisas de manga corta, para llegar a los vestidos de baño mostrando el ombligo, luego evolucionaron hasta el tanga y finalmente al nudismo).

De ahí vienen las clásicas imágenes subliminales de posturas sensuales, de genitales o de voluptuosidad, sea de siluetas femeninas como de musculatura masculina. Esto puede ser dan descarado como imágenes y palabras directas como disimulado en forma y sonidos no necesariamente entendibles a simple vista, o no considerados inmorales por determinadas comunidades sociales (no en todas debido a la creciente propaganda de liberalidad que promueven diversas organizaciones). En los Textos de las Pirámides (Declaración 488-489), se lee: «La desnudez se aplica a la disposición de las hijas de los dioses para amamantar al Rey», y se mencionan en un contexto de hijo que "ve" la desnudez de su madre, tía o progenitora, entiéndase para ser nutrido por ella, como se trata de ello en un contexto puro. En este caso tampoco como algo sexual: «Saludos a vosotros, vosotros Dos que estáis reconciliados Vosotras dos hijas de los cuatro dioses que gobiernan la Gran Mansión, vosotras que aparecéis a mi voz, estando desnudas, Porque yo os he visto como Horus vio a Isis, Yo os he visto como la serpiente (Neheb-kau) vio al escorpión (Selkis), Yo os he visto como Sobek vio a Neit, Yo os he visto como Seth vio a los dos que están reconciliados.» Es curioso que Neit se entiende como diosa asexual; una especie de equivalente de Atenea (según Heródoto).

Un ejemplo de esto lo explica Homero en la Ilíada, al narrar la antesala del encuentro entre Héctor y Aquiles, citando palabras de Hécuba: «La madre de éste, que en otro sitio se lamentaba llorosa, desnudó el seno, mostróle el pecho, y, derramando lágrimas, dijo estas aladas palabras: "¡Héctor! ¡Hijo mío! Respeta este seno y apiádate de mí. Si en otro tiempo te daba el pecho para acallar tu lloro, acuérdate de tu niñez, hijo amado; y penetrando en la muralla, rechaza desde la misma a ese enemigo y no salgas a su encuentro. ¡Cruel! Si te mata, no podré llorarte en tu lecho, querido pimpollo a quien parí, y tampoco podrá hacerlo tu rica esposa, porque los veloces perros te devorarán muy lejos de nosotras, junto a las naves argivas".»

Un ejemplo de desnudez como vergüenza: «sustraeré mi lana y mi lino con que cubría su desnudez. Y ahora descubriré sus vergüenzas a los ojos de sus amantes, y nadie la librará de mi mano. La interpretación de esto está en que él los hirió con hambre y desnudez para que fuesen objeto de burla y de ignominia a los ojos de los goim en los que se apoyaban.» (Comentario a Oseas. 4Q166. Qumran)

El vestirse también representó la cabalidad, culto racional y mente civilizada que había alcanzado la sociedad, y por ello, se registraban casos donde personas endemoniadas andaban desnudas, puesto que carecían de valor propio, juicio y coherencia bajo esta situación: «Y la poseída no podía soportar sobre sí vestido alguno, ni residir en los lugares habitados. Cuantas veces se la sujetaba con cadenas o con trabas, otras tantas las rompía, y se escapaba desnuda al desierto. Y se colocaba en las encrucijadas de los caminos y en las tumbas, y tiraba piedras sobre cuantos pasaban, causando mucho enojo a las gentes de la localidad, las cuales deseaban su muerte, y su familia estaba también muy afligida.» (Evangelio de la Infancia 14:2. Textos apócrifos)

En una carta extra-testamentaria de Pablo, leemos: «Vosotros, hombres de Corinto debéis saber que tales hombres no entienden de la siembra del trigo o de otras simientes de cómo somos arrojados desnudos a la tierra y cuando hayamos perecido debajo de la tierra y seamos levantados por la voluntad de Dios en cuerpo seremos revestidos. Porque el cuerpo no tan sólo será levantado sino también bendecido abundantemente.» (Carta de la Iglesia de Corinto a Pablo. Respuesta de Pablo) Asimismo la idea se usa para referirse a todo lo relacionado con la privacidad, el acto sexual, el estado en cinta y el dar a luz, ya que también en este estado la mujer debe descubrir sus partes privadas: «Eva desnudó y concebido dos hijos; Adiaphotos, que se llama Caín y Amilabes que se llama Abel.» (Apoc. Moisés 1:3) Otro ejemplo del mismo libro, más adelante: «Y después de esto, Adam conocía a su esposa Eva, y ella concibió y desnudo [a] Set.» (cap. 4:1) De tantos ejemplos que se pueden sacar, citaré uno de 'El Testamento de los Doce Patriarcas': «...y puesto que su madre a él le desnudó con dificultad, ella lo llamó Merari, que quiere decir "mi amargura"...» (3er Testamento. Testamento de Leví, verso 11) El libro 4 (el de Judah) señala: «El que comete la fornicación, y descubre su desnudez, [se] ha convertido en el agente de la fornicación, y no huye de la potencia del mismo, así como yo también la descubrí. Me dio para mi persona, es decir, la estancia de mi tribu, y mi cinturón, es decir, mi poder y mi diadema, es decir, la gloria de mi reino.» (Vers. 15)

También identifica la carencia, en general, sea física o emocional: «Da de tu pan al hambriento y de tus vestidos al desnudo.» (Tobías 4:16. Deuterocanonicos) En un sentido social, el estar desnudo era inaceptable, y aunque a alguien le "desnudasen" para un castigo o fuese ayudado, no necesariamente estaba completamente desnudo, sino carente de la mayoría de la vestimenta que cubriese el cuerpo del cuello hasta los pies (las personas por lo regular llevaban un manto exterior y uno interior): «Y Jesús salió del Pretorio y los dos ladrones con él. Y cuando llegó al lugar que se llama Gólgota, los soldados lo desnudaron de sus vestiduras y le ciñeron un lienzo, y pusieron sobre su cabeza una corona de espinas y colocaron una caña en sus manos.» (Ev. Nicodemo 10:1) También la desnudez representaba estar desarmado ante algo o alguien; ser vulnerable, no tener modo de defenderse o no tener respuestas o justificaciones: «...nos escondemos, pues yo tenía miedo, porque estoy desnudo, y me da vergüenza ante tu poder...» (Apocalipsis de Moisés 23:2) Un ejemplo de las Odas de Salomón, 25:8, al hablar sobre recibir la gloria divina y desencarnar: «Fui vestido con el cubrimiento de tu Espíritu, y me quitaste mi vestidura de piel».

Sobre esto de que la desnudez privada no solo es relativa a la sexualidad sino a la condición en la que se está al nacer: «Vinisteis desnudos del vientre de vuestra madre, y ahí retornareis desnudos. El mundo da y el mundo quita.» (El Maestro de Justicia. Vers. 78. Ev. De los Esenios) ¿Qué significa eso? La desnudez es el desencarnar, y el vestir el encarnar, y por ello espiritualmente asimismo ser despojado de ropa es morir, y ser revestido es vivir (resucitar). Otro ejemplo de la idea de desnudez como carencia de piel o la carencia de cuerpo, entendiendo la ropa como símbolo de la piel o símbolo del cuerpo: «Hay quienes tienen miedo de levantarse desnudos. Por eso desean levantarse en la carne y no saben que aquellos que se visten de la carne son los desnudos. [...] Quienes se desvisten (de la carne) son los que son vestidos (en las imágenes).» (Ev. Copto de Felipe. Vers. 24) Esto lo complementa con la frase del verso 107: «El agua viviente es un cuerpo. Es apropiado que nos vistamos con la Persona Viviente. A causa de esto, cuando venga alguien para bajarse en el agua, se desnuda para vestirse con esa.» En otro escrito, en su caso de Jacobo (uno de los hermanos de Ieshua), señala más diálogos con Ieshua resucitado: «Pero la última palabra supe. Me voy a separar de ti. Por [un] carácter espiritual eliminándome y ahora voy a desnudarme para tomarlo. Pero ¡cuidado! Bienaventurados a los que se anunció la Buena Nueva del Hijo antes de ser reducido a fin de que si tuviera, pues no podría subir. Tres veces bienaventurados los que han sido proclamados por los [...] antes de venir a existir de modo que no tienen parte con ellos".» (Epístola Secreta de Santiago 14:32 al 15:5)

Al respecto también está el despojarse de sí mismo en un sentido de seguridad, de ego y de apego (el espiritual se desnuda del mundo, y el mundano se desnuda de lo espiritual): «Yo soy aquel al que fue dada una revelación por parte del 'Pleroma [de] la inmortalidad', (soy) aquel que fue llamado primero por aquel que es grande, y (soy) aquel que obedeció al [Señor], que ha pasado por los 'mundos [sin ser reconocido por, ellos]', aquel que [descendió] de modo que se desvistió [de sí mismo] y que anduvo desnudo, aquel que fue encontrado en la transitoriedad y que iba a ser transformado en inmortalidad.» (2º Apocalipsis de Santiago 465-19) ¿De qué hablaba Ieshua? De que se despojó de su cuerpo inmortal para venir vulnerable a uno mortal. En el mismo texto, Jacobo exhorta a los fariseos, diciéndoles sobre Ieshua: «Yo vi que él estaba desnudo y no tenía vestido. Lo que él decide le sucede. [...] [Abandonen] este camino duro que es de formas diversas [y] vivan de acuerdo al que quiere, [que] lleguen a ser libres [conmigo], después que ustedes hayan pasado por encima de toda [potestad]. Pues él [no] va a juzgar por lo que ustedes hicieron, [sino] él va a compadecerse de ustedes. [Pues] ustedes no lo han hecho, sino [su] señor lo hizo. El [no] es un airado, 'sino un padre benigno'.» (Cap. 58:20 al 59:10)

La vagina representa la santidad o el puente de vida, así como el falo (pene) representa el poder de producir o la fuerza o potencia de crear o de creación (por ello existen tantos cultos antiguos de culto al falo, como el ejemplo de los obeliscos), el potencial sexual y de sembrar progenie. La propia musculatura masculina, que potencia en el "sexo" opuesto el deseo sexual respecto de los sentidos, ya que igualmente simboliza metafísica y arcaicamente la fuerza, que en la polaridad complementaría la "debilidad" de la mujer, y que en sí misma representa al hombre. Las nalgas son una idea de descanso, estabilidad o vergüenza, dependiendo del contexto con el que se esté relacionando, y en la mente masculina responde a la búsqueda del varón de estabilidad y compaginación: inconscientemente la mente del hombre desea esta parte porque busca quien será la madre de sus hijos, su complemento como persona y a nivel sexual, y su estabilidad en la vida y el hogar (como inconscientemente igualmente ocurre con las mujeres). Las partes del cuerpo relacionadas con la sexualidad como acto sexual para el hombre, son primeramente los senos femeninos. En lengua hebrea, 'senos' o 'mamas' es definido como 'Shedim', que es el mismo significado para 'demonios', posiblemente porque el cuerpo simétrico es hermoso, pero la focalización en la voluptuosidad potencia el carácter de los sentidos de la materia (lo físico, lo carnal).

Es una espada de doble filo, pues los mismos senos que amamantan y engordan al bebé sus primeros años, siendo asimismo un concepto profundo de deseo, son el arquetipo de deseo sexual más marcado que se usa para la depravación. Un ejemplo muy sencillo es ver en la mentalidad estadounidense a una mujer de senos grandes en una película (no una XXX): no es vista con seriedad o respeto. En dicha ideología, la belleza femenina se limita a ser agraciada salvo en los senos, pues de tenerlos grandes ya entra en la categoría de "seducción", y solo sirve para la página del "mundo erótico" o pornográfico. Los demonios primigenios representan básicamente los hilos conductores y protocolos que desenvuelven y responden los fenómenos. La misma relación existe de la idea con la "fuente" (raíz u origen) o "interior" de algo, o de alguien, pero hacia el interior, con el caso del vocablo hebreo 'Jik', o 'Jeik': "lo acoge en su seno", "desde el seno de la aurora", "lo escondo en mi seno". Esta palabra no solo traduce "seno" o "interior", sino "pecho". Si bien, los senos, en la mente arcaica, simbolizan la estabilidad y saciedad que la mujer ofrece el sentido sexual y nutricional (llena, completa, satisface, abastece). Pero lo que por un lado puede ser la nutrición del ser interior, también puede ser la nutrición de parásitos espirituales.

En el caso de los atributos masculinos es distinto, porque los genitales pasarían desapercibidos (solo aptos para cine sexual o de humor), mas sí se potencia el arte gimnástico, aun cuando un actor – que no es culturista – debe dedicar de 5 a 9 meses de preparación física a veces para sólo una toma de 15 segundos. Debe consumir de 5.000 a 7.000 calorías (entre 6 y 7 comidas diarias, aunque algunos llegan a consumir hasta 10.000 calorías diarias, por lo que comen cada 2 horas para poder lograr un consumo suficiente de al menos 850 calorías por ración) y pasar casi 3 horas de ejercicio físico de bombeo, mínimo 6 veces por semana, sólo para que el estereotipo perfecto sea plasmado en algunas escenas de una producción cinematográfica. ¿Por qué? El varón admira ver en otro lo que él quisiera, porque el "superhéroe" identifica al Macho Alfa, y la mujer no tiene problema en ver la película, porque deleita su vida. Así se disparan los estándares, donde las mujeres ven eso como no normal en un hombre, complicando su aceptación a un varón no esclavo del gimnasio, y por su parte los hombres se dividen en dos grupos:

resignados a un modelo imposible de alcanzar - y así se dejan a la obesidad o el descuido deportivo -, o esclavos a un modelo imposible de mantener y que requiere toda una vida de completa dedicación sin ninguna garantía a largo plazo (porque cuando lo dejas, 2 meses después empieza el proceso de retroceso, y se acaba la magia que puedes contemplar al mirarte al espejo).

Complementación

El factor determinante en un matrimonio (relación) es primeramente comprender el rol de cada uno: hombre como hombre, mujer como mujer. Las necesidades de ambos suelen ser las mismas en un sentido general, pero el hombre tiene unas más destacadas, y la mujer otras más destacadas. El hombre entiende y percibe la unión más por el contexto sexual, mientras la mujer lo percibe más desde el cariño, la atención y los detalles. La mujer tiene una mejor comunicación "sexual" (interacción) por medio del diálogo, mientras el hombre se comunica fisiológicamente a través del contacto físico (el hombre con sexo fisiológico y la mujer con caricias). Esta interacción sella los vínculos entre ellos. El hombre da las cosas por sentado, asumiendo que por sentido común todo fluye sin necesidad de conversación o diálogo hablando. La mujer necesita aclarar y comunicar todo por medio del habla. Ella necesita Presencia y Reafirmación, mientras el hombre necesita Validación. Ellos se complementan al ser espejos unos de otros de los detalles del ser. Aquellas cosas conscientes o inconscientes son reflejadas en el otro. Podemos pensar que muchas cosas que vemos en nuestros espejos (semejantes, hermano, prójimo o pareja) que nos resultan desagradables o molestas nosotros no las hacemos, y es que hay reflejos de nuestros aspectos aplicados y los no aplicados. Es como el tópico de decir que "todos los políticos son corruptos", mas, cuando eran niños, en el colegio, ¿deseaban de grandes ser políticos? ¿Ya de pequeños eran corruptos o propensos a la malversación de fondos?

Nuestra Mente tiene muchas distorsiones, siendo ella una imagen fractal de una Mente más grande, una Mente Colectiva. Podemos llamar a esta Mente Colectiva 'Adam' (hombre) o 'Elohim' (dios). Esa mente actúa como la luz que atraviesa un prisma, y aunque la luz es una, visualmente vemos una gama de colores que de ella se distribuyen. Lo mismo es con la Mente Colectiva. Esa Mente Colectiva creó porciones de sí misma como reflejos de sí misma. ¿Cómo es que vemos un arco iris? Las partículas de agua en suspensión hacen de prisma, y eso quiere decir que son millones de partículas, todas haciendo millones de espectros de la luz en siete colores, pero a nuestra vista solo se ve un único y enorme arco iris. ¿Cómo se puede explicar eso? Todas las partes son una réplica de la totalidad. Es un efecto fractal. La Mente hace eso siendo una misma, pero al mismo tiempo millones de millones por todo el universo. A su vez las mentes están en mentes colectivas de mentes colectivas. En resumen, todas las personas somos rayos de esos "colores" de un mismo foco lumínico original, no perceptible en la fuente como pasado o futuro, sino meramente como un presente continuo. Cada circunstancia, cosa y criatura está proyectando la realidad creada por la Mente Colectiva en el "ahora". Debido a esto, volviendo con el asunto de nuestra pareja, ella está mostrándonos la imagen de las cosas nuestras no polarizadas en escala personal. Dicho de otra forma, la Mente Colectiva creó el universo con sus distorsiones/velos, y todos ellos en su nivel tienen sus propias distorsiones o polarizaciones (inclinaciones más hacia un punto que al otro, en vez de estar equilibrados).

En las porciones del nivel que podemos llamar "humano", las distorsiones de la Mente se pueden ver como una mente particular dentro de la mente colectiva sobre ella. Esa Mente tiene distorsiones particulares reflejadas según las circunstancias, razón por la cual los políticos son considerados corruptos cuando entran a la esfera política, no antes. Es la misma causa circunstancial que pone en la calle a una mujer para que se venda como ramera, o al soldado en la guerra para que asesine a su prójimo, la que sitúa al niño en el contenedor de la basura hurgando para poder comer algo, o a la mujer mutilada en una esquina pidiendo limosnas. La Mente creó un sinfín de posibilidades/probabilidades aleatorias que se estructuran bajo el Destino por el Libre Albedrío. En determinado momento todas las cosas entran en el rol del Destino respondiendo a las causas y efectos. Entonces, mi mujer refleja cosas polarizadas en mí, sea que yo las practique o no, toda vez que practicarlas o no es cuestión circunstancial. Es como si se queja de que yo no lave los platos, porque ella polariza esa situación lavándolos siempre: ella polariza eso en la exageración de hacerlo, y yo lo polarizo en la exageración de no hacerlo.

El animismo concibe que todas las cosas tienen alma, empero, todas están vivas, tienen conciencia en algún nivel. Para ellos no es raro pensar en la vida en las cosas, y mucho menos la virtud masculina o femenina en ellas. A pesar de que para muchos gremios remotos todo estaba integrado - como lo ven los taoístas o la filosofía toltecayotl - o parte de un todo - como en el budismo - al fin y al cabo, todos han recibido conocimientos sobre la verdad, pero en determinados ámbitos y con puntos de vista más puntualizados, dependiendo del proyecto a llevar a cabo y el contexto de las circunstancias. Unas y otras son ciencias complementarias. No es que unas sean buenas y las otras malas, o unas sirvan y las otras no. El saber el holístico, y se complementa el saber y se perfecciona sumando todo lo brindado a nuestra humanidad desde el cielo. Así es que la creencia del cielo y la tierra como complementados, es correcta. La idea de la Madre Tierra no contradice la idea del Dios del Cielo o Padre Creador Universal. Por el contrario, ambos son materias yin yang, toda vez que el Padre Dios es el espíritu, y la Madre Naturaleza es la materia. Los dos son excelsos y los dos se compaginan. Los dos son polaridades de una misma cosa: la divinidad, la gloria, la inmortalidad y el poder creador.

La unión del Padre - en sus astros - y el de la Madre, produjo la vida. Los espíritus del Padre como fuego y aire se combinan con los de la Madre como agua y tierra. Los elementos de arriba son masculinos y los de abajo femeninos. Pero arriba no es lo bueno y abajo lo malo, sino polaridades de una locación temporal, porque en realidad no existe un arriba o un abajo, un afuera o un adentro.

Los pensamientos son tan rápidos como el rayo o la luz, imagen de la Mente. La vida se propaga por todo el universo, imagen del alma, pues la conciencia está en todo, percibiendo cada porción en un nivel de evolución de la conciencia como un alma. Los elementos superiores son el fuego y el viento; los inferiores, el agua y la tierra. Unos reflejan lo espiritual, y los otros, lo terrenal; unos lo celeste, y otros lo terrestre; unos lo incorpóreo, otros lo corpóreo. El mundo tuvo su origen de la hembra Tierra en unión con el ardiente macho Agua, a quienes los sumerios llamaban, respectivamente Tiamatu y Apsu. No obstante, la vida (naturaleza) no llegó sino con el devenir del fuego (de quien recibió el madurar) y el aire (de quien recibió el espíritu). El progreso de la mente es, de la misma manera, debido al fuego (unción) y el viento (espíritu). La unción se manifiesta y propaga por todo el ser y en campo periférico cada vez mayor, a medida que mayor es la actividad de la Piedra Angular (oración, meditación, contemplación, sonidos de vibración espiritual). La semilla (el potencial) requiere ser sepultado, y entrar en contacto con la tierra y el agua, sujeto a oscuridad y soledad. La mente inicia su proceso de activación en el aislamiento que provee como recurso la propia Gaia (Madre Tierra), y el cuerpo, que es producto de la Madre Tierra, su creadora y sostenedora (y quien después le recibirá al finalizar su función de vehículo).

La vida se hizo alma, y la luz se hizo mente. Cuando la mente se entiende como un árbol, la estructura cobra una manera formidable de ser entendida. La mente (en griego 'Nous') no es el cerebro, sino la parte de la conciencia que rige los sentidos y el velo engranado entre la materia y el espíritu. El cuerpo, el conocimiento y el alimento son uno, y tienen un principio, un desarrollo y un final. La Verdad del Todo está codificada en cada porción de la Totalidad: cada parte tiene la totalidad virtualmente proyectada o escondida. La codificación de información, a mayor gloria/desarrollo, más pequeña es, como el grano de la mostaza. Las semillas son proyectos completos de cada parte del programa, como podrían ser los colores respectivos de un arco iris, que fundidos retornan al blanco. La semilla, la célula y el espermatozoide son, en su respectivo nivel, el proyecto inicial y codificado de una porción de la totalidad. El espermatozoide es la célula más pequeña del cuerpo, y es referido eufemísticamente como 'Zera' (semilla, simiente, sementera, linaje, descendencia). La Zera debe caer en terreno apto, sea un espermatozoide en el óvulo, o una semilla vegetal en tierra fértil, abonada o humedecida. Las células se replican a sí mismas (mitosis), así como la semilla lo hace en su proceso de vida, muerte, resurrección (árbol, arbusto, planta) y fruto; y el hombre replica sus células a lo largo de su vida, y continúan con los 23 cromosomas del espermatozoide (masculino) y los 23 cromosomas del óvulo (femenino). El hombre, de vida y luz que era, vino a ser con alma y mente. Son la Mente y el Alma la luz y la conciencia que sacan al hombre de la noche.

Los polos opuestos se atraen y los iguales se repelen. Un hombre hipermasculino y una sumisa terminan juntos, que lógicamente termina mal. El que es blandito (que pierde su masculinidad) y la mala se unen, y la misma cosa. El punto es equilibrarse, para atraer la polaridad adecuada y constructiva, de la cual hay mutua edificación. Empero, no tiene sentido pedir a Dios determinada pareja o esperar cosas del otro, si uno mismo no tiene equilibrado sus polaridades. Lo ideal es que un hombre sea 'Super Rey', es decir, determinado, fuerte, comprometido, vulnerable, sensible, cariñoso, divertido; y las mujeres sean 'Super Reina', o sea, segura, fuerte, femenina, vulnerable, sensible. Esta lógica emocional es reflejo rebote o proyección del propio equilibrio de las polaridades. Si cada uno conoce quién es, aporta a su pareja lo que ella necesita y lo que a la propia persona que da le va a ser de evolución propia. La mujer debe comprender quién es, y el hombre debe comprender quién es, dejando atrás los estereotipos y adoctrinamiento social, así como las justificaciones del ego. Esto parte de ser seguros de sí mismos, pero para ello debe haber una aceptación del ser, una comprensión de su rol en el hogar, respecto de los hijos y de su pareja. ¿Quién soy? Ese es un trabajo para llevar a cabo en la meditación. Si no se equilibran estas polaridades, se repiten los mismos patrones, o programas (la madre salió con uno que le pegaba y su hija también; el hombre se divorcia de una mujer que le es infiel y se casa con otra que también le es infiel).

Liberación

Tanto la relación sexual, como el llorar, hacer ejercicio o el descansar debidamente – cuerpo y mente –, evitan bloqueos y saturación psíquico-física (en lo fenoménico por las sustancias químicas liberadas y la regeneración del oxígeno celular) que de otra manera desencadena en respuestas biológicas, tales como dolencias o, de continuar, enfermedad. También influyen en el comportamiento, especialmente si no se tiene un hábito espiritual (meditación, oración, música relajante, contemplación, lectura espiritual, etc.). El "sexo" tiene un componente liberador de estrés y tensión, tal como el llorar sirve como válvula de salida para las emociones reprimidas. La satisfacción sexual cumple la función de recomponer cuerpo y mente de la saturación, el estrés, las preocupaciones y las frustraciones cotidianas, evitando las consecuencias de la ansiedad, la sensación de soledad y la impotencia, que desembocan en desinterés matrimonial, fáciles enfados, adicciones y falta de paciencia y de valorización. Como una analogía, sería casi semejante a las reacciones que emergen tras estar muchas horas sin comer, donde se pierde fácilmente la paciencia, no se está de genio para dar más de sí, o con mucha sencillez afloran reacciones de enojo.

Comparémonos con los bebés, ¿por qué suelen llorar (quejarse)? Solo en casos excepcionales no es por hambre, sueño/cansancio o incomodidad (usualmente gases o posiciones molestas). Se entiende que el trabajo diario (durante la luz diurna) termina al ponerse el sol, y llegada la noche la "cámara nupcial" alivia la tensión y sobrecarga, siendo un momento de alegría, desahogo y revolución química corporal que refuerza la paz que otorga el sueño y da nuevas fuerzas y estímulo para la jornada del día siguiente. La relación sexual es la base del matrimonio, seguida del trabajo en equipo para la unión psíquica y la autoestima (seguridad en uno mismo). Estos dos componentes, primero el sexual, y luego el psíquico, son el fundamento para el matrimonio y su equilibrio, sano desarrollo, durabilidad, paz y progreso.

«El orgasmo (del idioma griego ὀργασμός) o clímax (del griego κλῖμαξ, «escalera» o «subida») es la **descarga repentina de la tensión sexual acumulada,** durante el ciclo de la respuesta sexual, resultando en contracciones musculares rítmicas en la región pélvica caracterizadas por el placer sexual. Experimentados por los machos y las hembras, los orgasmos son controlados por el sistema nervioso involuntario o autónomo. A menudo se asocian con otras acciones involuntarias, incluyendo espasmos musculares en múltiples áreas del cuerpo, **una sensación de euforia en general** y, frecuentemente, se exteriorizan movimientos del cuerpo y vocalizaciones. El período después del orgasmo, conocido como periodo refractario, es a menudo **una experiencia relajante,** atribuido a la liberación de las neurohormonas oxitocina y la prolactina, así como las endorfinas. Los orgasmos humanos generalmente resultan de la estimulación sexual física del pene en los hombres (típicamente acompañando a la eyaculación), y del clítoris en las mujeres. La estimulación sexual puede ser por práctica propia (masturbación) o con una pareja sexual (relaciones sexuales con penetración, relaciones sexuales sin penetración, u otra actividad sexual erótica).» (Wikipedia)

Si dice que «cuando la persona eyacula, un "movimiento peristáltico de absorción se lleva a cabo y por el efecto del vacío, la vesícula seminal trata de llenarse y el aire húmedo se absorbe a través del pene que luego es absorbido desde la vesícula seminal al sistema linfático, llegando a la producción de un choque térmico y espacios fríos entre las neuronas cerebrales y las células del cerebro y esto afecta a la normalidad cerebral, física y nerviosa.» Cuánta complejidad para algo que simplemente sería diseñado para la reproducción. Si hiciésemos un seguimiento de las tendencias y modelos que sigue la sociedad, encontraríamos que lo relativo al contexto financiero y al sexual son los más buscados, deseados, idealizados, pensados o potenciados. Salvo circunstancias de aislamiento total y prolongado, sería muy raro que un ser humano no pensase, al menos una vez al día, en algo sexual o económico, aunque lo sexual no necesariamente sea erótico (podría ser sentimental, afectivo o emocional). Así como en la naturaleza no es habitual encontrar determinados sabores o sensaciones que con la era industrial se han introducido al mercado de comestibles, sea en alimentos o drogas sintéticas, igualmente el sexo es un estímulo que el cerebro desea fomentar en búsqueda de placer.

Como cualquier droga, un abuso conlleva a pérdidas de sustancias esenciales necesarias para el buen funcionamiento del cuerpo, y en consecuencia para su estabilidad, salud, e incluso, longevidad. El esperma contiene ADN, que es portador del código genético "herencia", y el ARN que contiene enzimas, proteínas, glucósidos, lecitina, calcio, fósforo, sales biológicas, testosterona, etc. Cuando la eyaculación se lleva a cabo, un porcentaje muy pequeño de estos componentes (esas enzimas, proteínas, glucósidos, lecitina, calcio, fósforo, sales biológicas, testosterona) se eliminan del cuerpo. El esperma se produce por la mezcla de espermatozoides con plasma seminal, que es aportado por diversos aparatos, pero todos ellos recibiendo la energía de los centros de energía Rojo y Naranja del ser, así como de la energía potencial ahí focalizada desde la médula, en la zona lumbar, según se ha transmitido de diversas culturas ancestrales. Empero, estos líquidos no solamente cargan consigo minerales muy importantes, sino la reacción general del orgasmo dispara energía de vigor masculino, en el hombre, donde radica su vitalidad. Por ello muchos deportistas no tienen relaciones sexuales antes de competiciones, ya que reduce su rendimiento y vigor. Los gnósticos, como otros antes de ellos, han asumido que la pérdida seminal conlleva a la pérdida de energía potencial, vigor masculino y longevidad. Entre estos factores se esconden enseñanzas de padres a hijos en múltiples tribus y pueblos de tiempo atrás, basadas en la ejercitación del músculo pubococcígeo, contrayéndolo fuertemente cuando el hombre se siente en el punto sin retorno (técnica conocida como parte de los ejercicios de Kegel). Esto se haría para tener un orgasmo sin eyaculación, disfrutando del placer, pero sin emisión de esperma, líquido, energía vital y, en consecuencia, de minerales esenciales.

«Y si (Esculapio) quieren ver la realidad de este misterio, entonces usted debe ver la maravillosa representación de la relación sexual que tiene lugar entre el macho y la hembra. Pues cuando el semen alcanza el clímax, salta hacia atrás. En ese momento, la hembra recibe la fuerza del macho, el macho, por su parte, recibe la fuerza de la hembra, mientras que el semen hace esto. Por lo tanto, el misterio de la relación sexual se lleva a cabo en secreto, con el fin de que los dos sexos no se vean en la vergüenza a sí mismos frente a muchos de los que no experimentan esa realidad. Para cada uno de ellos (los sexos) contribuye con su (propia parte en) engendrar. Puesto que, si esto sucede en presencia de aquellos que no entienden la realidad, (es) risible e increíble. Y, además, son sagrados misterios, tanto de palabras y hechos, porque no sólo no se oyeron, sino que también no se ven. Por lo tanto, estas personas (los creyentes) son blasfemos, son ateos e impíos, pero los otros no son muchos. Más bien, los piadosos que se cuentan son pocos. Por lo tanto, la maldad sigue siendo una en muchos, a causa del aprendizaje acerca de las cosas. Lo ordenado no existe entre ellos. Pues el conocimiento de las cosas que están ordenadas es realmente la curación de las pasiones de la materia. Por lo tanto, el aprendizaje es algo derivado de los conocimientos. Pero si hay ignorancia, el aprendizaje no existe en el alma del hombre, (entonces) las pasiones incurables persisten en ella (el alma). Y el mal adicional viene con ellos (las pasiones), en la forma de una llaga incurable. Y los dolores constantemente roen el alma y el alma a través de ella produce los gusanos de la maldad, y apesta. Pero Dios no es la causa de estas cosas, ya que envió a los hombres el conocimiento y el aprendizaje.» (Asclepio 21-29. NH)

A veces el ser humano se pregunta la razón de que tenga ansias hacia la copulación, y/o el que su "mente" cambie al ver un cuerpo de sexo opuesto desnudo, semidesnudo o voluptuoso. Es casi una programación mental y biológica frenética que es necesario gestionar, evadir o domar, porque pareciera tender a un principio fisiológico de reproducción animal. De hecho, cuando se pierde la "virginidad mental", se va haciendo cada vez más natural cualquier aspecto sexual, así como ocurre con la virginidad física. El primer morbo inocente es sobre la mismísima figura contraria, usualmente, de la misma edad, donde al niño le dan cosquillas por dentro al ver a la niña que le gusta, o a la niña se le colorean los cachetes cuando ve al niño que le gusta. Lo siguiente viene con el tratar de acercarse – como sería simplemente frente sentir que te da la mano -, y un beso en la mejilla sería ya para desmayarse. Pero esa inocencia se va disipando con la agresión de elementos ajenos a su edad-experiencia antes de tiempo, o sencillamente con la pubertad y las fases subsiguientes. Llegan los besos en la boca y hormonas en la adolescencia, pero en una sociedad bombardeada por programación sexual la cosa está desmadrada. La propaganda está sexualizada, y el propio valor sexual, íntimo, pasa a ser de contenido público. La mente va aceptando cada nivel de sexualización, seducción, erotismo y desnudos como parte adaptada de lo "normal", llegando a no saber ya diferenciar entre dónde encaja lo normal y dónde entra lo inmortal.

«En el primero y en el segundo mundo de Moroncia olvidaréis y perderéis todas vuestras deficiencias biológicas, así como los terrenales apetitos sexuales. Y seréis limpios de las limitadas concepciones de asociación familiar y de parentescos, para asimilar y hacer vuestros los reales conceptos de familia espiritual y cósmica.» (Testamento de Juan. Los Siete Sueños de la Muerte, 2) ¿No es acaso ridículo ver un anuncio de comida o bebida con una mujer semidesnuda, como si ella te fuese a dar de comer o tuviese algo que ver lo uno con lo otro? Es evidente que la sexualización se usa para llamar al inconsciente, diciendo a la mujer que si adquiere tal producto será tan atractiva como la chica de la imagen, o al hombre que adquirir ese producto le hace un tipo seductor y exitoso. ¿Por qué? Porque en la parte arcaica del cerebro reposa la idea primaria de que un hombre victorioso es un macho alfa que dirige a la manada y dispone de todas las hembras. Como ejemplo práctico podemos ver en la actualidad las actividades infantiles de danza y música, donde las niñas se visten y bailan como prostitutas de cabaret, y aquellas que han sido descuidadas educacionalmente por sus padres tienden a pensar que ser "super puta" es la meta máxima de una chica. Así las programan gracias a los video-clips de música donde caracterizan y posan aquellas figuras que trabajan para las discográficas.

Hay muchos tipos de enseñanzas y preceptos religiosos y morales sobre la sexualidad, así como sobre la familia, y eso nos recuerda al apego y la dependencia. Necesitamos seguir modelos. Necesitamos desde niños, siendo frágiles y vulnerables, tener referentes a seguir. Buscamos a qué aferrarnos. Salvo que tengamos espíritu de liderazgo,

tendemos a ser seguidores, y en consecuencia eso puede potenciar la pereza y la comodidad, que desembocan en la dependencia. Así prospera el engaño en las sectas y en muchas iglesias, porque la gente no busca ser líder, adquirir maestría, encontrarse a sí mismo, ser independiente, creer en él mismo. Basta que el que dirige no sepa guiar bien su corazón para que la mediocridad y dependencia de sus oyentes lo lleven a manipularlos. Él se daña y ellos se dañan. Ambos son culpables. Uno por su responsabilidad y los otros porque se han dejado, en vez de ser ellos mismos. Ocurre en la religión monoteísta como en la vida laica, por ejemplo, con el pueblo respecto de los políticos. Idealizamos creyendo que una persona solucionará lo que cada uno debe hacer. Esperamos... esperamos de otros que hagan lo que nosotros, con dos manos y cerebro, podemos perfectamente hacer, mas luego nos quejamos porque las cosas no salieron como hubiésemos querido. Muchas cosas nos enseñan, con muchas tretas humanistas y filosóficas, pero los verdaderos valores, que son lo que parten del amor, no se abordan, porque de por sí no están arraigados en el corazón, porque previamente los padres no se los enseñaron.
Nuestro amor hacia otros es condicionado, porque queremos solo amar a algunos, no a todos. Cuando amamos a todos, tenemos tal paz que no nos sentimos apegados. Nuestro apego a unos pocos es un deseo inconsciente de satisfacer nuestro deseo de amar a todos, que lo proyectamos porque nuestro ego nos hace sentirnos separados. Por eso, a lo largo de nuestra encarnación tenemos muchas mezclas de sentimientos, como la nostalgia, la desilusión, el amor no correspondido, la obsesión, el amor platónico, la frustración... (tanto como felicidad, gozo, paz, emoción, entusiasmo, etc., en mayor o menor medida). Amamos a pocos y nos apegamos a ellos, y por ello al desencarnar seguimos con apegos, sin capacidad de libertad. No es odiar a lo que me refiero, o desapegarnos luchando contra el amor que sentimos, sino ser conscientes de que el verdadero amor ha de ser a todos. Hemos de amar tanto lo bueno como lo malo, porque todas

son oportunidades, aprendizaje y experiencia. Tanto en lo que nos educamos como en lo que no nos educamos, marca la diferencia. Es en el culturizarse donde radica que el hombre sufra menos, porque el saber nos anticipa a los problemas y nos ayuda a solucionarlos.

El "conocimiento" del propio cuerpo, como se le llama, describe la forma de auto placer elemental, o masturbación, que es el primer nivel de manifestación del deseo inconsciente de crear y hacer, pero sin poseer conciencia interior. La sociedad aprende antes a masturbarse, que a meditar, o distan muchos siquiera de aprender a orar. En el sentido metafísico, aprenden primero a valerse en la realidad holográfica del mundo, antes que comprender y crear desde la mente en el momento de "no acción". ¿No es acaso un clásico que las personas estén convencidas que para VIVIR hay que "trabajar", o que para SER ALGUIEN se debe tener una "carrera"? Ese es el típico ejemplo de programación infundida que releja nuestro desconocimiento de qué es la vida, de quiénes somos y para qué estamos aquí. Es decir, «no hacer es hacer.» En ello consiste la meditación y la oración, donde una inactividad física produce actividad cuántica y psíquica. Los fenómenos de la vida, como es el *subject* sexual son reflejo de las polaridades y distorsiones de la mente. Tal como es nuestra área sexual – como podrías aplicarlo a otras categorías – son nuestras configuraciones psíquicas.

La masturbación, como cualquier aspecto de alimentación sensorial, requiere mayores niveles de motivación, progresivamente. Como con las drogas, la resistencia se va haciendo cada vez mayor, e indica que de la misma manera la conciencia se inhibe cada vez más, dejando lentamente de percibir la razón y la inteligencia de los valores en donde se adentra el ser. De esta manera la mera masturbación fisiológica pasa a ser una masturbación motivada por una idea, la imaginación, y según los medios, va adquiriendo ayudas externas con ideas gráficas (imágenes), estáticas, y luego en movimiento, hasta casi crear una relación personal virtual. Dado que se trata de estímulos y pasiones, y estos producen segregación hormonal intensa, introducir mayores niveles de realidad aumentan la segregación de sustancias al hipotálamo. Al final todo se reduce en que las sensaciones inhiban aspectos que la mente debería gestionar de una manera constructiva y evolutiva. Así es como las personas terminamos en adicciones, como a la pornografía y, aunque nuestra conciencia nos dicta que esto no es sano, perdemos la sensibilidad con la realidad para diferenciar lo moral de lo inmoral, lo sano de lo insano, lo correcto de lo incorrecto: ignoramos en qué momento se cruzó la brecha y cómo se miden las circunstancias en las que ahora nos hallamos (lo sé perfectamente como persona que por años fue adicto a la pornografía).

Y aun si quitásemos ese componente ya final en que cada vez más cae la sociedad, pensamos, ¿y si en vez de ver pornografía fantaseo eróticamente con cierto hombre/mujer, a pesar de que sé que tiene novia/o, o está casado/a? ¿No es acaso adulterio de todas maneras? Pero, ¿hacerlo pensando en tu amiga o amigo, es malo, aunque sé que está soltero/a? ¿Dónde entra lo "malo" en determinada área? ¿Qué es algo "malo"? Es algo pernicioso, nocivo, destructivo, sea para uno o para otros. ¿No es acaso fornicación y adulterio? Fornicación es la relación sexual fuera del ámbito matrimonial, ¿y quién dijo que tiene que ser solamente por contacto físico? ¿Y si me masturbo pensando en mi pareja, también es malo? Por una cuestión de lógica y consciencia, ¿qué discernimos? ¿Lo podemos comparar en coherencia con masturbarse pensando en otra persona? En este sentido lo que faltaría sería tiempo de auto-desarrollo espiritual, que a su vez aporta dominio propio (auto-control), además de mitigar escenarios, circunstancias y sensaciones carnales. Y, ¿masturbarme, aunque sea sin pensar en nada, es malo? Seamos honestos, ¿quién hace eso hoy día? Si alguien lo hace es porque seguramente comprende que lo necesita la próstata en algún momento.

¿Dónde entra lo inmoral? ¿Cómo medimos esto? Para valorar semejante cuestión hay que comprender primero qué es la masturbación, que es la infidelidad, que es la pornografía, que es la fornicación, qué es el adulterio y qué es el sexo en su contexto. Sin entender los fenómenos y los aspectos metafísicos, es absurdo tratar de juzgar cosas que son consecuencias de una visión alterada ya de la realidad misma. Así como la masturbación es el reflejo psicológico del deseo de hacer por sí mismo (así como la impotencia sexual es resultado de un programa mental inconsciente o subconsciente de incapacidad de crear y dar fruto), sin intervención espiritual, la búsqueda de otras motivaciones, es el resultado de la incapacidad de saciedad, relativa al hecho de ser consciente de que al masturbarme no creo nada. Por el contrario, se pierde fuerza vital y minerales esenciales de los huesos, aun en cierta medida cuando se sabe controlar el líquido espermático en la eyaculación. La masturbación continuada es primeramente un producto resultante de frustración e impotencia, más allá de lo que fue al principio como mera curiosidad por la sensación. Nuestra conciencia tiene la respuesta a estas interrogantes si anteponemos la razón espiritual e inteligencia al velo del desenfreno y el deseo. Los seres humanos hemos de comprender para qué nos fue regalado el sexo y cuáles son límites que tiene en su polarización.

No pretendo satanizar conceptos o idealizarlos – pues la masturbación en pareja es parte de los tantos juegos de placer sexual de los novios -, solo ser objetivo respecto de la información. La masturbación es una práctica que viene de los arcontes. Ellos, no queriendo equilibrar sus polarizaciones, desearon crear por sí mismos. ¿Cómo cuentan tantos mitos que fueron creados dioses y humanos? Por medio de la auto-masturbación de un demiurgo o de dioses primigenios. De ahí tantas representaciones jeroglíficas o estatuillas de dioses, demonios o seres varios en posición de erección. No solo era símbolo del vigor sino de la creación, pero porque esos seres producen de lo psíquico con su pensamiento, aún en su inconsciencia. Atum creó masturbándose, pero, ¿en qué le gratificó realmente si después tuvo envidia y temor de la enéada de él amanada? Isis gestó a Horus sin intervención de Osiris, y, ¿cuál fue la finalidad? Hera quiso crear sin Zeus, y produjo al nefasto Vulcano, mas Zeus produjo a Atenea de su mente, quien debía siempre permanecer virgen. ¿Cuál fue el punto de todo ello?

Nosotros perdemos energía si no sabemos tener adecuado desarrollo sexual-pasional, pues no sabemos crear de esa manera (como los seres de otras dimensiones). Nuestra capacidad de crear parte de los recursos de la materia, como es la concepción, pero el crear psíquicamente con la sexualidad es un peldaño que aún nos espera, mas no con la auto-estimulación, sino que empieza acá con nuestra pareja. Diferentes niveles de evolución hay sobre nosotros, muchos todavía de vibración tocante a la materia en diversos escaños, y en ellos, según los atlantes y otras enseñanzas místicas, hombre y mujer pueden unirse en estados vibratorios de dimensiones y planos fuera de este cuerpo, incluso para procrear. Debemos meditar, pensar y reflexionar sobre nuestras pasiones. ¿Por qué determinadas cosas nos gustan y otras no? Muchos placeres sexuales, como en el caso del sexo oral, validan a quien lo recibe, es decir, legitiman su poder, su derecho, su virtud o su merecimiento, incluso su autoridad, y en quien la practica está el servicio a su "prójimo" (su más cercano, que es su compañero/a). Nosotros tenemos una razón de haber venido acá, una razón para disfrutar del placer sexual en pareja, de tener el poder y responsabilidad en crear hijos y criaros, preceptos para evitar que a nivel psíquico nuestra mente distorsione la realidad, y a nivel físico para que no se dañe nuestro vehículo corporal.

No podemos engañarnos a nosotros mismos, como no podemos tapar la verdad con subterfugios. Todo lo que está fuera del trabajo en pareja causa inestabilidad y trastornos en el nivel de gravedad que corresponda: cada acción tiene su consecuencia. Van floreciendo, detrás de la búsqueda sexual solitaria, los vacíos internos, redirigiéndose los gustos y sensaciones hacia los preconceptos adquiridos o las necesidades psicológicas y mentales, así como a las fisiológicas. La raíz de todo esto es la conciencia y el conocimiento. Buscar la respuesta a un patrón en el fenómeno, y no en la psique, es como ver seca la desembocadura de un río y hurgar en el suelo para ver si el agua fue absorbida por la tierra, en vez de ir subiendo de camino a la fuente del manantial para encontrar el origen de la obstrucción o del cese. No entender la raíz de la mente en el universo es aún peor que no ver la rama más alejada de una reacción humana en la forma de funcionamiento cerebral. El cerebro es imagen de la mente. Es igual que el gran error de las mujeres en criticar a los hombres por actuar como hombres y no ver el mundo como lo ven ellas; o de los hombres en burlarse de las mujeres porque ellas piensan como mujeres, y no como ellos. ¡lógico! Son hombres y son mujeres. Precisamente por eso ven el mundo de manera diferente, ya que no solo tienen sistemas hormonales y reproductivos distintos, sino cerebrales y mentales.

El señor Mamon (idealización del dinero y el materialismo) es en gran parte culpable de la ruptura del molde de desarrollo sexual, para limitarlo solo a la validación de quien tiene el poder a modo dominante, mientras en la pareja es validación del deseo, de la atracción, del amor y de la conexión. Un manuscrito de Nag Hammadi nos dice: «Y Juan dio testimonio de la venida de Jesús. Porque es él quien vio el poder que descendió sobre el río Jordán; pues sabía que el dominio de la procreación carnal había llegado a su fin. El río Jordán es el poder del cuerpo, es decir, los sentidos de los placeres. El agua del Jordán es el deseo de relaciones sexuales. Juan es el arconte de la matriz.» (El Testimonio de la Verdad. NH) Este manuscrito más adelante señala: «No sólo eso, sino que tienen relaciones sexuales mientras están dando chupar. Pero otros están atrapados en la muerte de [...]. Ellos se tiran <cada> qué manera,

(y) que se congratula por [el] injusto Mammón. Se prestan dinero a interés; pierden el tiempo; y no funcionan. El que es el padre de Mammon es (también) padre de las relaciones sexuales. Pero el que es capaz de renunciar a ellas muestra que él es de la generación del Hijo del Hombre, (y) tiene poder para acusarlos.» ¿Cómo terminó el dominio de la procreación carnal y de los sentidos de los placeres? A través de la llegada del Espíritu Santo para todos los que deseen recibirlo. ¿Y cómo se recibe? En unción. ¿Y cómo se alcanza a unción? Con santidad, ¿y cómo se crea o mantiene la santidad? Con hábito de oración y meditación, que acompañarán el trabajo de dominio propio (auto-control).

Hacer el Amor

Uno de los parámetros más errados inducidos en la sociedad es la conjunción de la idea de sexo con el concepto de "amor". La propia palabra "hacer el amor" es en parte incorrecta en el contexto actual del mundo. Una de las razones sociales que incurre en este pensamiento equivocado es que el propio idioma participa en la confusión y desacierto. En español, por ejemplo, te dicen "te quiero" o "te amo", haciendo distinción entre uno y otro como "amor" idea de un "querer" más fuerte. En inglés, por ejemplo, es lo mismo: "I love you". La clave está en que "querer" es deseo de posesión, no de altruismo, o sea, es un aspecto egocéntrico, no de beneficio ajeno. De ahí que si en inglés dijeses "I want you" (te quiero), sería el equivalente a decirle que deseas tomar posesión o control de aquel, o como aspecto de "deseo": desear a alguien. Como digo muchas veces, si comparásemos esto en lengua griega, tendríamos "amor" en al menos 3 aspectos distintos (filial, erótico y ágape), aclarándose la diferencia. Filial, eros y ágape son definidos en otros idiomas, por ejemplo, español, como "amor" en lo que a definición y percepción social se refiere.

Cuando esto se combina con la deformación de la palabra "amor" en la cultura popular, ya que se empieza a ver y oír de personas que desean libertad para tener relaciones con su mascota, quienes quieren libertad para tener relaciones sexuales con niños o quienes desean el avance tecnológico para unirse sexualmente a máquinas. Para llegar a este punto ha sido necesario adiestrar a al mundo sobre una idea de amor basada en reacciones químicas del hipotálamo, no en el altruismo. Es justo por eso que muchas de las grandes discográficas escogen figuras que se harán públicas y populares, y deben introducir y repetir en sus canciones tópicos sexuales disfrazados de "amor", tergiversando estas ideas y empujándolas a lo pasional, erótico y liberal, de manera que especialmente los jóvenes sean adoctrinados a una conducta adúltera y fornicaria como parte de una mentalidad natural. El amor no se hace en la cama. El sexo fisiológico es primeramente pasional, del deseo hormonal, segundo la necesidad primaria de re-unión de las dos partes opuestas, y tercero, la necesidad fisiológica de liberación y de llenarse. Se podría decir, más acertadamente, que el amor pasional se practica, no se hace, ya que ese amor erótico ya está instintivamente en cada persona.

El amor que realmente se hace es el que se transmite, y visto de manera correcta, no pensando primeramente en la parte biológica egoísta del sexo natural, mas comprender el amor que recibe el otro, por medio del amor que por entrega, frotación, cariño, pasión y contacto del uno y el otro: ese es más acertado, pero realmente es la percepción ausente en la idea del amor sexual verdadero. En otras palabras, el amor sí se puede fomentar y dar por medio de la relación sexual fisiológica, pero no bajo el enfoque del deseo que yo tengo de unirme – porque este es un enfoque más de índole egóica, y responde a la pasión -, sino el deseo que tengo de transmitir mi amor a mi pareja, y de que mi pareja reciba mi ser y la satisfacción y deseo manifiesto hacia ella. El que el otro sea lleno sexualmente es mi gesto de amor hacia él, y al mismo tiempo mi polarización propia a propósito de la sexualidad. No digo que el amor Eros sea malo, solo que no se debe confundir con el amor Ágape y Filial, y que hay que comprender que el amor Eros tiene su importante razón de ser en empujar hacia la unión y frotamiento.

Es importante, empero, no focalizar el sexo fisiológico como algo malo, sea consciente o inconscientemente. La idea de verlo como algo malo, crea culpabilidad, negación y polarización negativa. Si el sexo fisiológico/reproductivo en pareja fuese algo malo, no habrían sido creados dos sexos separados, y mucho menos intrínsecamente dependientes. Si el sexo fisiológico/reproductivo fuese malo, Dios no habría creado al hombre como hombre y a la mujer como mujer, y los habría hecho representantes de la raza, de su subsistencia y de su formación. El propio Dios no habría dicho que no es bueno que estén solos, sino que deben estar uno frente al otro para equilibrar sus polaridades, y que además representarían la base de la estructura familiar, de la cual parten todas las estructuras sociales. El sexo es una magia incomprendida por el hombre terrenal. Si el sexo y la pasión existen es porque el Dios lo permitió, creó e indujo, pero también su enemigo metió mano para usar estos estímulos en detrimento de la humanidad. El amor es magia, pero como tal tiene sus peligros si no se conoce ni se entiende, como el viento, que puede apagar el fuego o acrecentarlo y propagarlo.

«La técnica de la magia consiste en descubrir el misterio del hechizo, sacando partido de la continuidad del pneuma individual y del pneuma universal. El amor es un mago por excelencia, pues pone a su disposición todos los medios de persuasión para apoderarse de ciertos objetos, su finalidad es atar. El mago, puede ejercer su influencia sobre los objetos, los individuos, las sociedades, así como también puede invocar la presencia de aquellos seres invisibles, los demonios y los héroes. Más para todo actuar y dominar la manipulación debe acumular el conocimiento de las redes que se entrelazan para alcanzar el objeto de su deseo. Esta operación es el vincular. De este modo, la magia como técnica sirve como instrumento de manipulación individual o en masa; el conocimiento de los vínculos apropiados permite al mago disponer de toda la naturaleza; por eso antiguamente mago y sabio se identificaban. Del mismo modo, reconocer las redes vinculatorias permite el dominio de uno mismo, por lo que podemos considerar el uso de la magia como una condición esencial para la acción humana en tanto que permite una manifestación libre y no reactiva de las percepciones que nos atan. Así, entre más conocimientos tenga el manipulador sobre aquellos o aquello que quiere vincular, mayor serán sus probabilidades de éxito puesto que sabrá escoger las circunstancias y el momento propicio para crear el lazo vinculante.»

«La acción mágica a su vez se sirve de un gran instrumento de manipulación: el eros, pues como ya había enunciado Ficino, todo puede definirse en relación con el amor; pues todos los afectos se reducen a dos: el amor y el odio, deseo y repugnancia. Lo externo se imprime en la imaginación a través de los sentidos, cargado de afectos que se atraen o se repelen. Es por simpatía y antipatía que nos vemos movidos hacia algo, sin olvidar que todo aquello que se nos aparece externamente no es totalmente arbitrario, sino que responde al lenguaje universal, o lo que los platónicos llamarían el alma del mundo. La técnica de toda operación mágica reside en la apropiación de la fantasía. La potencia del imaginario se explota justo cuando ella interviene porque tiene la capacidad de colorear el alma de acuerdo al sentido que ella misma crea. Otro componente importante a la hora de poner en práctica la técnica del mago es la fe, pues sin ella no se puede llevar a cabo nada, así lo menciona Bruno en sus tesis de magia.»

«El mago o manipulador se distingue del común de los mortales en tanto que los últimos están sometidos a un sin fin de afectos o fantasías; por ello Bruno advierte constantemente procurar no transformarse de operador a instrumento de fantasmas. Sin embargo, hay fantasías provocadas por una acción voluntaria del sujeto, como la de los artistas o poetas; y hay otras fantasías cuyo origen está en otra parte. Las cuales pueden haber sido provocadas por los demonios o inducidas por una voluntad humana, de estas justamente advierte Bruno hay que cuidarse. De ahí la importancia del arte de la manipulación. Hoy día se puede observar la trascendencia de la técnica mágica en actividades como la mercadotecnia y la publicidad, incluso en la actividad política y religiosa; en tanto que son actividades que se dirigen a la manipulación de los individuos con un fin en concreto, tomando en cuenta, sino todos, al menos si gran parte de los intereses intersubjetivos a consideración.» (Sobre el pensamiento de Giordano Bruno a propósito de la Magia – Giordano Bruno, Wikipedia)

Existen bloqueos del complejo cuerpo-mente-espíritu que desequilibran su campo magnético. Nuestro campo magnético es la estructura energética que recubre y envuelve nuestro ser. Como ocurre con las cargas eléctricas, por ley de Ampere una fluctuación produce un campo en el espacio, y la fluctuación va de la carga negativa hacia la positiva, siguiendo en semicírculo para volver al negativo en una constante que dibuja un toro (toroide). Nuestro vehículo corporal está directamente conectado a la fuente. El cuerpo psíquico. El cuerpo psíquico es un problema para el cuerpo biológico, porque fue creado sujeto a las pasiones de los demonios. No obstante, el cuerpo es el vehículo de un alma, y ésta no entra al cuerpo y lo mueve si no es por la mente, la cual se entrelaza y combina con el alma desde el momento de la concepción. La mente es el puente para el alma, la conexión que posee con el Infinito Inteligente, con la luz, la verdad, Dios. Para ello el alma es dotada de razón e inteligencia, de modo que descubra los parámetros trascendentales y sepa que tiene otro huésped: el espíritu. El espíritu es un regalo dotado al alma, y que es el camino que toma esta cuando ha atravesado los velos de la mente. La mente es un laberinto con compuertas que se van atravesando en tanto el alma despierta de sueño de la ilusión. Los ejercicios espirituales usando el cuerpo ayudan al alma a auto-programarse para desvelar rutas del espíritu. El despertar de la psique y comprensión de la mente empujan al alma hacia las fases más adentradas del laberinto, de modo que comienza a vislumbrar el horizonte arco iris de la inmortalidad, la eternidad y la trascendencia hacia el mundo etérico y divino.

Cuando las almas setitas decidieron venir a estos mundos materiales, crearon un velo en la Consciencia Colectiva. Empero, la realidad se configuró con dimensiones, cada una con ángulos, planos y entradas. La Mente fue engranada con todo tipo de estructuras geométricas, como un enramado de arquetipos y parámetros que el alma va desarmando y des-encriptando para llegar al espíritu y alcanzar su cualidad de ángel, y luego, de dios. La Mente creó la idea del cuerpo que posteriormente fue plasmada por los arcontes en la esfera fenoménica y psíquica, y para introducir el conocimiento y protocolos de camino a la luz, estableció la vía de despertar en 7 fases. Así el 7 fue el número base para proyectar los peldaños de ascenso. Uno de estos ejemplos son los 7 cuerpos que posee nuestro ser, cada uno según uno de los 7 estados de vibración de esta octava de realidad. Cada cuerpo está vinculado a un campo nanométrico de energía fotónica. Por ello se habla de que nuestro ser tiene asimismo 7 centros de energía, y cada uno se corresponde con un bloqueo de la Mente. Estos centros de energía, o rayos, son analogía de las octavas de la música y de los colores del prisma de la luz. Los 7 se superponen y vinculan con la estructura central del cuerpo, que en la biología física se asocian y canalizan con la columna vertebral. Los centros van de abajo arriba, como ejemplo del camino hacia la luz, al despertar del infinito, empezando por el rojo, siguiendo por el naranja, amarillo, verde, azul, índigo y, finalmente, violeta, que es la introducción en el Todo. Estos puntos están bloqueados por los arquetipos y distorsiones de la Mente, y eso conlleva a los trastornos de la vida, desde concepciones mentales, a dolencias y enfermedades.

El 1er bloqueo es el complejo vibratorio 'Maljut' – que es una palabra hebrea que significa 'reino' -, o 'Malkuth' (que en kabalah representa asimismo la Tierra), conocido también como 'Complejo Rayo Rojo'. Es fundamental la comprensión y aceptación de esta energía; el 2º bloqueo es el emocional (personal), o 'Complejo Rayo Naranja', relativo a las excentricidades, respecto a la comprensión autoconsciente o aceptación del yo; el 3er bloqueo se asocia al ego, que es el centro del Rayo Amarillo, o plexo solar. Este es el relativo a la manipulación del poder y dominación sobre otros; el 4º es el bloqueo del centro del corazón, o Rayo Verde. Desde aquí los seres de 3ª densidad pueden impulsarse a la Inteligencia Infinita. Implica dificultades para expresar compasión o amor universal; el 5º bloqueo es el del Rayo Azul, centro que es tan receptor como emisor. Estos que lo experimentan pueden expresar esas comprensiones para expresar captar los complejos de su propia entidad, y para expresar esas comprensiones del ser. Además, tiende a tener dificultades para aceptar la comunicación procedente de otros complejos (personas); el 6º centro de energía que tiene bloqueo es el Rayo Índigo, o Pineal. Estos pueden sufrir un empobrecimiento de la afluencia de la Energía Inteligente debido a manifestaciones que parecen de demérito (desmerecer, no merecer). Es fundamental debido a ser puente al Espíritu; el 7º, el Violeta, es simplemente la expresión total del complejo de mente-cuerpo-espíritu de la entidad (individuo). Se dice que el chacra rojo es del elemento Tierra, relativo al instinto; el chacra naranja es Agua, relativo a la energía sexual; el amarillo es Fuego, relativo al poder; el verde es Aire, relativo al amor; el azul es Éter, relativo al crecimiento; el Índigo es Luz, relativo a lo extrasensorial; y el Violeta es Espacio, relativo al trascender.

¿Qué hay detrás de Malkut? El chacra 1º, o rojo, es el primer centro de energía del complejo corporal. Es el valor inferior del espectro de la luz. Su gema es el rubí. En el hinduismo es llamado 'Muladhara', que se dice que nos mantiene conectados a la Tierra, y por ello la ira misma es una energía propia de Rayo Rojo. Es el primer centro, y en consecuencia, para avanzar en el equilibrio de los 7 canales o centros de energía, es fundamental comenzar por los inferiores hacia los superiores, y en su caso, iniciar el trabajo con el Rayo Rojo. Su valor es básico, toda vez que es el del sistema reproductor, el sexual. Es el trabajo en las polaridades, el compaginar las energías sexuales. La transferencia sexual de energía incluye la transferencia misma del Rayo Rojo, o sea, es propia de la interacción sexual. Es aleatoria y función del propósito de la 2ª densidad de crecer, de sobrevivir (los seres más evolucionados de 4ª Densidad es lo que en nuestro planeta podríamos definir como "los animales"). Esto permite a través de la fecundación la "encarnación de una entidad". Los que han participado en la interacción sexual (Rayo Rojo) prestan un gran servicio en la crianza de la entidad poco experimentada a medida que gana experiencia. El impulso reproductor sexual tiene como objetivo, no solamente la función reproductora, sino también – especialmente – el deseo de servir al prójimo "que despierta" esa actividad. El Rayo Rojo – el básico, el primero - tiene una energía básica, que es como un rayo fundamental de refuerzo para la entidad. Y valga tanta redundancia, es la base para todo lo que está por venir, en relación al complejo metafísico del propio rayo. Aunque este rayo se ve atraído hacia el crecimiento, no se encuentra en la vibración adecuada para la chispa de la conciencia.

En consecuencia, el camino mismo del despertar del ser y de la trascendencia y la conciencia con el todo empieza un camino de 7 etapas, siendo la primera estrictamente sexual y la segunda, en gran medida, también sexual, conteniendo incluso algunas más del avance ciertos ápices de vinculación, pero en otro nivel de unión psíquica y sexual. No es entonces de extrañar que el "pecado original" sea la primera fase de la caída para regresar a la fuente. Justamente 'Rojo' en hebreo es 'Adom', que originalmente se escribía idéntico a 'Adam' (hombre), por lo que sin agregados masoréticos sería la misma palabra. Lo mismo apropósito de la sangre, cuyo vocablo hebreo es 'Dam', donde 'A-Dam' simboliza en misticismo cabalístico la conexión del Cielo y de la Tierra por medio de dicho plasma. La sangre aduce al linaje, por lo que está directamente asociada a la genealogía, a la descendencia. La parte arcaica del humano reposa en la supervivencia y las necesidades primarias: alimentación y refugio. Estas, ya en marca, son seguidas de las estrictamente biológicas y – como la alimentaria – también fisiológicas, como es la copulación y reproducción. Este principio reptiliano es inicial.

El ejemplo es evidente en la anatomía y función cerebral, que se estructura en 3 partes o grupos: Anterior, Medio y Posterior. Las partes más arcaicas, primigenias y animales están programadas en lo más interior, y de ahí hacia el exterior o superficial. El cerebro también se divide en Frontal, Parietal, Occipital y Temporal, siendo este último donde reside nuestro instinto de supervivencia y reproducción. También, como en lo árboles, hay relés cerebrales, y es que, todo esto, los avances en la ciencia que nos permiten comprender mejor la función cerebral, nos acercan a comprender más la raíz de los impulsos programados en pisque y cuerpo. La parte más exterior del cerebro es donde se proyectan primero los sentimientos de orgullo, amor y alegría; los interiores (entre el cuerpo calloso y el tálamo) son los de la tristeza, mientras lo interior es de la rabia y el miedo. Esto es lo más instintivo y primario, o arcaico. El cerebro gestiona, básicamente la fuente de los sentidos, y por esa razón está en la cima de la columna vertebral, eso es, en donde se concentra la energía del rayo Índigo y Violeta, justo encima del cuello, donde reposa el del rayo Azul. Pero, así como el cerebro muestra, ya desde los planteamientos de Paul MacLean en la década de los 60s – sobre el cerebro triúnico -, que hay una raíz arcaica inicial guardada en lo más profundo, tal es con el modelo anatómico, donde la parte más primaria se aloja en la zona sacro-cóccix, que es de la región reproductiva.

Como analogía y conexión, Rayo Rojo es también el nombre del primero de nuestros "7 cuerpos básicos", y es el cuerpo químico. Según el 'Material de Ra', este no es el cuerpo que nos reviste en el plano físico, sino el material no construido del cuerpo, es decir, el cuerpo elemental sin forma. Al comprender este cuerpo se pueden realizar ciertas sanaciones por los elementos presentes. El Rayo Rojo es el centro energético fundamental o raíz del vehículo físico y al ser el primero (en la parte inferior), es el que tiene oportunidad de reaccionar ante cualquier experiencia antes que cualquier otro. Se trata del instinto básico, como el de supervivencia, y al ser equilibrado se produce una gran apertura para el que busca. Así se desbloquea la zona sur (abajo) y quedan libres los "datos de la experiencia" y "los centros energéticos superiores" de la Mente y del Cuerpo, que reciben la oportunidad de hacer uso de la experiencia atraída hacia él. En relación al chacra raíz se asocia la base existencial, de la vida, la salud emocional y mental. Rige las glándulas suprarrenales, la columna vertebral, riñones, piernas, pies, recto, el sistema inmunológico, los genitales y órganos reproductores (gónadas = glándulas sexuales). Influye en la sexualidad, la estabilidad mental, la sensualidad y la sensación de seguridad. Cuando está polarizada desequilibra la espalda inferior con dolor, causa varices, puede desencadenar en tumores de recto, depresión, trastornos relacionados con la inmunidad, la autoestima, el orden social y los problemas de seguridad.

Según las ciencias orientales, el centro de energía Rojo suele tener la forma de una rueda. El deseo inconsciente de la actuación del Rayo Verde se proyecta en intentos de mantener una relación sexual desde el Rayo Naranja y Amarillo, pero crean apetito sexual si el otro no vibra en la misma zona. La región ósea vinculada con este centro de energía son las 5 lumbares y las 3 del sacro y 2 del cóccix. Las lumbares son L1 (soportar, impotencia, conflictos interiores), L2 (flexibilidad, soledad), L3 (familiar, genitales), L4 (día a día, nervio ciático) y L5 (desprecio, disgusto, frustración). Los vinculados al 2º chacra (S1, S2 y S3) constituyen un todo, indican frigidez, estrechez mental, querer tener el control, las relaciones afectivas y verbales, y

carencia de comunicación sexual. Los vinculados al 1er chacra (S4 y S5) son también una unidad, y son la fuente de los deseos, el tomar tiempo para lo que a uno le gusta, está conectado a los pies (las bases), aduce a la supervivencia, la sexualidad, el librarse de inquietudes y la circulación sanguínea inferior. Es curioso que los 7 chacras se pueden dividir en dos facciones: 3 ½ y 3 ½. Justamente nosotros ahora estamos en la fase 3 ½, o sea, las sub octavas de experiencia para entrar a la 4ª Densidad. La parte de Arriba la podríamos definir como "agudos", y los bajos como "graves". Si analizamos la voz masculina y femenina, sea al hablar o al cantar, la mujer tiene más propensión a los agudos, mientras el hombre a los graves. Esto es también imagen de la dualidad y de las polaridades. Se complementan, porque los rayos superiores e inferiores dependen unos de otros.

«Quiero que guardes bien en tu mente lo que sigue, la más verdadera y evidente de todas las verdades: el Señor de la Naturaleza toda, Dios, inventó y concedió a todos los seres este misterio de procrear eternamente, cuyos atributos naturales son el sumo afecto, la felicidad, la alegría, el deseo y el divino amor. Y hubiera que explicar más cuánta es la fuerza y la imperiosa necesidad de este misterio, si no fuera bien conocido de cada uno, en su íntimo sentir, por propia experiencia. Porque en el momento extremo del orgasmo, al que llegamos después de repetidas frotaciones, cuando un sexo en el otro vierte su sementera, advertirás que cada uno ávidamente arrebata y esconde en sí mismo la del otro, y que, en ése momento, por la compenetración mutua, la hembra se apodera de la fuerza del macho y el macho se abandona a la languidez de la hembra. Por donde el acto de este misterio, tan dulce y necesario, se realiza en privado, no sea que las burlas del vulgo ignorante avergüencen a la divinidad de ambas naturalezas durante la unión sexual, y mucho peor si uno se expone a las miradas de impíos.» (Corpus Hermeticum, pág. 65)

Es parte natural del ser humano querer sentirse amado, y amar cuando se ha introducido ese sentimiento en su interior. El amor hace que la aceptación de una criatura en camino y su crianza sean posibles. Sin amor, esto solo sería una carga y una tragedia, donde asumirlo sería vivir con un parásito, y rechazarlo sería matar física (aborto) o psicológica y emocionalmente (abandono). Sin amor, empero, no es posible la experiencia de encarnación ni el equilibrio del ser, porque un hijo no amado es un hijo plagado de distorsiones y polarizaciones. Es nuestro amor hacia nuestros hijos lo que los convierte en hombres y mujeres en todo su contexto. Es por el amor que aceptamos la lucha contra nuestra pareja, en vez de ceder a la comodidad de la soltería y a la tentación de la fornicación. Podríamos decir que el enamoramiento es lo más hermoso jamás experimentado, y el desamor lo más horroroso. Algunos polarizan esto como dependencia, pero los que no lo hacen lo focalizan desde el amor: «El amor es sufrido, es benigno; el amor no tiene envidia, el amor no es jactancioso, no se envanece; no hace nada indebido, no busca lo suyo, no se irrita, no guarda rencor; no se goza de la injusticia, mas se goza de la verdad. Todo lo sufre, todo lo cree, todo lo espera, todo lo soporta. El amor nunca deja de ser; pero las profecías se acabarán, y cesarán las lenguas, y la ciencia acabará.» (Pablo, 1ª Cor. 13:4-8)

PROBLEMAS Y CONSECUENCIAS

Vacío

El vacío interior se expresa posteriormente de muchas maneras. En el caso del sexo es por buscar lo que se carece, lo que se ansía o lo que se cree que satisface, o llena. Esto viene desde la infancia y hasta desde el desarrollo embrionario, de modo que se configura en el inconsciente lo que se supone que satisface y llena sexual y físicamente. Muchas personas, por ejemplo, recurren al pago de prostitutas, a otro tipo de citas adúlteras, a citas para juegos (fetiches) con vejaciones o similares, a pornografía, a homosexualidad, a pederastia, etc., por los programas que vienen de la infancia. ¿Qué es lo que llena a una persona a nivel sexual? El estímulo de los sentidos, y estos presentan múltiples variantes de concepciones que pueden ser percibidas como deseables, satisfactorias o estimulantes. Por ejemplo, ciertos gustos en posiciones sexuales pueden deberse, sea a la sensación que se busca, a la innovación o al deleite de otros sentidos. Un ejemplo, una mujer casada tiene un marido con cuerpo musculoso, pero a ella le da morbo ver a hombres delgados. ¿Por qué? Es una respuesta a un vacío en ella, posiblemente respecto del padre o de concepciones que tuvo en su niñez. Un hombre negro a quien le gusta ver pornografía de mujeres blancas es otro ejemplo, pero también con un componente presente de "ausencia", posiblemente también, si no tiene una pareja blanca sino negra. No es que no le guste su pareja, o la blanca sea más atractiva – puede que ni siquiera lo sea -, sino que el ser suele desear lo que no posee, solo por el hecho de no poseerlo si en el inconscientemente es así.

Una persona conformista a nivel interior tendría menos dificultades en verse en una situación así, dado que no sentiría que hay distorsión alguna que polarizar. Una relación donde los implicados tienen todo tipo de actividades sexuales habituales, no daría lugar a casi ningún arquetipo de vacío sexual, salvo que éste se saliese de las posibilidades o entrase en conflicto con la propia pareja (como sería, por poner un caso, el hombre que desea tener un trío con su mujer y otra mujer porque eso le da morbo y lo obsesiona). Es lógico que, si en la relación hay poca comunicación para hablar de los gustos y picardías, es probable que estos vacíos se alimenten en el silencio, o que, aun habiéndose hablado, no se pongan en práctica, o sean poco habituales. Si la sexualidad en pareja no se prioriza, se alimentan muchos vacíos, porque el roce (frotamiento) es el estado de unión de la pareja para ser uno, para completarse como uno. El abandono en el área sexual conlleva a la búsqueda consciente o inconsciente de vías que rellenen los vacíos emocionales, de autoestima, de liberación de estrés y de satisfacción sexual. Es importante conocerse a sí mismo y estudiar los gustos que se tiene y meditar sobre ellos para buscar la raíz de las distorsiones y polarizaciones ahí reflejadas, de modo que puedan ser aceptadas.

En un interesante libro de 1982 podemos leer sobre la energía sexual que «la naturaleza habitual de la interacción sexual, si los patrones vibratorios primarios son los del Rayo Amarillo o Naranja, es de bloqueo y de sed insaciable, debido a ese bloqueo. Cuando dos seres vibran en esa zona, comienza el potencial de polarización a través de la interacción sexual; una entidad experimenta el placer de la humillación y de la esclavitud o sumisión, y la otra experimenta el placer de la dominación y del control sobre la otra entidad. Es una transferencia de energía sexual de polaridad negativa. Existe la posibilidad de una transferencia de energía de los rayos naranja o amarillo, polarizándose hacia lo negativo: una de las partes se considera como un objeto antes que, como el prójimo, mientras que la otra parte se considera como la que explota o domina la situación.» (Material de Ra) Si lo vemos en perspectiva, la ley de la atracción influye en cómo repetimos patrones que no están sanados, viendo cómo una mujer sumisa atrae a un dominador, o un blandengue atrae a una tirana.

«Pero, primero, es preciso que conozcan la naturaleza humana y las modificaciones que ha sufrido, ya que nuestra antigua naturaleza no era la misma de ahora, sino diferente. En primer lugar, tres eran los sexos de las personas, no dos, como ahora, masculino y femenino, sino que había, además, un tercero que participaba de estos dos, cuyo nombre sobrevive todavía, aunque él mismo ha desaparecido. El andrógino, en efecto, era entonces una cosa sola en cuanto a forma y nombre, que participaba de uno y de otro, de lo masculino y de lo femenino, pero que ahora no es sino un nombre que yace en la ignominia.» (Discurso a Aristófanes, El Banquete. Platón) Agrega que «eran tres los sexos y de estas características, porque lo masculino era originariamente descendiente del sol, lo femenino, de la tierra y lo que participaba de ambos, de la luna, pues también la luna participa de uno y de otro.» Platón comenta también del relato metafórico que pasó a ser historia clásica griega: «Eran también extraordinarios en fuerza y vigor y tenían un inmenso orgullo, hasta el punto de que conspiraron contra los dioses. Y lo que dice Homero de Esfialtes y de Oto se dice también de ellos: que intentaron subir hasta el cielo para atacar a los dioses. Entonces, Zeus y los demás Dioses deliberaban sobre qué debían hacer con ellos y no encontraban solución. Porque, ni podían matarlos y exterminar su linaje, fulminándolos con el rayo como a los gigantes, pues entonces se les habrían esfumado también los honores y sacrificios que recibían de parte de los hombres, ni podían permitirles tampoco seguir siendo insolentes. Tras pensarlo detenidamente dijo, al fin, Zeus: Me parece que tengo el medio de cómo podrían seguir existiendo los hombres y, a la vez, cesar de su desenfreno haciéndolos más débiles. Ahora mismo, dijo, los cortaré en dos mitades a cada uno y de esta forma serán a la vez más débiles y más útiles para nosotros por ser más numerosos.»

Según palabras de Zeus, el hombre sería más vulnerable siendo de sexos separados que andróginos, pero además podrían ser más útiles. La ironía es que la revolución industrial materializó esta idea en toda regla. Cuando antes solo uno del hogar trabajaba fuera, ahora son los dos. Pero Platón retoma la alegoría sosteniendo que «al que iba cortando ordenaba a Apolo que volviera su rostro y la mitad de su cuello en dirección del corte, para que el hombre, al ver su propia división, se hiciera más moderado, ordenándole también curar lo demás.» ¿No suena familiar? El espejo. El hombre/mujer se ve a sí mismo reflejado en su consorte. Y la parábola, fuera de hablar de sexo, evoca a la idea de intentar volver a unirse sin comprender cómo hacerlo: «Así, pues, una vez que fue seccionada en dos la forma original, añorando cada uno su propia mitad se juntaba con ella y rodeándose con las manos y entrelazándose unos con otros, deseosos de unirse en una sola naturaleza, morían de hambre y de absoluta inacción, por no querer hacer nada separados unos de otros.» Y agrega que «compadeciéndose entonces Zeus, inventa otro recurso y traslada sus órganos genitales hacia la parte delantera, pues hasta entonces también éstos los tenían por fuera y engendraban y parían no los unos en los otros, sino en la tierra, como las cigarras. De esta forma, pues, cambio hacia la parte frontal sus órganos genitales y consiguió que mediante éstos tuviera lugar la generación en ellos mismos, a través de lo masculino en lo femenino, para que, si en el abrazo se encontraba hombre con mujer, engendraran y siguiera existiendo la especie humana...»

Pero estos desórdenes que vinieron de esta separación son referidos con naturalidad por Platón, indiscutiblemente habitante de una zona donde los principios sexuales y la moralidad sexual tenían un enfoque menos espiritual y equilibrado que entre otros pueblos de enseñanza adámica: «Desde hace tanto tiempo, pues, es el amor de los unos a los otros innato en los hombres y restaurador de la antigua naturaleza, que intenta hacer uno solo de dos y sanar la naturaleza humana. Por tanto, cada uno de nosotros es un símbolo de hombre, al haber quedado seccionado en dos de uno solo, como los lenguados. Por esta razón, precisamente, cada uno está buscando siempre su propio símbolo. En consecuencia, cuántos hombres son sección de aquél ser de sexo común que entonces se llamaba andrógino son aficionados a las mujeres, y pertenece también a este género la mayoría de los adúlteros; y proceden también de él cuantas mujeres, a su vez, son aficionadas a los hombres y adúlteras.» (El Banquete) Si seguimos leyendo vemos cómo Platón justifica la homosexualidad como algo más glorioso que el matrimonio, basando todas sus argumentaciones en todos los principios contrarios a la existencia del ser, cosa que, o deja patente un desorden propio en Platón a propósito del sexo, y/o deja entrever el poco entendimiento y/o conocimiento que tenía sobre la naturaleza humana. Todas sus afirmaciones son contrarias a la virtud de la castidad, el valor de la concepción y la vida, el valor del matrimonio, la santidad, la necesidad psíquica del ser en equilibrar sus polaridades y el principio de corrección de las distorsiones de la menta basadas en las inclinaciones que salen de desórdenes de la mente.

«- ¿Es que yo no la tengo, oh padre? - Que no sea así, hijito, atráela a ti y vendrá, quiérela y será. **Reprime los sentidos del cuerpo y se producirá el nacimiento de la divinidad**, purifícate del castigo irracional de la materia. - ¿Es que tengo un verdugo en mí mismo, oh padre? - Y no pocos, hijito, sino temibles y muchos. - Dímelo, padre. - El primer castigo, hijito, es la ignorancia, el segundo la tristeza, el tercero la intemperancia, el cuarto el deseo, el quinto la injusticia, el sexto la ambición, el séptimo el engaño, el octavo la envidia, el noveno la traición, el décimo la cólera, el undécimo la precipitación, el duodécimo la maldad. Son doce en número, pero en cada una hay otras muchas, hijito, que a través del cuerpo prisionero obligan a sufrir, sensitivamente, en lo interior del hombre. Se alejan, aunque no todas juntas, de quién se apiada Dios, y así se funda el modo y el sentido de la regeneración.» (Corpus Hermeticum. Tratado XIII. Vers. 7) Hermes da una sabia enseñanza, no solo revelando los 12 espíritus del mal en el interior del hombre, sino los 10 espíritus virtuosos que los suprimen, dando lugar a la resurrección del ser (que Hermes llama aquí "regeneración"):

«Viene a nosotros el conocimiento de Dios, y al venir, la ignorancia es arrojada afuera. Viene a nosotros la experiencia de la alegría, y a su llegada, huirá la tristeza hacia los que la puedan recibir. Después de la alegría, llamo al poder de la moderación. ¡Oh poder delicioso! démosele, hijito, la más benevolente acogida. ¡Mira cómo desde su llegada ha rechazado a la intemperancia! En cuarto lugar, llamo ahora a la constancia, el poder que se opone al deseo. El próximo escalón, hijito, es el pedestal de la justicia. Mira cómo, sin juicio, arroja a la injusticia. Y ella ausente, hijo mío, nos hallamos justos. Llamo a nosotros, en sexto lugar, a la que lucha contra la ambición, la fraternidad. Fuera la ambición, llamo entonces a la veracidad: fuera el engaño, nace la veracidad. ¡Mira cómo el Bien alcanza su plenitud cuando llega la Verdad! Porque la envidia se ha alejado de nosotros, y el Bien sucedió a la Verdad, y también Vida y Luz, y ya no estamos amenazados por ningún castigo de la Tiniebla, que se han ido volando con fragor de alas. Conoces, pues, hijito, el modo de la regeneración. Cuando sobreviene la Década, hijito mío, se concluye el nacimiento intelectual, la Duodécada es expulsada y el nacimiento nos diviniza. Porque el que, por la misericordia, acepta el divino nacimiento, se percibe a sí mismo con estos poderes y se llena de alegría.» (Vers. 8-10)

El traductor de la 'Moralia' de Plutarco, habla de aberraciones referidas en las historias egipcias, tales como las relaciones homosexuales que Seth habría tenido con su sobrino Horus, o cómo Horus habría violado a su madre Isis. Pero los aspectos sexuales eran motor de la vida y un punto inflexible de la idiosincrasia de los dioses, por ello existen mitos repetitivos que hablan de la castración que un hijo realizaba a su padre, o simplemente alguien a un pariente o gobernante o deidad, para quitarle su "poder". Los dioses de la Tierra eran el peor ejemplo de santidad o pureza que pudiese tener un mortal. Gaia (Gea, madre tierra, habría creado a Urano, su primogénito, y éste viola a su propia madre repetidas veces, y ella pare a los titanes. Afrodita, invitada por Zeus a ser diosa como una de los 12 del Olimpo, se la pasaba acostándose con todos los dioses. Zeus, queriendo calmar la ira de Hefaistos (Vulcano) contra Hera - su madre – por lanzarlo del monte Olimpo de bebé, por feo – le da por esposa a Afrodita, pero ésta le pone varias veces los cuernos con Ares hasta que Hefestos/Hefaistos les hace una trampa para exhibir su infidelidad en público. Pero, ¿qué decir del propio Zeus? No le bastaba tomar mortales casadas, titánides, doncellas o ninfas, incluso habría tenido relaciones sexuales con muchachos como Ganimedes, como haría Apolo – que nacería de una violación de Zeus a Leto (Latona) - con chicos como Jacinto o Cipariso. Zeus incluso se habría transformado en mujer para seducir lesbianamente a la señorita Calisto y preñarle del que sería rey fundador de Arcadia.

Podría seguir, pero es notorio que pueblos como los griegos y romanos no tuviesen una moral acorde al cielo, si sus propios dioses eran unos trastornados sexuales. Ese ejemplo no se vio entre los hebreos, por ejemplo, donde la deidad nunca buscó mostrar este tipo de inmoralidad, oportunismo, necesidad o abuso, aunque sí lo hicieron algunos ángeles con humanas, lo que - dicho sea de paso – les costó terminar en calabozos (encerrados algunos por 7.000 años y otros por 10.000 años en mazmorras del Tártaro). En el libro 5 de los Oráculos Sibilinos, la profetiza dice: «Vosotros matricidas, dejen fuera su insolencia y el mal trabajo de la audacia, que de viejos proporcionan sofá sin ley lascivos con niños, y se colocan como rameras doncellas puras ante los burdeles por asalto y castigo, y por indecencia mucho trabajando. Porque en ti, madre con su niño, mantienen relaciones sexuales ilegales, y la hija fue con su propio padre casándose como una novia, Y en ti reyes tienen su boca malograda contaminada, y en ti tienen hombres malvados encontrados en sofá con el ganado.» (Vers. 519-529) En el libro 3 dice: «Respeten el lecho matrimonial legal; Y no tengan relaciones sexuales sin base con chicos, como hacen fenicios, latinos, egipcios y la espaciosa Grecia, y muchas naciones más de los persas y los Gálatas y toda Asia, transgrediendo la inmortal pura ley de Dios ¡Que eran menores! Por lo tanto, a todos los hombres el Inmortal pondrá ruina, hambre, dolores, desgracias, la guerra y la peste y males tristes; Porque ellos no [se] añadieron piadosamente al señor inmortal de todos los hombres...» (Vers. 751-759)

Irónicamente en esos tiempos de los imperios posteriores a la caída de la torre de Babel hasta el nacimiento del cristianismo, salvo los devotos del culto zoroastriano y los hebreos, no había santidad marital. Fue el culto y temor al dios abrahámico/mazdeísta lo que frenó en sus adeptos el seguir las corrientes inmorales que parecían no responder a la conciencia o luz interior del ser que les dictase algún tipo de remordimiento o cautela. Periódicamente ha habido profetas y maestros que han tratado de indicar a sus oyentes que hay principios que, pese a que no se entiendan todavía en profundidad, son el camino a la gloria y a la ausencia de sufrimiento: «El hombre de naturaleza demoníaca, careciendo de principios, ignora qué es lo que se debe hacer y qué es lo que no se debe hacer; su corazón está empocilgado con todo tipo de impurezas, su conducta es irreverente y miente sin reparo. Dice cosas como: "¡En este mundo no existe la Verdad, ni tampoco la moral, ni tampoco Dios. La causa del nacimiento no es más que la voluptuosidad sexual de los predecesores: ¡No hay ley que gobierne esta creación!" Cientos de incontenibles e insaciables deseos torturan su alma, llena de hipocresía, arrogancia e insolencia. Se aferra firmemente a sus confusas ideas, y prosigue con indolencia por el camino de la iniquidad. Debido a esto, el temor y la preocupación acosan durante toda su vida a los hombres de esta naturaleza, no abandonándoles hasta el momento de su muerte. Su única meta es gozar de los placeres sensuales, firmemente convencidos de que esto es todo lo que hay, al carecer de otras miras superiores. Acuciados por cientos de deseos y vanas esperanzas, se esfuerzan denodadamente por acumular riquezas y bienes. Viven con el único propósito de satisfacer sus deseos egoístas, siendo el odio y la lujuria su único refugio.» (Krishna, Bhagavad Gita. Cap. XVI, vers. 7-11)

Ciertas sociedades y creencias, aún con elevados principios religiosos, tenían una disimulada poligamia pro-hombres, como todavía se ve en el mundo islámico, por ejemplo. Podías tener varias esposas, siempre y cuando fuese un "matrimonio legítimo", y pudieses demostrar que a todas las podías atender y cubrir. ¿Más de una esposa? ¿Y cuál es el punto con eso? Algunos, como el rey David o Salomón tuvieron además cientos de concubinas. Qué bonita palabra: concubina. Parece como si por sonar distinto fuese algo diferente a la fornicación y el adulterio. Una concubina, o manceba, era básicamente una mujer para el servicio sexual, que no tenía privilegios para poder casarse legalmente – en el sentido de la ley -. Entendiendo que el papel es algo complementario a la verdad, ¿qué diferencia hay biológica, psíquica y espiritualmente en unirse a una concubina o a una prostituta? Que la una es gratis y la otra no. Y ¿qué diferencia hay entre el sexo con una concubina y el adulterio? Que lo uno estaba aceptado en la sociedad y lo otro no. «Donde está la ley está la trampa», como en un juego jurídico, donde palabras extraídas, añadidas, desdibujadas o reinterpretadas dan validez o la quitan a algo, sin importar la verdad en sí misma. ¿Cómo era posible que hombres tan sabios como David o Salomón fueran ejemplo de algo tan incoherente? La justificación de la tradición y el contexto histórico, de las circunstancias.

Como ocurre con la mayoría de religiones abrahámicas desde el principio hasta el presente, basta una justificación que parecía aceptable para legitimar. Es bien visto en la actualidad que la mayoría de principios religiosos entre grupos musulmanes, judíos ortodoxos, miembros católicos "practicantes" y protestantes – por no ir más lejos y extenderme en minorías – parten más de preconceptos, costumbres y tradiciones que dé la razón, la inteligencia o la verdad. En ese entonces ciertamente la vida, siendo diferente, realmente le estaba haciendo un favor a la mujer. Sí, suena contradictorio, porque dirían, "¿qué favor? ¿Aceptar ser una más del montón y que mi marido la noche anterior se acostar con otro y mañana con otra?". Si pudiésemos tener estadísticas reales e históricas de cuántas mujeres deben venderse por un techo o un plato de comida, ¿pensaríamos igual? Eran épocas y situaciones distintas. El tesoro de David y de Salomón les permitía cubrir a mujeres. ¿Y por qué no a los hombres? Los hombres tenían un estilo de vida de trabajo estructurado y donde se las arreglaban por sí mismos. No todas las mujeres tenían la suerte de ser aceptadas para un matrimonio (tener medios económicos), ser agraciadas físicamente, conocer a un hombre que tuviese una dote para tomarla, o vivir en una región con pretendientes. Era más importante conseguir un marido que cualquier otra meta en la vida. El punto, ergo, no era que David y Salomón tuviesen orgías cada noche – puesto que de ello no hay testimonio – sino que daban cobertura (legal, moral y familiar) y laboral (atendían la casa del rey) a muchas mujeres.

Un hombre completo, o una mujer completa, ¿qué coherencia tiene que cohabite con más de otro? Si la completitud radica en la fusión con la contraparte - y eso ya es un camino de desarrollo de años -, ¿cómo es equilibrable el avance y perfeccionamiento del ser cuando su energía polarizada no se fija a la que le complementa? ¿Dónde está la propiedad de profundizar en el ser del "espejo", si cada reflejo nuestro es una distorsión distinta de la Mente? En otras palabras, cada persona tiene una carga energética diferente – como se apreciaría si pudiésemos ver su aura -, y cada unión perfecciona la afinidad de esas energías. Mas la poligamia nunca deja que esas "aguas se asienten", ni afinen en la conexión absoluta. Unos porque exageran en esto, y otros en lo contrario, obsesos con la castidad para servir a un dios, como si ese dios sacase algo con un eunuco. Ciertamente, quien sirve solo a lo espiritual tiene tiempo para entregarse completamente a su oficio, y sirve a su deidad como otros sirven a su pareja e hijos, mas es importante saber ver el hilo del que se pende si no se tiene don de continencia, porque una monja embarazada del cura que debe parir en secreto y enterrar el feto es más criminal e inmunda que una atea que vive normalmente ante Dios en su ignorancia, pero siguiendo las enseñanzas morales de sus padres. ¿O de qué sirve a un monje, sacerdote o cardenal decir que ama a dios y le obedece, si entra noche a noche a las alcobas de los diáconos y monaguillos para manosearles, violarles y trastornarles? Mas que un servicio a Dios, es un servicio al diablo, y más demonios se salvarían que hipócritas que hacen esto. ¿Entonces?

El hombre no es completo en sí mismo aún, ni lo es la mujer, por lo que el matrimonio es necesario para proteger a las personas de las calenturas que les llevan al error. Hay quienes han completado esa fase y reencarnan en castidad, pues ya se equilibraron, y solo repiten "clase" por cuestiones personales de evolución y ayuda. Moisés escribió que «no es bueno que el hombre esté solo», y agregó, «le haré, pues, ayuda idónea». Pero más allá de las carencias que la soledad alimenta, están las que psicológicamente han sido promovidas. Incluso sufrimos el dolor ajeno, como cuando la pareja está fuera por un periodo largo, cuando enferma o cuando está deprimida. Cargamos incluso con las cosas más de lo habitual. Cuando el otro está enfermo, tiene que polarizar, pero el que no lo está aún algo tiene que polarizar, aunque no "haya hecho" nada relativo a lo que pudiese conllevarle a estar con malestar.

El Kolbrin nos cuenta otro relato muy representativo sobre normas impuestas por profetas antiguos y su relación con esos vacíos de las personas que les llevan a querer llenar con pasiones desordenadas y nocivas: «La mayor maldad a los ojos del Dios de los Dioses es todo el incesto de primer grado, que es el que existe entre madre e hijo o padre e hija; o entre la madre de la madre y el hijo de la madre, o entre el padre de la madre y la hija de la madre; o entre el padre del padre y de la hija del padre, o entre el madre del padre y el hijo del padre. Esta es una maldad al Dios de dioses, porque suscita el más fuerte de los seres sin forma, haciendo que entre en un cuerpo terrenal convertido en una abominación ante los ojos de Dios y del hombre. Por lo tanto, aquellos que se comprometen a tal acto perecerán por el fuego. Si se comete con un niño, el niño no se podrá perder, sino que se marca con la marca del incesto. El adulterio es una cosa falta y el mal que has de aborrecer, pues permite a los lukim contaminar la fuente de la vida.» Y agrega un testimonio digno de conocer:

«En una tierra lejana vivía una reina más bella que la Flor del Amanecer, que, por ser ella poderosa, no tuvo en cuenta su herencia de feminidad. Como reyes poderosos tuvieron muchas mujeres, pensó que podría hacer lo mismo con los hombres. El Dios de dioses y Creador de la Vida creó a los hombres y mujeres con la intención de que cada uno deba jugar un papel diferente. Ellos son de ninguna manera iguales, pues los hombres tienen su función y las mujeres tienen las suyas. [...] el Creador los hizo tal como son, cada uno debe seguir su propio camino, nunca tratar de andar como el otro. Ahora, mientras que la semilla de un hombre está todavía con él, esta reina tomó la semilla de otro, y la semilla de un hombre se esforzó con la del otro, de manera que tanto pereció y se convirtió en pasto corrupto. Por lo tanto, el camino estaba despejado para lukim entrar en la antesala de la vida, y el santuario sagrado de la vida estaba contaminado, convirtiéndose en lugar de cría de inmundicia. Así fue que cuando otros hombres se acercaron a ella, la carne de sus cuerpos fue aprovechada por los lukim y les corrompieron, ya que lukim habían hecho su morada dentro de la mujer. Así que la fuente de la vida se convirtió en una fuente de contaminación del mal.» (Enseñanzas de Yosira)

La fornicación atrae espíritus malos, así como el adulterio, que es una extensión del mismo. Muchos se preguntan la diferencia. Lo uno es sexo ilícito, o sea, fuera del estado matrimonial, y lo otro es la infidelidad sexual. Lingüísticamente, 'fornicación' viene del latín 'fornicari', alusivo a tener relaciones sexuales con una prostituta. De ahí que prostituta se en griego 'pornis' (de ahí al latín 'fornix', aunque se solía decir 'mulieris meretricis'), siendo 'porno', o sea, pornografía, el ver a prostitutas teniendo relaciones sexuales (no es casualidad que 'California' supuestamente fuese llamada así por ser un lugar muy "caliente", pero significa 'buen horno' o 'buena prostituta': representa la gran ramera, madre de la pornografía y su promoción global). El sonido pasó a asociarse con el 'fornix' como idea ya existente de 'bóveda', y en consecuencia vino a entenderse como 'burdel', toda vez que las prostitutas romanas se apostaban bajo los arcos de ciertos edificios. El concepto de bóveda o arco vino del término 'fornus' (horno), por la forma abovedada del mismo. En cuanto a la definición 'adulterio', proviene del latín 'adulterium', de donde derivaron las formas ya conocidas en occidente, de la idea de "adulterar", es decir, alterar, contaminar o falsificar, en su caso, el principio y santificación matrimonial.

Complejos

Todos los reproches, críticas, quejas y pretextos respecto de cualquier tema relacionado con la sexualidad y la integridad personal, lentamente van haciendo mella en la autoestima, las frustraciones y los complejos, en la mayoría de casos, al prolongarse llevando a la búsqueda de adicciones o "aficiones" externas. Esto empeora y se hace un círculo vicioso casi imparable cuando dichos reproches, críticas, quejas y pretextos sexuales y personales pasan, o se intensifican, hacia la vía de escape que el otro terminó tomando. Los complejos se incentivan y aumentan con los rechazos, excusas y negativas a la hora de buscar conectar sentimental o sexualmente por parte de uno de los dos, y es importante tener en consideración la prioridad en el momento, y de ser realmente más relevante lo otro, intentar no repetir una situación de rechazo muy seguido, y por el contrario preocuparse por compensar ese desaire con un "aire" de autoestima para el que lo necesita. Es importante ser consciente de las debilidades, carencias y complejos propios y del otro, para aceptarlos y para no meter el dedo en la herida. Por el contrario, es importante ayudar al semejante a resaltar sus virtudes y hacerse fuerte en sus debilidades.

Los sanos y pacíficos debates y discusiones sobre convivencia o desarrollo sexual de pareja son importantes en el matrimonio y noviazgo para conocer gustos y deseos, y potencia las ideas para mejorar la vida sexual-matrimonial y la aplicación o rechazo de los modelos planteados. Los tabúes, prejuicios y preconceptos suelen impedir un libre desarrollo de la sexualidad y el trato mutuo, por lo que es importante pensar en el bienestar emocional del otro y de la pareja misma, antes que en ideas recibidas de tradiciones, padres, religión o cultura, sin obviar la propia conciencia respecto de la que la unión de pareja es y representa en sí misma. Otro aspecto sustancial del desarrollo matrimonial y la estimulación son los buenos hábitos. La costumbre de orar y meditar despeja la mente, y esto ayuda a renovarse y refrescarse psíquicamente - reconfigurando además el campo cuántico propio - de manera que se tengan nuevas ideas, nuevos ánimos y acciones y palabras más adecuadas. Gracias a esto, el trato conyugal recibe mejores estímulos y apoyo, y esto promueve y motoriza la convivencia y la interacción, lo cual también anima sexualmente. En tanto sea posible, es muy recomendable tener un rato diario para la conversación, para el sexo, para el cariño y para la espiritualidad en pareja. La oración en familia es ideal que se pueda convertir en una costumbre diaria aprovechando la puesta de los alimentos, las actividades que se vayan a realizar o el irse a dormir.

El esfuerzo personal es muy importante, no solo para atender las necesidades diarias del hogar y los hijos, sino de la pareja. Es enjundioso no descuidar esto un solo día, y tratar de usar palabras de ánimo, apoyo y positivismo, en vez de mantener un silencio, realizar quejas y juicios verbales o mentales, o reforzar la conciencia sobre los problemas o dificultades rutinarias. El cariño mutuo es una piedra angular del sostenimiento matrimonial, pero el que muchas veces cada persona espera que el otro impulse, dificulta el progreso y los buenos resultados. Esperar es la mentalidad de los pobres: mantenerse en movimiento es la mentalidad de los éxitos. Por naturaleza la mujer es más emocional, entonces debería sembrar el cariño en el hombre; por naturaleza el hombre es más protector, entonces debería sembrar en la seguridad de su mujer y su familia. Lentamente las buenas costumbres se pegan y se vuelven hábitos, y las terminan haciendo todos de forma inconsciente. Trato de incorporar todos los puntos que me sean posibles para que ayuden a concienciar y facilitar la superación personal, pero es parte tuya tomar nota y preparar tus ejercicios y disciplinas diarias para superarte y alcanzar logros familiares, sexuales y sentimentales.

Los complejos suelen ser en gran parte los responsables de las adicciones a la pornografía, por ejemplo. La regla general es que la mayoría de hombres tengan mayor inclinación a la pornografía que las mujeres – debido a la forma de pensamiento cerebral masculino/femenino -, y en ese sentido la reacción de la pareja es pensar que ella (o él) no es suficiente o no le completa, cuando lo cierto es que el problema podría ser ambivalente. Es decir, la sociedad ha estructurado estereotipos sobre el físico que antes eran tabú. Un cuerpo desnudo era algo de ideas griegas, indigno para muchas culturas. Los griegos veían el desnudo como un arte, pero no cualquier desnudo, sino la puesta en escena de un cuerpo esbelto y sano (en el caso de los hombres, musculado). Culturas anteriores a la Grecia Clásica efectivamente tenían culto al cuerpo, especialmente al falo (lo masculino) y a los senos femeninos (hay muchas estatuillas babilonias y de pueblos africanos y amerindios con figura de mujeres voluptuosas): ambos alusivos a la fecundidad. Con la absorción del culturismo en el resto del mundo, renació el culto al cuerpo, y en consecuencia, el culto al desnudo, cosa inadmisible antes del Renacimiento, y que dio un salto abismal en el último siglo. Es por ello que la publicidad está bombardeada de imágenes eróticas y semidesnudos, lógicamente, de cuerpos visualmente deseables y hermosos. Eso alimenta tremendamente los complejos en esa inmensa mayoría que no cumple con los "requisitos" de ese "cuerpo modelo" o atractivo.

Así es como se crean complejos en quien saben que su pareja ve a otro/a, pensando que él/ella (el ofendido) es insuficiente. El que mira y/o se deleita está realmente polarizando el vacío que ve de sí mismo. ¿Has observado que muchas veces los opuestos, efectivamente, se complementan? Vulgarmente hablando, un bajito tiene por pareja a una alta, un gordo a una flaca, o incluso un feo sale con una guapa o un joven con una vieja. ¿Por qué? Los vacíos interiores se buscan equilibrar, como lo son desde la niñez según las imágenes que recibimos de nuestros referentes. Entonces, aunque a ojos externos con juicio de simetría no parezca tener sentido que se vean atraídos, a ojos de ellos su mente determina que eso es lo que desean y lo que resulta atractivo o morboso. ¿Por qué el inconsciente asume que la simetría de una mujer obesa es atractiva para determinados hombres? Por dar un ejemplo. Si él se analizase, rebuscando desde su infancia, encontraría qué experiencias tuvo respecto de la figura de una mujer obesa que marcó su concepción del deseo. En la estética radica lo mismo: está programada en el ser.

Los seres buscan la simetría, es decir, la belleza, de forma natural, sea admiración o por satisfacción (ambas cosas estrechamente ligadas). Se dice que este impulso nos fue motivado por el auténtico dios Apolo, quien además introdujo la música y el arte. Buscamos llenar nuestros vacíos en otros, en vez de llenarnos nosotros mismos. Por esa razón, la belleza ajena es la belleza que envidiamos en nosotros, no necesariamente la que está ausente en una pareja (eso es simplemente lo circunstancial). Otros complejos con los estereotipos son la obsesión por verse mejor para alcanzar un estándar, pero hay hombres que genéricamente ya tienen un buen cuerpo, mujeres que hereditariamente ya tienen gran belleza... buscar un estándar cuando no se está dentro del molde puede conllevar a mucha frustración y esclavitud al cuerpo y la estética, así como a problemas de salud (física y mental). Baste amarse a sí mismo, cuidarse, hacer ejercicio, arreglarse – como se suele decir – y aceptarse. Más de ahí (obsesión), o menos de ahí (pereza), es pernicioso, porque todo extremo es polarización, empero, un desequilibrio, y atrae todo aquello polarizado hacia esa inclinación. Si estamos polarizados en un área, no pretendamos atraer al resultado bajo esa perspectiva. Hemos de cambiar de mentalidad para encontrar la polaridad contraria y caminar hacia el punto equilibrado.

Pero los complejos asimismo se traducen en dolencias y enfermedades, sean de índole sexual o no. no solo son los complejos sino las inseguridades. Por ejemplo, cuando no hay coherencia en nuestro ser interior, vemos respuestas en el exterior. Un caso: el inconsciente se siente inmundo. Si te sientes sucio, inmerecedero o poco, este sentimiento lo pasará la mente al cerebro, éste al sistema nervioso por dientes y columna vertebral, para de ahí transmitirlo a la región correspondiente. Aunque éste no es un apartado para hablar de salud, sí he de comentar, al menos en lo que concierne a dolencias, heridas o enfermedades asociados al coito, que tienen su razón de ser. Las psíquicas (emocional, ansiedad o necesidad sexual, etc.) se manifiestan con dolencias en la zona lumbar (como la aceptación de que ya no se puede engendrar o no se tiene el mismo vigor, que se convierte en impotencia sexual), lesiones (cuando se trata de no saber gestionar o controlar el impulso carnal) o enfermedad (cuando la mente está muy polarizada respecto del área sexual, saliéndose de los parámetros de la virtud y santidad).

Vías Externas

«La primera pasión del hombre es comer; el segundo, el deseo sexual; la tercera, el que otros lo sirvan. Y si se lleva a cabo esto último, entonces él es el príncipe del mal.» (Oahspe, libro 16. Cap. 3:6) El principal obstáculo, donde se aplican ambos casos (la obsesión con alguien y la necesidad de pornografía, adulterio o putanismo), es la autoestima. Todos los complejos, la falta de amor propio, la percepción sobre la asimetría estética, las expectativas físicas no alcanzadas y los estándares sobre la apariencia personal (estereotipos) son codificaciones inconscientes de la mente como valores que deben ser rellenados o cubiertos, y en consecuencia la psique busca conceptos que satisfagan esto, sea como droga o "compañía sentimental". Esta es la misma raíz principal de los celos. Basta que uno no esté conforme con su físico (calvicie, barriga, delgadez, poca estatura, nariz grande, blancura, vejez, pelambrera (velludo/a), etc., etc.) para que el ego le haga creer que de fuera encontrará consuelo a ello o una vía de escape. Primero hay que ser consciente de esto, porque al comprenderlo y aceptarlo (no quiere decir estar de acuerdo, sino reconocerlo) la mente empieza su proceso de desbloqueo y atrae cambios positivos. La necesidad de estímulo es grande, y en parte es una de las razones para ver imágenes eróticas o participar del adulterio físico. Antes de la existencia de los gráficos eróticos solo existía la imaginación y las fantasías con alguien conocido, o el contacto con el mismo. Con la evolución de la plasmación de las imágenes la imaginación fue quedando a un lado, y más cuando hoy pululan ya gráficos en movimiento.

No necesariamente mirar pornografía es una cuestión de deseo hacia el sexo, el morbo o inclinación hacia la simetría (atracción) en la búsqueda de algún estímulo fuerte. Debido a que la sociedad no es estrictamente espiritual, la argumentación sobre cuestiones sexuales se orienta básicamente a ejercicios rutinarios o fisiológicos, sin dar relevancia a las raíces y significado de los diversos puntos que engloba. Y aunque así se pretendiese hacer, ¿cuáles serían las bases para una argumentación sobre la fuente del sexo? Esto es, en gran medida, por el desconocimiento del origen del tema y por las propias concupiscencias personales, donde el mismísimo orientador ve como normal todo lo relacionado con hábitos sexuales según su propia programación. El punto con los "hábitos sexuales" es que no son medidos por una comisión de expertos en materia de forma objetiva y con conocimiento holístico, sino desde el punto de vista humanista y fisiológico. El concepto sexual es la principal herramienta usada para llegar directamente a las debilidades humanas, acompañado por las necesidades de comida y techo, o sencillamente 'dinero'. La incursión progresiva de los desnudos en la sociedad es precisamente una forma de alterar el estado espiritual de las personas. Igualmente, la incorporación de líricos (letras de canciones), imágenes publicitarias, sexismo y mensajes subliminales cobran un papel fundamental en la programación social, de modo que mantengan a las personas lo más posible en estados permanentes de disociación espiritual y de inclinación hacia los placeres de los sentidos, vagando en la ilusión y la fantasía, y cometiendo errores cíclicos.

Muchos de los determinantes para que el hombre o la mujer busquen vías "complementarias" o externas de "satisfacción" es la necesidad o vacío sobre conceptos relacionados con la frustración y la incapacidad de alcanzar ciertas metas u objetivos. Muchos de los orgasmos buscados – dentro o, especialmente, fuera de la relación – son formas de desahogare por esos logros no adquiridos, y una forma de alcanzar un "gol" o "victoria", al menos ilusoria: ¿nunca te has fijado porqué los guitarristas agarran la guitarra como si ella transmitiese todo su deseo y poder? Porque ella simboliza su pene (y el final en grandes conciertos suele ir acompañado de pirotecnia, imagen del orgasmo). El orgasmo, en gran parte, viene a representar para el subconsciente una forma de victoria o logro. Por esa razón un componente inconsciente en diversos géneros de desorden y/o presión (hasta llegar a la violación misma) son formas de venganza, desahogo, dominio o sentimiento de superación, que está seriamente contenido (reprimido). De la misma forma, quienes desean ser abusados o buscan cosas similares como víctimas o personas pasivas, tienen consciente o inconscientemente un vacío que rellenar, al menos de forma temporal, con esa "absorción" de energía, fuerza bruta o simplemente sometimiento o dominio – aunque no tenga que ser brusco o "invasivo" -, o gran parte subyace en trastornos por abusos recibidos, carencias afectivas o de figuras paternas/maternas o ideas erradas de que eso llena un espacio integral. Todo esto, claro está, cuando se trata de deseos fuera de lo natural.

Una de las razones que llevan a búsquedas externas a la relación de pareja es el descuido, abandono, falta de interés y el no priorizar el tiempo y los estímulos pasionales en la ya establecida esfera sentimental. Un ejemplo clásico es del hombre que piensa que cumple con su hogar al laborar duramente, y ya por eso su esposa o novia debe sentirse sexualmente entusiasmada cuando él llega a la casa (en teoría así era en la antigüedad en muchas partes, pero me refiero a cuando algo está muy polarizado). Él menosprecia peinarse bien, afeitarse, tomar sol, hacer ejercicio o comer bien, y cree que ya ha cumplido por ser esposo o por trabajar. Valorar su esfuerzo no tiene nada que ver con estimular los sentidos o atender los aspectos pasionales de la relación. Todo en el universo parte de matemática, y de ahí la simetría: la belleza es simetría. El cuidado personal es llevar a la simetría estética, y eso es muy positivo en la relación, incluso eliminando vacíos de la propia persona que se cuida, especialmente los complejos, ya que ellos desembocan en otros problemas. Un caso inverso sería el de la novia que cuando pasa tiempo con su novio está vestida como si se acabase de despertar de la cama, o que se arregla solo para salir: justamente un momento en que por regla general no tiene por finalidad intimar en privado con su pareja. Lo propio sería arreglarse en casa, también.

Esto no es banalidad o alimentar asuntos carnales, sino comprender qué es el Ishut, y es que ver el sexo como algo malo, donde no lo es, es, en sí mismo, un error garrafal que viene de una percepción errada y polarizada, y ello conlleva a desórdenes sexuales ulteriores. A veces los propios celos y juicios se disfrazan de civismo. De acuerdo con nuestra forma de ser, actuamos y nos desarrollamos. Si esa "naturaleza" difiere de otro cercano a nosotros que nos "observa" (dícese eufemísticamente, se "juzga"), es motivo de crítica, aun cuando muchas veces ocurre al contrario, y cometiendo los mismos errores, juzgamos a otros por eso mismo que nosotros hacemos. El marido quiere que su mujer se decore, pero después ella sale arreglada y él se molesta por su decoro, como si ella pretendiese coquetear o llamar la atención descaradamente con alguien en el exterior. Si ella saliese sin arreglar, se sentiría avergonzado, porque incluso ella es símbolo de su gloria. ¿Quién lo entiende? Lo que realmente le molesta a él es que su mujer esté bien, y él se sienta en una condición inferior en lo que a belleza o protagonismo se refiere, y esa es la raíz de sus celos. Es un problema de autoestima y/o de pereza (no le gusta cuidarse, pero luego le molesta el resultado). Si la novia tiene un novio que no se cuida, dice que es un holgazán y que le saldrá barriga. Pero si el novio se cuida para agradarla y sentirse mejor consigo mismo, ella dice que es un vanidoso y egocéntrico.

¿Nunca las personas estamos conformes? Diría más correctamente que siempre estamos juzgando (mirando hacia el exterior para señalar). Si no juzgáramos, y por el contrario pensásemos que cada cual sabe lo que hace y tiene criterio y conciencia propia, sacaríamos partido del esfuerzo del otro y valoraríamos lo que hace, mejorando así nuestra interacción y motivando al que se esfuerza en seguirlo haciendo, en vez de poderle desanimar: ¿no hago yo, pero tampoco dejo hacer? Si no quiero hacer, al menos no debería entorpecer al que sí hace, y tomar ejemplo suyo. Admiramos a los deportistas y hasta vemos sus competiciones, pero, ¿cómo llegan ellos a dónde están? ¿No elogian y casi veneran las personas a los cantantes y artistas famosos? Ellos no llegan a donde están durmiendo toda la mañana y pasando el día viendo televisión.

Vemos el resultado final de meses y años de consagración y esfuerzo, pero si viésemos a aquel en pleno trabajo, diríamos que es un soñador ingenuo y materialista o un holgazán que busca vías auxiliares para evitar un trabajo "digno". ¿Cuántas veces no escuchas a personas decir que quisiesen encontrar pareja? Y le pregunta el de al lado, ¿cómo quisieses que fuera? Y su respuesta describe justamente todo aquello que el propio soñador nunca se esfuerza por ser o lograr. La chica quiere al más buenmozo y caballero, y el chico quiere a la "top model" más callada del mundo, como si esos estereotipos saliesen de fábrica, y no representasen polarizaciones internas. Bien que hay quienes nacen favorecidos estéticamente, pero el cuerpo es un molde frágil que se deteriora y hay que cuidar, por lo que todo lo que muchos soñadores pretenden es alguien que sí haya trabajado por lograr lo que el soñador no mueve un dedo por hacer. Aún más, cuando ese tipo de sueños se cumplen, aún el soñador se molesta porque su princesa o príncipe sigue su esfuerzo por cuidarse, porque el soñador no sabe sino soñar, y cree que su príncipe o princesa no debe dedicar algo de tiempo en su cuidado. Por esa razón muchos de esos sueños pronto se desvanecen, porque poco dura la ilusión de alguien que ve que carga un yugo diferente a otro. Hay que ejercitar la psique y el cuerpo. Y eso es aplicable a casi cualquier cosa de la vida, donde basta que uno tire más de algo para que el otro aligere el esfuerzo, y así el primero termina soportando toda la carga hasta que se cansa.

¿Por qué ninguna mujer dice "quiero que Dios me mande el hombre más feo del mundo para que ninguna otra mujer lo codicie, pero que me ame incondicionalmente"? Suena bonito hablar de que se debe amar por el interior, pero en la práctica pocos son los que buscan una pareja solo por quien es en su interior, obviando el exterior, porque es una cuestión de lógica – salvo que ya haya vivido vida y haya sufrido cosas que eliminan de sus criterios la estética considerando otras prioridades -. La belleza puede ser exterior como interior, y sigue siendo belleza. Nunca la deidad hebrea, por ejemplo, mandó sacrificar los animales más feos, ni puso por reyes del pueblo a discapacitados. ¿Por qué? ¿Era un dios vanidoso? Todo con Él tenía que ser puro, hermoso, virginal, excelente, delicioso, de la mejor calidad, la mayor belleza y el mayor valor. ¿Se podría decir que Dios es el primero que solo se fija en el exterior, en la estética? La belleza representa la perfección, y por ello la mayoría de la gente se emboba siguiendo a cantantes, actores, deportistas, y personalidades de buen parecer. Les admiran, pero, o bien no quieren esforzarse para ser alguien que no tenga que admirar a nadie ni sentir que carece de nada, o se resignan porque ven imposible un estándar que la sociedad impone, y que si no alcanzas ni vale la pena que te esfuerces: o eres perfecto y alcanzas pronto la perfección - y sin mucho esfuerzo - o confórmate y deja eso para aquellos otros. Cuidarse a sí mismo implica amor propio, y quien no se ama a sí mismo no puede amar a otros.

Cuando uno lee descripciones sobre Ieshua, nunca se habla de él como alguien desgarbado, sucio, deforme, mal peinado, mal vestido o que habla de forma inculta. No te equivoques, la belleza no es solo lo relativo a la gente agraciada a ojos de todos. Puede parecer un llamado al culto a uno mismo, pero la realidad es que la raíz de gran parte de los juicios, errores y males de la propia persona proceden de sus complejos, su baja autoestima y su condición física. No importa si cuidándote no pasas a verte como Tom Cruise o Scarlett Johansson, o eres como Dwayne Johnson ('The Rock'), no te engañes a ti mismo sobre lo imposible de lograr, baste no polarizar la cosa y no vivir en la obstinación a una estética fuera de lo necesario y que es esclavitud. Cuando te amas, ese amor interno se refleja fuera, y cuando te cuidas, esa autoestima se refleja fuera. Un principio tan elemental es la raíz de muchos otros tópicos en múltiples áreas, desde lo perfeccionista que alguien es con su empleo, lo detallista que es con los pormenores de un resultado, con las metas que alguien llega a lograr, con la excelencia y con el destacar en el mundo. Debido a eso todo asunto está relacionado con la simetría y el esfuerzo en la perfección, que nada tiene que ver con la vanidad, ni necesariamente con el egocentrismo, o con la obsesión. La vanidad es la mente vacía, el egocentrismo es querer que todo gire en torno a uno. El cuidarse o querer ser el mejor es símbolo de victoria anticipada: aunque no hayas logrado el éxito, por algo circunstancial o del destino, ya lo has logrado en tu mente.

Ergo, eres frío o eres caliente, y Dios puede usar grandemente a los calientes, pero de los fríos no tiene de dónde sacar, porque no saben lo que es el sacrificio ni la dedicación y no producen actividad (calor). «Cuando he hecho mal he ajustado las escalas que pesaban caer pesadamente contra mí. No he ocultado mis debilidades y fallas en lugares oscuros, sino que los [he] lavado en la luz del sol de la compensación honesta. No he sucumbido a las tentaciones de la lascivia, ni tiene la lengua hablada con picardía de cosas que deben mantenerse en privado. No he echado una ojeada a la desnudez o fisgoneado en la privacidad de otros. He respetado la modestia del género femenino y la inocente delicadeza de la infancia. Sin embargo, los hombres son como son e imperfectos, mientras que los pensamientos se desvían intencionalmente y no son fáciles de frenar. Por lo tanto, di palabras que pesen en valor para mí.» (Registros Sagrados, parte 11, Kolbrin)

Adulterio y Degradación

«El adulterio es una abominación al dador de la vida, por lo tanto, no nos iremos sin castigo. Nadie debe dormir en la cama de otro, a menos que el hechizo de su presencia sea primero eliminado. Porque el que entra en cualquier lugar o toma cualquier cosa mientras está bajo el hechizo de la presencia del otro, seguramente padecerá. Los que son de la misma parentela vivos bajo el mismo techo, no sufrirán la enfermedad a menos que ya esté allí.» (Enseñanzas de Yosira. Kolbrin) Moijeia, en griego es 'adulterio'. La inmoralidad sexual ha sido el componente principal de la destrucción social en todos los ámbitos, desde la pareja y la familia hasta los propios imperios, como inclusive cita la Biblia en la escatología, al decir que la Gran Ramera (Gran Babilonia) arderá por su fornicación. Pero no solo libros como el Apocalipsis describen estos episodios y su desenlace. Se conocen testimonios históricos donde determinados pueblos o gobiernos que querían dominar a sus súbditos, a enemigos o vecinos - incluso en décadas recientes – introdujeron o permitieron la pornografía, prostíbulos, prostitución y otras vías de degradación social, conduciendo así a un deterioro moral, divorcios, rupturas familiares, trastornos en la identidad de las personas, etc., logrando así superioridad sobre ellos.

«Aquéllos a quienes engendrará la mujer, se parecen al que ella ama. Si (es) su marido, se parecen a su marido; si es un adúltero, se parecen al adúltero. A menudo, si hay (una) mujer (que) se acuesta con su marido por compulsión, pero su corazón está con el adúltero y ella se acostumbra a aparearse con él (también, entonces) el que ella engendra al parir se parece al adúltero. Pero vosotros que estáis con el Hijo de Dios—no améis el mundo sino amad al Amo, para que aquéllos que se engendrarán no se hagan parecidos al mundo sino se harán parecidos al Amo.» (Metalogos del Ev. de Felipe, verso 119) La versión de Shem Tov sobre el evangelio de Mateo comparte: «De nuevo les dijo: "Ustedes han oído lo que se dijo a los antiguos: 'No adulterarás'. Y yo les digo que todo el que mira a una mujer y la codicia ya ha adulterado con ella en (su) corazón. Y si tu (ojo) derecho te seduce, sácalo y arrójalo de ti. Y también, si tu mano derecha te seduce, córtala. Es mejor para ti perder uno de tus miembros que todo tu cuerpo en Guehinam". De nuevo dijo Yeshúa a sus discípulos: "Ustedes han oído lo que se dijo a los antiguos que todo el que abandona a su esposa y se divorcia de ella debe darle un acta de divorcio [y en lengua extranjera, libelo de repudio]. Y yo les digo que todo el que abandona a su esposa debe darle un acta de divorcio. Pero en cuanto al asunto de adulterio, él es el que adultera y el que la tome a ella adultera".» (Ev. Mateo. Baal shem Tov. Secciones 17 y 18)

Dentro de los pecados, los sexuales son los más relacionados con la posesión. Los pecados son estrictamente deudas a demonios, que al continuar son esclavitud, y más difíciles de saldar a medida que más se practiquen; la idolatría y culto a estatuas es servicio – en esclavitud - a espíritus; los sexuales son, en consecuencia, los peores, por la posesión y porque los desórdenes sexuales implican adicción al pecado y esclavitud y atadura al mismo, evitando con más fuerza que trascendencia el ser. El sexo es el componente principal de los rituales mágicos y conjuros, y requiere de grimorios, sangre, recitaciones, componentes complementarios de aparente decoración y conjunciones. Estas ceremonias se realizan invocando nombres propios de dioses o demonios, ya que estos serían los que mediarían en el conjuro: «Un Mercurio tiene como padre al Cielo y como madre al Día; éste es tradicionalmente representado en estado de excitación sexual, que se dice es debida a la pasión que le inspiró la vista de Proserpina...» (Sobre la Naturaleza de los Dioses. Cap. 22. Cicerón) Se aprecia claramente la obsesión de sectarios, miembros de sociedades ocultas y otros en los ritos y el involucramiento de rituales sexuales. De ahí los tantos símbolos egipcios con óvalos (vientre) u obeliscos (falo).

El verso 131 del Metalogos del evangelio Felipe, dice: «Nadie [podrá] saber en cuál día [el varón] y la mujer se aparean entre sí, aparte de ellos mismos. Pues el matrimonio en el mundo es un sacramento para los que han tomado cónyuge. Si el matrimonio de impureza es escondido, ¡cuánto más es un sacramento verdadero el Matrimonio Inmaculado! No es carnal sino puro, no es lujurioso sino compasivo, no es de la oscuridad ni de la noche sino del día y de la Luz. Un matrimonio que se exhibe es convertido en adulterio; y la novia ha cometido adulterio, no solamente si recibe el esperma de otro varón sino aun cuando escapa de la alcoba y se ve. ¡Qué se exhiba solamente a su padre y a su madre y al amigo del novio y a los hijos del novio! A éstos se les otorga entrar diariamente en la cámara nupcial. Pero para los demás, ¡qué se hagan anhelar aun oír su voz y gozar (su) fragancia, y qué se alimenten como los perros con las migajas que caen de la mesa! (Quienes) son del Novio dentro de la Novia, pertenecen a la Cámara Nupcial. Nadie podrá contemplar al Novio con la Novia a menos que se convierta en esto.» Al decir, 'escapa de la alcoba', el vocablo literal es "prostitución" o "prostituido" (escapa de la prostitución). En ese sentido se explica en la traducción del manuscrito que la prostitución o 'PORNEIA' (de 'PERNHMI', vender) no significa 'fornicación' (relaciones sexuales no adúlteras fuera del matrimonio, incluido especialmente el concubinato [hebreo 'pilgesh'] como en Gén 16:3/26:6), sino 'prostitución' (relaciones sexuales de culto o comerciales, como en 'porno-grafía'). La palabra 'porno', además de la idea de 'venderse' (pues significa 'prostitución', venta en un sentido inmoral), da lugar a la forma latina 'forno' (calor), en cuanto a la calentura sexual. Así como en español usamos el coloquialismo de "estar caliente" para la excitación sexual, de la misma forma era en el pasado. Los nombres dados a las personas eran un ejemplo de la visión profética y destino de alguien, o el contexto de su familia o nacimiento, y en el caso de los hijos de Noé, uno fue llamado Jam (transcrito al español como 'Cam') que literalmente significa "caliente", o "calor", y es la polarización de aquel varón al deseo sexual. Justamente su hijo recibió el nombre de 'Canaán', de los mismos fonemas y letras maestras, pues el sonido 'Kanan', procede de 'Kináh' (celo) y 'Kané' (comprar), como el nombre 'Kain' (Caín). Canaán fue una tierra profundamente inmoral, y de ahí deriva el que recibiese ese nombre y materializase la maldición que Noé lanzó sobre la progenie de Jam (Cam). Si analizamos por su parte sinónimos más directos de prostituta, están ramera, cortesana o, vulgarmente, 'puta', última que procede del sánscrito 'Putana' (como aún se dice prostituta en italiano). En el sagrado Srimad Bhagavatam se dice que Putana era una diablesa del orden vampírico que trató de envenenar a Krishna de pequeño dándole a beber de sus pechos ponzoñosos, pero éste la mató. Básicamente Putana sería el equivalente de la hebrea Lilit.

La prostitución se prohíbe por Deut. 23:17 (de culto) y Lev. 19:29 (comercial) — nótese que tienen la culpa los padres, alcahuetes y clientes de la prostituta y no ella misma, que es víctima, Mat. 21:31 -. Utilizar el erotismo en anuncios comerciales, sería prostitución. No hay ninguna prueba en el uso tradicional o contemporáneo de la palabra porneia, que la interprete como cópula pre-noviazgo, prematrimonial y heterosexual, de tipo ni de culto ni comercial —es decir lo que hoy día llamamos 'fornicación' -, mientras que «lo que designa un comportamiento como ... ilegal, es [lo] que se prohíbe explícitamente por la Torah...» Es decir, la porneia no era lo mismo que la fornicación, aunque fornicación sea en español una definición que deriva de ese vocablo griego. Fornicación es el sexo fuera del matrimonio, en su contexto general, mientras adulterio es la infidelidad, y porneia (prostitución) es venderse inmoralmente o adquirir inmoralmente por dinero, en estricto rigor, en lo que a sexo se refiere. El término 'porneia' también se podía usar por extensión para relaciones sexuales explícitamente prohibidas por la Torah, como el incesto, la homosexualidad masculina o el adulterio (es decir, la infidelidad de una esposa en monoandria (un marido a la vez)). En consecuencia, porneias (como Apocalipsis define a la gran Babilonia) es la inmoralidad sexual en toda su extensión.

«He aquí pues el fin de la gloria de los Xiu. Comenzó la lujuria de los [que eran] buenos. Ya están aquí, chillando, los gavilanes de la tierra, perdidos para ellos ya el cielo, la luna y la vergüenza. Todos los que cantaban han sido dispersados, sólo queda sitio para llorar. Rico hipócrita y cizañero nos vigila, adúlteros sin madre, hombres que deberían de usar faldellín de ortigas en penitencia a sus suciedades sexuales, nos hacen azotar.» (Cuando Sopla Chikin-Ik. Chilam Balam) La inmoralidad sexual daña a las parejas que caen en adulterio, a los niños vulnerables, a los adolescentes sin comprensión sobre su cuerpo, a adultos que no comprenden el valor de su santidad... la inmoralidad daña la psique, polarizando a las personas y siendo de referente para fortalecer sus partes más vulnerables y su capacidad de reconocer su virtud, capacidades interiores, despertar y libertad. Pero en otro nivel es un campo delicioso para los demonios, que en mayor o menor medida gozan de la falta de castidad y los trastornos sexuales para dañar a unos y otros, sea que den o que reciban. Todos lo que está ausente de la "cámara nupcial" es un ancla a un estado bajo de vibración desde el cual es difícil pasar al despertar de conciencia de los niveles del rayo Amarillo en adelante hasta el Violeta, o sea, el camino de acceso a la resurrección como ángeles.

Así también el sexo es un sistema de comercio (venderse, o vender a otros), sea que no haya dinero o contacto físico de por medio, como es la era digital de la porneia, porque la psique y la energía de la calentura y el orgasmo no es santificada, sino que alimenta a espíritus inmundos. Otra cosa es el nivel más allá de la porneia donde los demonios más se deleitan, como la necesidad de una familia de sustento y la mujer se prostituye en la calle o en casa de otros por algún dinero, o desde los niños y niñas abusados o vendidos. Esto ha sido así desde hace miles de años. El uso de personas de sexo opuesto, hermosos y jóvenes ha sido usado como arma de guerra para vencer a los enemigos o hacer alianzas con ellos: «"¿Cómo los venceremos?", díjose. "Pues bien, he aquí nuestra victoria sobre ellos.

Puesto que parecen mancebos cuando se les ve en el río, que dos doncellas vayan allá; que sean adolescentes verdaderamente bellas, muy amables, para que venga su deseo", [y] se respondió: "¡Excelente! Vamos a buscar a dos adolescentes perfectas", dijeron [yéndose] a buscar a sus hijas. Fueron verdaderamente blancas doncellas. Se les recomendó entonces a aquellas adolescentes: "Oh hijas nuestras, id al río a lavad los vestidos. Si en seguida veis a aquellos tres mancebos, desnudaos ante ellos. Si sus corazones os desean, llamadles. Si os dicen: "¿Iremos con vosotras?", responderéis: "Sí". Si os preguntan: "¿De dónde venís?", ¿De cuáles amos sois hijas?", que entonces les sea dicho: "Somos hijas de jefes", y después: "Venga una prenda de vosotros".» (Popol Vu. Cap. 36)

«Otros tienen los demonios que habitan con ellos, al igual que el rey David. Él es el que sentó las bases de Jerusalén; y su hijo Salomón, quien engendró en adulterio, es el que construyó Jerusalén por medio de los demonios, porque recibió el poder. Cuando hubo terminado de construir, él encarceló los demonios en el templo. Los colocó en siete tinajas. Ellos permanecieron mucho tiempo en las tinajas, abandonados allí. Cuando los romanos subieron a Jerusalén, descubrieron las tinajas, y de inmediato los demonios quedaron sin las tinajas, como los que escapan de la cárcel. Y las tinajas se mantuvieron puras a partir de entonces. Y desde aquellos días, moran con los hombres que están en la ignorancia, y que han permanecido en la tierra.» (El Testimonio de la Verdad. Biblioteca de Nag Hammadi)

El historiador Tito Flavio Josefo, cuenta que «en cuanto al adulterio, Moisés lo prohibió completamente, estimando cosa feliz que los hombres fueran prudentes en los asuntos del matrimonio, y que era provechoso para las ciudades y las familias que los hijos se supieran legítimos. También repudió el incesto de los hombres con sus madres como uno de los crímenes más grandes; del mismo modo, acostarse con la esposa del padre y con las tías, hermanas y nueras lo señaló como ejemplo de abominable vileza. También prohibió que un hombre se acostara con su mujer cuando estaba profanada por su natural purgación; y que se juntara con bestias, y que aspirara a acostarse con hombres, todo lo cual era perseguir placeres ilegítimos. A los culpables de esa conducta insolente ordenó castigarlos con la muerte.» (Antigüedades de los Judíos. Cap. XII. Flavio Josefo) Es curioso cómo Yosira (entre celtas) y Moisés (entre israelitas) fuesen algunos de los que enseñaron a que los hombres no "tocasen" a sus esposas mientras ellas estaban "inmundas". Al decir "tocar" se refiere a participar de ello, o sea, de la mujer, en cuanto a lo que como 'Aishah' representa, en la parte sexual. A pesar de que en español las traducciones digan "inmunda", es más correcto traducir "no apto", y es que el tiempo de regla es la fase de desprendimiento del óvulo no fecundado, lo que conlleva a un derrame de sangre, nada simbólicamente más violento y significativo: el medio de vida manchado por la muerte.

«Viendo, pues, que somos una porción especial de un Dios santo, hagamos todas las cosas como corresponde a la santidad, abandonando las malas palabras, intereses impuros y abominables, borracheras y tumultos y concupiscencias detestables, adulterio abominable, orgullo despreciable; porque Dios (dice la Escritura) resiste al orgulloso y da gracia al humilde.» (Epístola de Clemente a los Corintios, vers. 33) Este pasaje, como otros sobre la santidad o la inmoralidad, son muy apropiados para leer y reflexionare sea para lo que a uno sirve para comprender como para fortalecer, así como para enseñar y aconsejar a otros. «Con sus ritos infanticidas, sus misterios ocultos y sus frenéticas orgías de costumbres extravagantes, ya no conservan puros, ni la vida ni el matrimonio; uno elimina al otro a traición o lo aflige por el adulterio. En todas partes reina el caos: sangre y muerte, robo y fraude, corrupción, deslealtad, agitación, perjurio, vejación de los buenos, olvido de los beneficios, contaminación de las almas, perversión sexual, desorden en el matrimonio, adulterio y libertinaje.» (Sabiduría 14:23-26, Septuaginta) En otro texto cristiano leemos: «Porque el corazón es la oficina de que salen el adulterio, y la fornicación, y el homicidio, y el hurto. Y el dolo, y la impostura, y la impudicia, y la necedad, y la soberbia. Mas todo os será quitado si a vuestros hermanos hacéis limosnas.» (Ev. Ammonio 7:25-27)

La Escritura afirma que el amor cubre multitud de pecados, contradiciendo el argumento protestante que critica a los católicos por tratar de ganar algo de gracia por sus pecados al hacer caridad. La caridad no justifica definitivamente, pero cubre muchas faltas cometidas, porque el amor equilibra lo que está polarizado. Pero no nos engañemos, no puede el amor sembrar ni cosechar el mal, por lo que una cosa es cubrir algunas faltas y otra pretender que el amor fingido, hipócrita, tape una vida de inmoralidad y crímenes. Como bien dice el apóstol, "Dios no puede ser burlado". En un rollo de las cuevas del mar Muerto, encontramos: «Otro comete el adulterio y la fornicación, y [se] abstiene de las carnes, pero en su ayuno que trabaja-hace mal, y por su poder y su riqueza pervierte muchos, y de su excesiva maldad trabaja-hace los mandamientos: esto también tiene un doble aspecto, pues todo es malo. Esos hombres son como la peste porcina o de liebre; ya que son un medio limpio, pero en los hechos son muy sucios.» (Testamento de los Doce Patriarcas 10. Testamento de Aser 3)

Felipe escribe: «Primero hubo adulterio y luego (vino) el asesino engendrado de adulterio, pues era el hijo de la serpiente. Por ello vino a ser homicida como su padre y mató a su hermano. Ahora bien, toda relación sexual entre seres no semejantes entre sí es adulterio.» (Ev. Felipe 1:42) He aquí otra fuente que nos dice que Caín fue hijo de Lucifer, lo cual en la práctica quiere decir que hay una estirpe humana que obra según el mal por principios y espíritu, pues la marca de Caín representa a los asesinos, y el linaje de la serpiente representa a los que sirven al mal con sus acciones perversas, degradantes e inmorales. Los hijos de Caín no son los que perecieron en el diluvio, sino los que por sus frutos muestran que no tienen santidad, ni desean asirse a ella.

«Porque la inteligencia da a luz todos los pensamientos: buenos cuando es de Dios de quien recibe la semilla, y contrarios, cuando de alguno de los genios. Porque no hay lugar en el mundo que carezca de genio, genio que iluminado como lo está por Dios, sobreacaeciendo, siembra la semilla de su propia energía, y la inteligencia da a luz lo sembrado, adulterios, homicidios, castigos a los padres, saqueos de templos, impiedades, muertes por ahorcamiento o arrojo en despeñaderos, y las otras muchas cosas que son obras de los genios.» (Corpus Hermeticum. Tratado IX, vers. 3) Para griegos y egipcios, los genios eran un tipo de daimon (mensajero malo), que es la fuente de las leyendas persas de los genios mágicos, o del genio de alguien en la filosofía platónica del carácter. La raíz de todo esto procede de la influencia del alter-ego (espíritu que retroalimentamos, que es la personificación del ego), que en la tipología que corresponda, se pega como un parásito a nuestra alma para succionar toda energía que producimos que no deriva de una alta vibración (espiritualidad). Por eso el mandamiento de no desear a la mujer de tu prójimo algunos rabinos asumían que se refería a codiciar a la mujer de Samael, Lilit (lascivia, lujuria, adulterio, desenfreno, pasiones desordenadas, sodomía, etc.), pues apegaba a estos daimones al ser, y a veces sólo con ayuno se podía alguien desprender de ellos.

En el tratado XII del Corpus Hermeticum dice: «Entonces, oh padre, la doctrina de la fatalidad que recientemente me enseñaste corre peligro de destruirse. Porque si el Destino manda absolutamente que éste o aquel comentan adulterio o sacrilegio u otro crimen ¿serán castigados si lo han cometido por fuerza fatal? - Todo es obra del Destino, hijito, y sin él nada habría en el mundo corporal, nada de bueno ni de malo. Está dictado por el Destino que al que hace el bien le correspondan las consecuencias, y por eso él actúa, para recibir lo que recibe porque así actuó.» (vers. 5) Y en el verso 7 dice: «Y todos los hombres padecen las consecuencias que les marca el Destino a sus actos: pero en forma diferente a los demás los que obran según razón, de los que dijimos que la inteligencia los conduce, pues las sufren, bien que hayan abandonado la maldad y no sean malos. - Pero padre ¿qué dices ahora? ¿Es que no es malo el adúltero, el homicida y todos los demás? - No es así, hijito, el hombre de razón, no habiendo cometido adulterio sufrirá las consecuencias del adúltero, no habiendo matado sufrirá las del asesino: es imposible sustraerse de las condiciones que impone la vida como tampoco de las del nacimiento; de la maldad, en cambio, puede salvarse el que posee la inteligencia.»

Es curioso que Hermes tenga la objetividad de comprender que la vida tiene vicisitudes como naturaleza propia de sí misma, y que el ser debe experimentar todas las fases de las distorsiones creadas por la mente. Justamente la diferencia estriba en que la conciencia nos dicta lo que otros necesitan seguir por miedo (leyes, amenazas, castigos, etc.), que es comprender la ley del karma, o sencillamente la virtud de la moralidad, para así gozar de la gloria divina y saber comulgar con los ángeles. «Una mujer para un hombre, así como un hombre para una mujer, son la personificación de la ilusión, es decir, la personificación del Mâyâ del Señor. Si una criatura humana pierde su poder de razonar y de pensar, cayendo como víctima de los hechizos del otro sexo, su alma es destruida, así como lo es una polilla que flirtea con una llama. Esta es la lección que la polilla me enseñó. Los cinco Indriyas (sentidos) son para ver, oler, tocar, oír y gustar. La polilla es destruida como resultado de que su órgano visual está muy atento, así, el hombre también puede serlo cuando sus ojos lo conducen a observar lo intrascendente y pasajero".» (Krishna. Lección 11 de la polilla. Cap. 273) La lección 14, llamada del 'elefante', enseña que «un religioso o una religiosa no deben tocar ni con la punta del pie a la figura de una mujer o un hombre, aunque esta figura esté hecha de madera o arcilla. Si lo hace caerá, como el elefante que es llevado a un pozo ante la visión del sexo opuesto de su especie.»

En la 16ª moraleja, sobre el 'pez', agrega: «Un Jitendriya, o sea, alguien que ha conquistado sus sentidos es, en realidad, alguien cuyo sentido del gusto ha sido destruido por el autocontrol. También hemos de aprender sobre la tiranía de los sentidos observando la abeja, el elefante, la polilla y el pez. El sentido del olfato es responsable de que la abeja se destruya cuando vuela hacia las flores que guardan esencias venenosas. El contacto con un elefante del sexo opuesto es suficiente para que ese elefante caiga dentro de un pozo. El sonido, a su vez, mata al ciervo. El león ruge con su boca puesta sobre la tierra y el ciervo, asustado y desorientado, no sabiendo de dónde proviene ese sonido, corre, sin saberlo, hacia el león que lo va a matar. El pez, tentado por el sentido del gusto, ve la pieza de carne en el anzuelo y corre a comerla, la cual, en verdad, será la causa de su muerte. En cuanto a la polilla, el sentido de la vista la destruye. La visión de la llama es suficiente para conducirla a la muerte.»

«Cuando cada sentido por separado y sus potencias son suficientes como para destruir completamente a alguien que ha sucumbido a ellos, ¿qué podemos decir acerca de la condición del hombre que se halla prisionero de los objetos de los cinco sentidos, los cuales lo poseen y carece de fuerzas para resistirlos? A menos que se encuentre siempre alerta, ya sea caminando o durmiendo, el hombre va a caer inexorablemente en la trampa de los sentidos, y de esa manera quedará perdido. Este cuerpo mío, que tiene su propia lección para enseñar, también fue estudiado por mí. Él es la base, el fundamento sobre el cual se asienta y existe nuestra vida, y aun así, cuando el Atman abandona el cuerpo él se torna útil tan sólo para ser comida de gusanos, o bien se vuelve tan sólo un simple manojo de cenizas. Al estudiar el cuerpo yo logré abandonar todo apego a él. A fin de satisfacer las necesidades de su vehículo físico el hombre pierde infinito tiempo y energía. Él se dedica a buscar una mujer, tener hijos, fortunas, ganados, sirvientes, casas, amigos. Todo esto es reunido con gran sacrificio y el hombre pone gran interés en cuidar todo esto. ¿Y qué hace este cuerpo? Esta especie de nave creada por los Karmas de los previos nacimientos lo esclavizan y lo atan nuevamente a otros cuerpos en los próximos nacimientos. Y luego, sin ninguna consideración por el ser humano que lo había construido, decae y finalmente muere.»

«Consideremos a un hombre que se halla inclinado a cuidar de su cuerpo: para satisfacer su paladar va en busca de aquellas cosas agradables que pueda gustar; para calmar su sed va en busca del agua fresca; las urgencias de su sexo lo impelen hacia el sexo opuesto; su estómago lo perturba para que le dé alimentos; los oídos quieren gozar con una buena música; la nariz desea sentir esencias dulces; los ojos anhelan ver cosas hermosas... y así, el pobre hombre se vuelve demente tratando de satisfacer todos estos requerimientos, como aquel que posee muchas mujeres y enloquece para satisfacer todos los deseos que ellas tienen. Cuando el hombre fue creado, recibió el inapreciable poder del discernimiento y también se le dio un buen intelecto. Esto debería ayudarle a poner todos sus pensamientos en Dios. Después de mucho deambular por el tiempo, y de tener infinitas formas, al ser humano se le otorga el privilegio de tener una forma, una mente y un intelecto humanos. ¿Por qué? Para que él pueda usarlos de manera apropiada.»

Un ejemplo de porneia está en el simbolismo de otros tantos del libro de Levítico, cuando dice: «Mis estatutos guardarás. No harás ayuntar tu ganado con animales de otra especie; tu campo no sembrarás con mezcla de semillas, y no te pondrás vestidos con mezcla de hilos.» (Cap. 19:19) ¿Sabes a lo que se refiere? Habla de adulterar la naturaleza de las cosas, especialmente adulterar el género de las cosas. Hay dos géneros naturales, porque eso es lo que la naturaleza impuso y por medio de lo cual perpetúa la vida, la familia y el equilibrio. El adulterio es tanto en lo sexual como en las cosas que teniendo su pureza son "adulteradas", pervirtiendo sus principios y dañando su esencia. «Este cuerpo debe mantenerse vivo de manera cuidadosa, pero con un propósito bien definido: la obtención de la Salvación, porque esta es la única razón por la cual a nosotros se nos ha otorgado esta forma. Yo me he dado cuenta de esto. He aprendido absoluto Vairagya, he aprendido el arte del desapego. Mi mente se halla iluminada con esta sabiduría que he conquistado deambulando por la Tierra y observando a los Maestros de quienes te hablé. En mi mente no hay sentimiento de ego, de "yo soy", y nunca he sufrido tampoco de esa otra terrible enfermedad, la enfermedad de "lo mío", de "yo tengo". Me encuentro deambulando sobre la faz de la Tierra sin ningún deseo y sin ningún apego. Esta es la razón por la cual tú ves tanta serenidad en mí".» (Krishna. Lección 24. Srimad Bhagavatam)

¿Ideología de Género, o Degenerativa?

Un dilema, una nueva tendencia se ha introducido muy astuta, solapada y progresivamente en diversos países, como un veneno introduciéndose en el sistema educativo, cultural y hasta político. Comenzó con la era industrial, siguió con la revolución femenina, pasó a la libertad homosexual, y en los últimos años ha ido pasando a la demencia colectiva. Bien dijo Ieshua que en estos tiempos del final de esta era estaríamos "como en los días de Noé", ¿y eso qué significa? Significa un estado más allá de la abismal situación moral e inicua de los habitantes de Sodoma y Gomorra. Como en muchos casos a lo largo de la historia, la humanidad ha atraído la desgracia sobre sí por dejar atrás la vibración en el amor y la luz. Vibrar en el mal solo atrae el mal. Sodoma y Gomorra resaltaron por su asquerosa manera de vivir, siendo tan pervertidos que llegaron al grado de querer violar a unos ángeles que habían ido a sacar de la ciudad a un sobrino del patriarca Abraham. En los tiempos de Noé, nuestro mundo estaba perdido en la injusticia, la blasfemia, la maldad, la fornicación, la perversión, la guerra, la hechicería, la impiedad y la inmoralidad. Ese estado social llevó a la desgracia y la muerte de esa generación. Aunque sea molesto reconocerlo, las religiones y filosofía han privado al mundo de ver por mucho tiempo un escenario semejante. Aún con siglos de sometimiento islámico y de arbitrariedad católica, las normas impuestas por estas instituciones obligaban a obedecer determinados mandamientos, sí o sí.

Se podría decir que fueron el padre temible y severo que nunca dejó a sus hijos salirse de la senda. Si bien, estamos en el tiempo de la libertad religiosa, que ha facilitado, a su vez, la libertad espiritual. Eso ha tenido doble cara, pues donde hay libertad también florece el libertinaje. Los mismos que otrora fueran víctimas de la implacable mano rectora de la ICAR en el colegio, ahora luchan para poner a un lado estos principios y dar lugar a cualquier gusto de las personas. La libertad que goza la religión es la libertad que exigen como derecho para descaradamente subvertir a la propia religión. El feminazismo es un ejemplo claro de polarización vista aquí, evitando realmente que el hombre y la mujer se integren unos con otros. Bajo el disfraz de "feminismo", como opuesto al "machismo", nació el feminazismo. ¿Qué busca? Realmente es un arma más de destrucción masiva para el hogar. Todos los grupos LGTB (Lesbianas Gays Trasvesties y Bisexuales) son en verdad disfraces para ahogar los últimos focos de moral social, que representan las religiones y la familia, ya que para desvirtuar la filosofía – y a la vez académicamente a la religión – ya están las carreras universitarias (o simplemente en los estudios de bachiller) como Bellas Artes o Filosofía (o Psicología en lo que a enloquecer a la gente se trata).

El mero sentido común nos dicta que un trasvesti proyecta una enorme carencia e inseguridad. Un bisexual no puede ser sano – siendo de por sí la idea ya un indicativo de poligamia –, ni mucho menos un homosexual o lesbiana (mujer homosexual). El disfraz de querer presentar como un derecho algo que es un trastorno, va más allá de la coherencia y el equilibrio mental de la propia sociedad, pero, aunque muchos no lo aprueben, la presión generada es ya en los niveles más altos una enorme bola de nieve en bajada. La clasificación de las orientaciones sexuales de homosexuales, lesbianas y bisexuales sufrió cambios importantes en las diferentes ediciones del DSM (Manual Diagnóstico y Estadístico de los Trastornos Mentales[1]) publicado por la Asociación Americana de Psiquiatría (APA). DSM clasificó estas orientaciones bajo "paraphilia[2]" y DSM II bajo "disturbio de orientación sexual". El DSM III modificó esto aún más como la "homosexualidad ego-distónica[3]", antes de abandonar definitivamente el tema del DSM-III-R (y ediciones posteriores) por la presión de la comunidad LGTB. Como te he dicho, y habrás comprendido, todo tiene dos polaridades. En el caso de una mujer puede tener la polaridad de súpersumisa, o por el contrario de feminista, pero ambos son polaridades que, cualesquiera se tengan, deben equilibrarse para simplemente entender el principio como "mujer". El argumento del feminismo es su antagónico, el "machismo", sea machismo real o pseudo-machismo, que, en efecto, es todo en el mismo saco según el feminazismo (el feminismo político-propagandístico).

Equilibrar esto es comprender cada cosa en su raíz y como uno debe evitar juicios en el exterior y en el interior. Es la aceptación interior y exterior de estas polaridades y su razón de ser, sea en baja autoestima (súpersumisa o simplemente sumisa sin razón) o ego (enemistad hacia la figura masculina, que se disfraza de la etiqueta genérica de "machismo"). El feminismo es una guerra de la mujer con su padre, sea a un nivel consciente o inconsciente. También está la madre ausente, que es el caso más común: no hay una verdadera figura-imagen femenina en toda regla. El caso machista es el hombre cuyo ejemplo fue un hombre polarizado hacia lo masculino, así que

---

1. https://en.wikipedia.org/wiki/Diagnostic_and_Statistical_Manual_of_Mental_Disorders

2. https://en.wikipedia.org/wiki/Paraphilia

3. https://en.wikipedia.org/wiki/Ego-dystonic

el patrón se repite, y donde la madre estuvo calladita. Son desequilibrios. Lesbiana, odio al hombre posiblemente por abusos masculinos recibidos, o abandono, de la madre como figura, o del padre, teniendo solo la polarización de la madre sin el equilibrio paterno. Muchacho gay, ausencia de la imagen o presencia de la figura o guía paterna, e imagen solo configurada por la presencia materna.

¿Qué decir de un travestí o un bisexual? Pero por ese camino van los pederastas, violadores, amantes del post-humanismo y de la zoofilia. Y ni menciones la Biblia, porque te apedrean. Ahí han cambiado severamente los papeles, volviendo al tiempo intolerante y cerrado de negar y rechazar a la gente casta como ridículos, tontos y presuntuosos. Los entendidos en la materia religiosa sabemos que la Biblia es la recolección de muchos libros diferentes (básicamente es una enciclopedia histórica hebrea parcial), de distintos autores, fechas, lugares y asuntos, pero eso no lo sabe el populacho de a pie, y el solo nombre "Biblia", ya incluso en países de fe católica y de mucho protestantismo, empieza a ser incómodo y molesto. ¿Por qué? Porque tiene implícito el "regaño" que la conciencia hace al individuo, aún sin regaño, aún sin sermón dado, pues el ego se anticipa a que le dañen la fiesta con pautas sobre conductas de moral y dominio propio. Cosa que odia el ego es el dominio propio. Pero si es para apologética atea, la Biblia ya no es basura, y se tienen ya seleccionados pasajes de decepcionados lectores o adeptos que acumulan citas y frases fuera de contexto para darle tintes de perversidad e injusticia. O sea, los que quieren libertad inmoral se quejan de la supuesta injusticia de un libro del que no han leído ni un capítulo entero. Incluso no se puede decir que un mismo libro de la susodicha Biblia trate únicamente un *subject* exclusivo o trate materias lineales, por lo que decir cosas positivas o negativas del mismo está fuera de lugar.

Pero la fama de las Sagradas Escrituras hebreo-cristianas va más allá entre los detractores, diciendo que aprobaba la misoginia (aversión hacia la mujer), mas tal es así lo incorrecto de estas afirmaciones que incluso Moisés introdujo leyes específicas en virtud y beneficio expreso de las mujeres, como la carta de divorcio. Pero otros aducen a que Pablo fue un ejemplo cristiano de "sometimiento" a la mujer, ignorando que el mundo en ese entonces llevaba aún milenios de imposición sobre la mujer (no era cosa de los judíos). Pedro en su momento fue un ejemplo de ese esa misoginia: «Simón Pedro les dijo: "¡Que se aleje Mariam de nosotros!, pues las mujeres no son dignas de la vida". Dijo Jesús: "Mira, yo me encargaré de hacerla macho, de manera que también ella se convierta en un espíritu viviente, idéntico a vosotros los hombres: pues toda mujer que se haga varón, entrará en el reino del cielo".» (Evangelio de Tomás 114) ¿De qué hablaba Ieshua? De convertirse en Adam, que no es un concepto masculino sino completo. Ellos vivían en una sociedad donde tenían muchas razones para mantener sometida a la mujer y en un segundo plano, y era necesario un cambio de varias generaciones para modificar el contexto de toda una sociedad.

En todo caso, todos estamos aprendiendo a lo largo de nuestra vida, y también Pedro maduró. Años después de sus pensamientos machistas, empezó a recapacitar, diciendo: «Asimismo, vosotros, maridos, habitad con ellas sabiamente, dando honor a la esposa como a vaso más frágil, y como a coherederas de la gracia de vida; para que vuestras oraciones no sean estorbadas.» (1ª Pe. 3:7) El propio apóstol está aduciendo que el hombre que no honra a su esposa tiene dificultades para que sus plegarias sean completamente atendidas. Aun cuando los cristianos hubiesen visto que la mujer también había recibido los mismos dones del Espíritu Santo, no podían de golpe cambiar toda una forma de pensar de miles de años de tradición cultural, empezando porque no estaba claro cómo se supone que desde ese momento debían hacerse las cosas, sin frenar su papel ni tampoco exceder en su rol. Pablo debió proteger a la mujer del linchamiento o de malestares sociales, mandándola a que no se inmiscuyese en cosas de hombres. Para muchos es difícil comprender esto porque no conocen cómo era la humanidad en aquel entonces, y la forma de pensar de sociedades como la hebrea. En esa época una mujer no tenía valor fuera del hogar, ni en Israel ni en casi ninguna nación o cultura.

En el hogar ella era la matriarca que servía al varón y santificaba la casa y glorificaba la familia, pero fuera del hogar era indigno verla en roles diferentes. Era mal visto que una mujer cambiase su naturaleza de mujer para meterse en otras cosas. Más que sometimiento a ella por deseo machista, lo que se entendía era que la mujer era algo sagrado, y debía estar en el lugar de las cosas santas, no donde el hombre se ensuciaba, que era la naturaleza de él, símbolo de la fuerza "bruta". El hombre recibía los golpes como escudo, y la mujer protegía el núcleo. Pero si ella salía de ahí, primero, era vulnerable, segundo dejaba patente que había abandonado el hogar, y empero, era un ejemplo indigno. Muchas personas no saben que una mujer en un púlpito en ese entonces, enseñando a hombres, era una mala imagen para la propia mujer, y vergüenza para su esposo. Ver las cosas del pasado con los ojos del presente es una de las tantas razones para no comprender la historia. Una mujer era la gloria del varón, así que, ¿qué estaba haciendo tratando de adoctrinar a un montón de gente, entre ellos otros hombres? Si el hombre era cabeza de la mujer, ¿cómo es que ella se ponía como cabeza del hombre? Era una concepción indecente y simbólicamente injuriosa, clásica de la rebeldía.

Ella representaba lo más sagrado del interior del hogar, y verla fuera era un gesto de descaro, como quien pone a un lado el papel de su esposo y se toma ella su atribución, y además deja el hogar solo actuando con insolencia y orgullo (en el sentido de soberbia). Si ella, que santifica el hogar, está enseñando, ¿quién está protegiendo y enseñando a los niños, que son el futuro del nombre de la familia? ¿Quién está atendiendo las tareas del hogar? El servicio de enseñanza y liderazgo era entendido como papel del hombre, como algo inclusive biológico. Y no olvidemos que la mayoría de las personas eran iletradas, así que no sabían leer y/o escribir, y las mujeres no tenían derecho a la enseñanza (en algunos casos sí la muy básica, pero después el hijo aprendía las labores del padre y la hija las de la madre, ninguna de las cuales tenían implícitas las letras salvo que fuese la profesión del padre (en el caso del muchacho)). Si, empero, era raro ver a un hombre letrado, menos a uno educado, y mucho menos verlo experto en escrituras. ¿Cuánto menos a una mujer? Así que, ¿qué se supone que tenía ella que decir en público? A simple vista parecería más un gesto de rebeldía, que de obra del Espíritu Santo. Una mujer rebelde era lo más bajo que podía proyectar una fémina a nivel familiar.

Las pautas de los que enseñaron en ese entonces - y que recogen el Antiguo y Nuevo Testamento - no eran, en lo más mínimo, basadas en el odio o el menosprecio, sino en la coherencia. La ley antigua adaptaba las normas al rol y valor de cada uno (masculino y femenino). Si Pablo evitó ciertos servicios de las mujeres en aquel entonces, fue por la salud de las mismas y de su propio hogar. Ya vendría el tiempo en que las circunstancias y contexto del mundo se tornase de tal forma que se pudiesen dar otras pautas. De la misma forma, los libros del canon no son racistas, porque «Dios no hace acepción de personas, sino que en toda nación se agrada del que le teme y hace justicia.» (Hech. 10:34-35, R60) Esto hasta prueba el error de las denominaciones religiosas que tienen la tendencia en acusar y juzgar a otras de estar en error, y aún más, de señalar a los no cristianos como errados que irán al infierno, aunque pertenezcan a una filosofía espiritual. Decir que "dios odia a su creación" es otro ejemplo de odio interno que se tiene y de desconocimiento de las Escrituras: «Porque de tal manera amó Dios al mundo, que ha dado a su Hijo unigénito, para que todo aquel que en él cree, no se pierda, mas tenga vida eterna. Porque no envió Dios a su Hijo al mundo para condenar al mundo, sino para que el mundo sea salvo por él.» (Juan 3:16-17, R60)

¿La gente debe vivir en igualdad? O sea, que ¿un adulto que consume 2.500 calorías solo debe ingerir 1.600 para tener igualdad con la mujer que consume 1.600 calorías, o el niño que consume 1.200? La mujer cuyo cuerpo (fisionomía) es distinto al hombre, ¿debe levantar en el trabajo el mismo peso que un hombre – por su constitución distinta – levanta? Una familia con sus hijos pequeños que sale al parque a disfrutar de la naturaleza, ¿debe tener derechos e igualdad con aquellos del mismo sexo que salen desnudos a tener relaciones sexuales libremente en el mismo parque? Es como la imagen sarcástica de un hombre que examina a los animales y les dice que por igualdad de derechos el que suba primero al árbol aprueba, ganando de calle el mono y quedando excluido de la posibilidad el elefante. O como el de un muro que representa el obstáculo de la ignorancia, y a chicos de diferente estatura se les da por igual una silla para asomarse por encima, y para los más bajitos se hace imposible ver nada por encima de la valla. Aunque somos uno, cada uno es un color del prisma de ese uno (luz), y como resultado tenemos diferentes dones, diferentes talentos, conocimientos especializados, experiencias distintas, gustos diferentes, formas de pensar diferente y, como no, criterios diferentes. Hasta los hombres mismos (machos) somos muy distintos unos de otros.

Si pasamos a la parte biológica, hombre y mujer son más que diferentes; si miramos la parte cerebral, somos diferentes; si miramos la parte emocional, somos diferentes... y es que hombre y mujer somos diferentes porque fuimos así creados, toda vez que en el ser diferentes reposa la sabiduría de las polaridades que representamos y donde está el trabajo de volver a ser uno uniendo las dos partes de la manzana... la misma que fue "mordida". Por ejemplo, es tan típico ver en debates 'ateo-cristiano' el intento de ridiculización de la Biblia a razón de frases que a duras penas los propios cristianos entienden.

Eso no quiere decir que es tan absurdo que nadie lo entiende, sino que la razón detrás de cada asunto requiere suma dedicación en estudiarlo y consagrar que sea revelado por el Espíritu Santo. La ley del Sinaí, por ejemplo, tenía en sí normas de orden público, higiene, salud, dietética y liturgias religiosas. Pero ¿para qué eran esas liturgias y los mandamientos de prohibición del decálogo (Diez Mandamientos)? Para evitar estar endeudados con demonios. Si se hace un análisis pormenorizado de los animales sacrificados, y los pecados que cubría la sangre de dicha criatura, se refuerza el misterio de que el mundo inmaterial rige el material, y las fuerzas invisibles que operan los fenómenos del plano físico son genios, espíritus, daimones, ángeles, etc.

Cada pecado es un préstamo voluntario o, por regla general, involuntario con un demonio. Digo "involuntario" porque si el individuo supiese que al robar apega a él los espíritus del robo, es posible que se lo pensase mejor antes de hacerlo, e incluso el comprender la existencia del mundo espiritual le hiciese buscar repuestas a su necesidad en otro lugar, puede que, con lo celestial, con la ayuda de los ángeles. No obstante, muchos de los delitos de la humanidad son producto de las circunstancias de la vida, porque ningún niño deseó de pequeño ser ladrón o asesino de mayor. Hay 7 demonios principales, y de ellos derivan 49, pero asimismo hay grupos casi incontables de espíritus genios y daimones que les sirven, y todos son personificaciones de diversos patrones negativos, y por ello tienen un poder o atributo específico. Así vemos al espíritu de los celos, de la ira, de la lascivia, de la muerte, de la tristeza, etc. Cuando un ser practica alguna cosa prescrita como "mala", lo que está haciendo es pedir prestada la virtud de aquel demonio, lógicamente, sin su consentimiento (salvo que sea satanista, y comprenda lo que está haciendo).

En el ámbito de lo sexual están los demonios correspondientes – o 'lilím' y 'sirím' –, y su jerarquía también. ¿Y qué tanto es el problema en su raíz sobre estos espíritus (Rujot)? Privan de libertad y traen problemas. La persona no es libre de progresar y se ve sumergida en molestias. A medida que más pecados se practican, más lazos se conectan con los demonios (Shedim), y más espíritus inmundos - o 'lukim' - se apegan a la vida de la persona y hasta llegan a poseerla. La persona cae en adicción, dado que estos espíritus consiguen un huésped que satisfaga su propia adicción al mal que la persona comete, toda vez que ese "mal" produce la energía propia y deseable de dicho ser. ¿A quién no le gustaría morar donde se sirve su comida favorita y donde diariamente se deleita de lo que más le gusta? Un mal suma otro y otro, hasta que la persona se ve incapaz de liberarse de esto. Salvo que realice un largo ayuno, solo podrá liberarse con la ayuda de una autoridad espiritual o persona experimentada en los paranormal. En el mundo, quien triunfa, lo hace solo en determinados campos, y en ellos, o no tiene deudas con demonios, o a pactado con ellos para que le den el éxito. El verdadero éxito en todo es la liberación de las ataduras de los demonios, y es perceptible que algo está espiritualmente bloqueado por daimones cuando prevalece un problema sin razón lógicas aparente.

Los demonios son los responsables de las dolencias físicas, enfermedades, desgracias, problemas psicológicos, estados emocionales de depresión u obsesión, y demás trastornos, bloqueos y frenos en la vida. No quieres decir que se deba tenerles miedo, obsesionarse con ello o hacerse demonólogo. Los daimones son parte del ordenamiento del cosmos, y cumplen su rol como lo hacen el resto de espíritus. Baste saber y entender esta realidad para comprender los "avatares" de nuestra vida. El canon bíblico, como otros muchos textos sagrados, solo habla de las prohibiciones, y en su caso no entra en detalles sobre el trabajo de los demonios. Es como los padres que a su hijo pequeño simplemente le prohíben cosas, pero no le explican la razón. ¿Por qué? Porque según su edad y capacidad de razonamiento se le explican las cosas que puede procesar, por lo que ya cuando ve creciendo se le da el conocimiento y consciencia del porqué. Entonces la Biblia es más una guía, aunque hable de escenarios traumáticos, pero porque las pautas que establece en ciertos pasajes de determinados libros que la componen, son agregados dentro del contexto histórico que aborda la misma. Por eso habla de violaciones, porque históricamente hubo violaciones, no porque enseñe a violar. Las violaciones no fueron mandadas por ángeles. Se recogen testimonios de que ocurrió porque quienes la perpetuaron actuaron según la inmoralidad, no según los principios de Moisés.

Pero a los gays les atrae el argumento de la Torah sobre eliminar del pueblo a los que practican la inmoralidad sexual. La ley de Moisés determinó hacer justicia el propio pueblo – según mandato de ángeles, no por su propio capricho o invención - respecto del incumplimiento de leyes (hoy eso hacen los tribunales según la visión romana, pero sigue habiendo juicios respecto de lo que un gobierno o institución determina para mantener el orden y la justicia, sea que a otros les guste o no, ya eso es tema de discusión en tribunales y asambleas constitucionales). Si bien, en la ley antigua mandó a "odiar" al enemigo – porque los profetas recibieron mensajes mixtos de ángeles y arcontes -, pero no a tomándose la justicia como algo personal o envenenar su propio corazón. Incluso los casos debían ser llevados a jueces (posteriormente el Sanedrín), para su revisión. En consecuencia, el argumento de que la Biblia enseñó a odiar a los homosexuales, es incorrecto. Mandó al antiguo pueblo de Israel a eliminar a los que practicasen la inmoralidad, ya que, si no extirpaban el pecado de en medio de ellos, atraerían el mal al propio pueblo (por la "ley de la atracción"). El que dos hagan pecado sexual les traerá desgracia progresivamente, pero en tanto eso se percibe o se es consciente de las consecuencias, esto puede ser mal ejemplo para otros o hasta estímulo para seguir su camino, y cuando menos se piense ya muchos ven esto como algo natural y su práctica desvía a toda una comunidad, terminando como Sodoma y Gomorra, y cayendo sobre ellos el destino con que las mismas acabaron.

Es notorio que las narrativas históricas plasmadas en el canon de la Biblia no dicen lo que muchos esperarían, y refleja lo que a muchos les molesta aceptar. En Génesis vemos cómo las hijas de Lot le emborrachan para que las preñe, ¿y eso de quién lo aprendieron? De Moisés no, porque eso es narrado en el primero de sus libros, que no sería escrito hasta medio milenio después, y el canon completo no se formalizó y aceptó como tal hasta dos milenios más tarde. Ellas no se criaron en el paraíso, sino en dos ciudades inmorales (Sodoma y Gomorra), porque, aunque tengas un padre moralista (Lot), la influencia degradante de la sociedad, puede más que lo aprendido en casa. Las hijas de Lot temían que quedasen solas en el mundo tras el fuego que del cielo cayó sobre Sodoma, Gomorra y Zoan y por ello hicieron algo insano, pero no se lo enseñó su padre sino, justamente, el lugar donde habían estado viviendo, que era una pésima influencia. Es más, el campo vibracional de quien cohabita en una misma casa es suficiente para alterar el de los otros bajo el mismo texto. ¿Cuánto más en un edificio, o en un vecindario o barrio?

Iaheveh, la deidad de los hebreos, además de no querer que su pueblo terminase destruido, los consagró a la santidad, para ser ejemplo y guía a las demás naciones, justamente al revés de lo que haría la inmoralidad: «Mas vosotros sois linaje escogido, real sacerdocio, nación santa, pueblo adquirido por Dios, para que anunciéis las virtudes de aquel que os llamó de las tinieblas a su luz admirable...» (1ª Pedro 2:9) Una y otra vez se ve cómo la nación fue abandonada en guerras cuando uno solo se desvió del camino, y luego fue descubierto y todos le culparon de la muerte de muchos por su culpa (como ocurrió en la batalla de Hai, por la desobediencia de Acán, hijo de Carmi (Josué 7-8)). ¿Por qué? Porque ellos representaban una única conciencia. Una polarización no equilibrada en un ser (un cuerpo) puede ser el lastre que termina por hacer colapsar todo el cuerpo, como una pequeña célula cancerígena termina por acabar con el individuo entero, y no lo carcome en un momento sino progresivamente, haciéndolo vivir el sufrimiento paulatino. Posteriormente, el nazarenismo o ha.derekei ("del camino") – una evolución del judaísmo, que posteriormente recibió el nombre de "cristianismo" -, fue enseñado por Ieshua en otros valores, que parten de no juzgar nosotros, sino dejar el juicio a Dios. Lo que simplemente aclaró son las prácticas que traen malas consecuencias, repercusiones negativas: «¿No sabéis que los injustos no heredarán el reino de Dios? No erréis; ni los fornicarios, ni los idólatras, ni los adúlteros, ni los afeminados, ni los que se echan con varones, ni los ladrones, ni los avaros, ni los borrachos, ni los maldicientes, ni los estafadores, heredarán el reino de Dios.» (1ª Corintios 6:9-10, RVA 60) Palabras de Pablo, a quien Ieshua constituyó para su misión.

Pablo también recordó a las iglesias que «manifiestas son las obras de la carne, que son: adulterio, fornicación, inmundicia, lascivia, idolatría, hechicerías, enemistades, pleitos, celos, iras, contiendas, disensiones, herejías, envidias, homicidios, borracheras, orgías, y cosas semejantes a estas; acerca de las cuales os amonesto, como ya os lo he dicho antes, que los que practican tales cosas no heredarán el reino de Dios.» (Gál. 5:19-21, RVA 60) E Ieshua mismo, dijo sobre el tema: «Bienaventurados los que lavan sus ropas, para tener derecho al árbol de la vida, y para entrar por las puertas en la ciudad. Mas los perros estarán fuera, y los hechiceros, los fornicarios, los homicidas, los idólatras, y todo aquel que ama y hace mentira. Yo Jesús he enviado mi ángel para daros testimonio de estas cosas en las iglesias.» (Apoc. 22:14-16, R60) Aparte de la opinión de Moisés, Pablo y Ieshua, otra cosa es la opinión de las personas, que consideramos que lo que quieran hacer las personas con sus pasiones, se hace en privado (ya Dios juzgará lo correcto o lo incorrecto), pero que no se ventile en público, delante de niños, cambiando leyes familiares y educativas y aprobando la degradación. Evidentemente la sociedad no es cristiana, así que no va a obligar a los demás a seguir los parámetros de la iglesia cristiana, pero sí ha de alejarse del entorno donde esto se practica y promueve, y enseñar la verdad de lo que hay detrás.

Disfrazar el mundo con una máscara bohémica no hace que lo que haya detrás de la máscara sea bueno: es solo un disfraz. Puedes amar y respetar, pero si no sabes distinguir entre lo bueno y lo malo, yerras, y haces errar a otros, llegando a adoctrinar aún a los tuyos en valores que años después, cuando den fruto, se vendrán en tu contra y en la de la vida de ellos. Los seres humanos debemos tener conocimiento de causa para adquirir sabiduría, comprensión y capacidad de evaluación. No se debe, empero, confundir "criterio" con "odio", porque quienes dicen eso de los cristianos – que odian a otros - solo dejan claro que, o están bajo programación mental, o necesitan justificaciones para ocultar los deseos del ego, porque la base del cristianismo es el amor al prójimo. Una cosa es opinar que algo es incorrecto, otra, muy distinta, odiar y cebarse contra otros como si uno fuese un juez y un verdugo. Ieshua nunca mandó a juzgar a los demás ni condenarlos, pero sí reafirmó y añadió principios que nos hacen saber lo que nos trae bien, aclarando las cosas que nos son perniciosas. La inmoralidad sexual es perniciosa, porque destruye los valores del individuo, destruye el valor del matrimonio, destruye el valor de la concepción de la vida, destruye el pudor, destruye la pureza, trae graves enfermedades, trastorna emocionalmente a los que practican tales cosas, promueve y alimenta degradaciones aún peores (se empieza con una cosa y se va yendo discretamente a otras, porque cuando se acepta un "tercer género" (cosa que no existe) se acepta la irracionalidad, degradando finalmente a toda la sociedad).

Aceptar la inmoralidad es aceptar que un virus o una célula cancerígena viva en nosotros, porque deseamos ser tolerantes con todo tipo de vida. No quiere decir que hay que perseguir a otros, sino que hay que alejarse de lo que trae mal, salvo que sea para llamar al errado hacia la luz. Si se acepta un mal disimulado, finamente se termina por aceptar la pedofilia, ya que es solo un género más, y se aceptan luego las orgías (porque es libertad sexual), y se aceptan los desnudos (porque es "arte"), y se acepta el sexo público (porque es libertad de expresión), y se siguen aceptando cosas disimuladamente con la fachada de "libertad", se acepta la sexualización de los niños pequeños (porque son libres de conocerse desde el principio)... ¿qué es ser "gay"? ¿Algo biológico? Se dice que se han creado agentes nano, que alteran la sangre para crear una sociedad homosexual, pero aún si eso fuese cierto, es relativamente nuevo y no explica la fuente de esto desde los albores de la humanidad. Hay una disociación mental (desorden disociativo y trastorno de la personalidad), en la mayoría de casos por abusos y en otros por malos ejemplos, malas enseñanzas (o la ausencia de ellas), vacíos de progenitores y malas prácticas. Por lo que hay es una polarización que debe corregirse, y eso tiene sanación en la autodisciplina y la oración, empezando por comprender quién es uno temporalmente según el vehículo que encarna.

Empero, ¿qué es un gay? Una cosa es que tenga un deseo carnal hacia otro de su mismo sexo, y otra que practique sexo contra natura. ¿Cómo se transmiten las enfermedades sexuales si no se está inyectando nada por vía sanguínea? Por la piel. La piel es el órgano conector del interior del cuerpo con el exterior. Tener relaciones sexuales implica que los genitales (que están en fricción, y en consecuencia estiran la piel y abren los poros) absorban los fluidos y liberan a su vez fluidos – antes mismo de la emisión propia del orgasmo -, y estos pasan al torrente sanguíneo. Todos somos pecadores, por lo que ser gay – en el sentido de tener bajas pasiones disociadas - no indica por ello que el individuo será castigado por algo o no tiene salvación. No obstante, aunque todos seamos biológicamente propensos al pecado y erremos, no significa que hagamos honor de las partes carnales de nuestro ser. Somos hijos de luz, independientemente que nuestro cuerpo físico-químico tenga determinadas prestaciones y debilidades. Nuestro papel, aunque se venga de un vida o ancestros prostitutas, ladrones, asesinos, blasfemos, engañadores, mentirosos, adúlteros, fornicarios, etc., es dejar la oscuridad para ir a la luz, y para ello nos fue dado el Espíritu Santo y su poder.

No pueden dos personas del mismo género equilibrarse, porque los dos son del mismo polo. No pueden ofrecer el servicio de la paternidad, y aunque quieran vivir en su burbuja solo empeorarían considerablemente las cosas si decidiesen adoptar un niño. ¿Qué le van a enseñar? Un gay, aunque no se llegue a enfermar severamente de algún virus de transmisión sexual, desperdicia toda una encarnación (vida) si no llega a ver la verdad y enderezarse, ya que cada encarnación es un recurso de aprendizaje para equilibrar el ser. ¿Y qué decir del más allá? A más practique la inmoralidad más se endeudará con demonios y se cebarán con él cuando desencarne (muera), ya que esa es, a fin de cuentas, la gran verdad: todo mal pertenece a un demonio, y quien practica el pecado es esclavo de los demonios y ellos tienen autoridad sobre él.

Géneros hay dos: masculino y femenino. Tendencias hay muchas. Hoy han querido cambiar ese significado para hacer parecer que existen más, pero la sabia naturaleza nunca ha respaldado ni respaldará lo que no encaja con el molde. Los cambios en conducta "sexual" en determinados animales es básicamente un recurso de "supervivencia", y pretende cubrir déficit o dominar (en el caso de los cisnes negros, los que son homosexuales roban los nidos o crean tríos temporales con una hembra para criar, y al criar la echan). Por ejemplo, el oficial médico del Capitán Scott, George Levick, en su expedición polar ('Terra Nova') de 1910 describió que los pingüinos no solo tenían comportamientos homosexuales, sino que pretendían copular con sus propias crías, violar a otros pingüinos y tener relaciones sexuales con hembras muertas. También hay peces que cambian de sexo cuando la pareja a muerta, y debe hacer el rol contrario hasta que se restaure la pareja, o en los que son parejas vitalicias permanece habiendo cambiado de sexo por toda su vida. Los lobos alfa someten sexualmente a otros para legitimar su liderazgo. Las hienas... bueno, ¿se puede tomar a una hiena como ejemplo? Ningún comportamiento de estos encaja con la virtud divina del hombre y su estado de evolución.

Según la ley de Cristo hemos de amar a nuestro prójimo, aunque no aceptamos ni estamos de acuerdo con las prácticas pecaminosas. Puedes amar a tus hijos, pero eso no significa que les aplaudas el que hagan cosas incorrectas, inmorales, abusivas o peligrosas. No hay más géneros que el masculino y el femenino, porque un cromosoma determina el gen, y si no es hombre es mujer. No hay un tercer cromosoma determinante, ni gen alguno en el embarazo que determine una tercera sexualidad (ni siquiera hay vida alguna que se produzca de un tercer género – aunque género es una obra literaria -, mucho menos de un cuarto o quinto inventados por esta sociedad actual). Hay dos tipos de órganos reproductores: masculino y femenino. No hay tres. Hay muchas tendencias sexuales, pero eso es otra cosa. Lo propio, si tuviésemos la mente en las cosas de este mundo, sería que en vez de invertir en propaganda para que otros tengamos que acepar algo impuesto contra nuestra libertad de pensamiento y creencias, se invirtiese en ayudar a las personas polarizadas sexualmente a sanar (equilibrarse).

Hay abusos a menores, abandono de los padres (de uno o de los dos), falta de revisión y asesoramiento a los niños, y muchos más agentes que repercuten en trastornos emocionales, de identidad y de pasiones. En consecuencia, en vez de acusar a los cristianos de homófobos, se debería promover la ayuda al desarrollo y protección infantil, y no a imponer a otros que acepten algo que no es natural y que promueve la inmoralidad, justificando incluso el comportamiento de ciertos "animales", como si debiésemos rebajarnos a la condición animal para entender la sexualidad en la naturaleza divina del hombre. Sí, porque se oyen y leen ridiculeces, como si es que los pingüinos y su sexualidad (bisexualidad)... cuántos sexos tiene, o que si las hienas, que precisamente simbolizan los trastornos sexuales: «Mas tampoco comerás la hiena. No serás—dice— adúltero ni corruptor, ni te asemejarás a los tales: ¿Por qué? Porque este animal cambia cada año de sexo y una vez se convierte en macho y otra en hembra.» (Epístola de Bernabé 10:7) Los lobos según el liderazgo del macho alfa tienen un dominante que monta al resto de machos para mantenerse, lo cual es dominación, no deseo sexual gay del macho alfa. Las verdaderas excepciones parten de genes que se activan o desactivan para perpetuar una especie, como en el desarrollo embrionario y las hormonas que se pueden segregar para modificar el feto (lo segrega la madre en especial para cambiar el patrón y que en vez de estrógenos se genere testosterona). Mas, ¿qué sale de eso? ¿Un tercer género? No, estos *switchs* son para activar machos o hembras, en relación a la supervivencia, pero no hay sino eso: machos y hembras. La mujer actúa más por el hemisferio cerebral izquierdo (femenino), y el hombre más por el derecho (masculino). Ambos se complementan (no hay un tercer hemisferio). La célula masculina (espermatozoide) y la célula femenina (óvulo) producen vida. Ninguna otra célula natural produce esto, solo estas dos, y en común acuerdo. Lo otro son tendencias e inclinaciones sexuales, que nada tienen que ver con la biología sino son desórdenes pasionales basados en trastornos y carencias en la infancia, y que se patrocinan para subvertir la moral de la sociedad.

Sigmund Freud había hablado de los procesos sexuales desde la infancia, y explica las pautas e influencias en cada área a lo largo de la niñez, y por ello los homosexuales son mayormente personas con carencia de sus padres, ya que buscan en otro hombre los vacíos de su propio padre, y con las mujeres igual a propósito de sus madres. Cuando Freud abordaba lo relativo a la sexualidad en los niños de temprana edad, explicaba respecto de la imagen del padre y de la madre para hallar su identidad propia, porque así es hasta en la adultez, toda vez que el hombre se complementa en la mujer y la mujer en el hombre, y la identidad del uno llena la carencia del otro (el hombre necesita lo que rellena en él la mujer, y la mujer necesita lo que el hombre rellena en ella), y asimismo el hombre es hombre según la imagen que recibe de la figura materna, y la mujer es mujer según la imagen que recibe de la figura materna. Cuando la identidad del padre no existe para el chico, él no sabe quién es ni en qué basarse, y es fácilmente vulnerable de perder su esencia propia, primeramente como hombre (lo mismo respecto de la mujer con su madre). Cuando los niños son abusados, pierden su identidad y se consideran sin valor propio, y por ello, casi todos los casos de desviación sexual son por abuso infantil, ausencia de alguno de los progenitores, o las dos cosas a la vez (lo peor, la ausencia de ambos padres).

En ningún caso participa la biología – sí un trastorno que pueda inferir en el mecanismo cerebral y reconfigurar la imagen de la realidad -, porque la fuente es emocional-psicológica (debido a ello el que era macho de niño, a pesar de su *shock*, su cuerpo no sufre modificaciones, ni siquiera hormonales (no se activan genes de supervivencia), y por ello muchos recurren a cirugías para cambiarse de sexo (ya que ni la naturaleza misma ni sus genes les dan la razón, porque el impacto no es biológico sino mental)). Si ya sabemos que toda acción tiene una consecuencia, es evidente que cualquier cosa que no es correcta terminará mal, ¿por qué entonces voy a cebarme con quien ya sé que tiene problemas, y a quien le irá peor? Si tengo la oportunidad, o se presenta un caso en que hay que dejar las cosas claras y en su sitio, entonces opino, pero no condenando (porque Ieshua no constituyó en la iglesia jueces), diciendo lo que haya que decir sin usar personalismos, faltas de respeto o intolerancia (porque cualquier que estudia el fenómeno gay, y semejantes, es consciente que proviene de traumas infantiles (no es nada biológico), como en muchas ocasiones he hecho hablando con ellos). Hay que partir del amor, la comprensión y la compasión.

«En la misma carta menciona que no se les ha tomado en ningún acto impío ni contrario a las leyes, con la excepción de levantarse al despuntar el día para cantar himnos a Cristo como a un Dios, y que a ellos también les está prohibido adulterar, asesinar y cometer delitos semejantes, y que en todas las cosas actúan de acuerdo con las leyes.» (Historia Eclesiástica 33:1. Eusebio de Cesarea) En un manuscrito de las cuevas del Qumran, dice: «Y de nuevo en otro momento ella me dijo, si tú no cometes adulterio, voy a matar a mi marido, por lo que voy a adoptarte legalmente a ti como mi marido. Por lo tanto, cuando me enteré de esto, renté mi vestido, y le dije: Mujer, la reverencia al Señor, y no hagas el mal, no sea que seas totalmente destruida; yo declararé impíos tu pensamiento a todos los hombres. Por lo tanto, ten miedo, que yo implore declarar a nadie de su maldad.» (Testamento de los Doce Patriarcas 11. Testamento de José 5)

El destino del mundo va en la dirección de la inmoralidad cuasi absoluta, y, en consecuencia, atraen males peores de los que trajo el destino sobre los atlantes, sobre los habitantes de Sodoma y Gomorra, y tantos otros casos incontables: «Lucharán los hermanos, y se habrán de matar, los primos hermanos cometen incesto, terrible es el mundo, hay gran adulterio; días de lanzas y espadas, se raja el escudo, días de tormenta y lobos, se hunde el mundo, no habrá hombre ninguno que a otro respete.» (Völuspá. Estrofa 45. Edda vikinga) Ni siquiera la Biblia es el único conjunto de manuscritos que de antaño llamaba a la pureza y la santidad, por el bien propio o común: «Renunciad al adulterio, para que seáis dignos del misterio de la luz. Y para que seáis preservados del mar de azufre y de la fauce de león.» (Jesús, Evangelio de Valentino 40:9-10) ¿Fauce del león? Ieshua es uno de tantos profetas que hablaban del lugar de destino de las almas que perseveran en el pecado. No solo el mal que las personas hacen en su presente trae dolor y sufrimiento en su futuro cercano y su presente continuo: a los demonios de los pecados no las basta con cobrarse en vida las deudas en que las personas se encausan con ellos, sino que al desencarnar el ama va por años y hasta décadas a infiernos (uno de ellos definido metafóricamente como "fauce del león") donde esos demonios les torturan severamente hasta que su deuda queda pagada, y tampoco es seguro que ahí haya pagado todo, porque el alma adquiere el derecho de regresar para nacer en otro cuerpo con otra oportunidad de buscar la luz, pero en estados difíciles.

«El cuarto rango se llama Tifón. Y es un potente archón bajo cuyo dominio están 32 demonios. Y éstos son los que entran en los hombres para incitarlos a la impureza y al adulterio y a ocuparse sin cesar en las obras de la carne. Y las almas que este archón tenga bajo su poder pasarán 138 años en sus regiones. Y los demonios que están bajo él las atormentarán con su ardor. Y cuando gire la esfera para que llegue el menor Sabaoth, que pertenece al medio y que se llama Zeus, y cuando llegue a la 9ª esfera de los eones que pertenecen al medio y se llaman Dozotheu y Bombastis, y en el mundo Afrodita, llegará un 3er eón al que se llama los Gemelos. Y serán corridos los velos que hay entre los que pertenecen a la izquierda y a la derecha, y el poderoso archón que se llama Zaraxax. Y mirará a la morada de Tifón, para que sus regiones sean destruidas. Y para que las almas sometidas a sus tormentos sean arrojadas a la esfera, para que sucumban en su ardor.» (Ev. Valentino 55:9-17) Ese infierno, posiblemente en Duat (planos inferiores de nuestra esfera terrestre) es uno de varios que existen por voluntad de los dioses oscuros primigenios, para capturar las almas de sus enemigos, pues estos dioses se disputaban a la humanidad, y la misma era rea de ellos. Dios no creó el infierno, lo crearon los arcontes del Destino, así como las pasiones de la carne, para que el hombre sea de servicio y esclavitud a los espíritus inmundos de los arcontes.

«Y vi asimismo otro horno en un lugar oscurísimo; allí eran enviados muchos. Preguntó el beato Esdras a los ángeles: - ¿Quiénes son estos? Y dijeron: - Estas son las que tuvieron hijos fruto del adulterio y los mataron. Y los mismos niños interpelaban, diciendo: -Señor, estas arrancaron el alma que tú nos diste. Y vi a otras mujeres que colgaban del fuego, y unas serpientes chupaban sus pechos. Y dije a los ángeles: - ¿Quiénes son estas? Y me dijeron: - Estas son las que mataron a sus pequeños y no dieron sus pechos a otros huérfanos...» (Ciclo Posterior de Esdras. Cuevas del Qumran) En un fragmento de una cara de Pedro, consta: «También había otros, mujeres, que colgaban de sus cabellos por encima de este cieno incandescente; éstas eran las que se habían adornado para el adulterio. Y los hombres que se habían unido a ellas en la impureza del adulterio pendían de los pies y tenían sus cabezas suspendidas encima del fango, y decían: No creíamos que tendríamos que venir a parar a este lugar.» (Apocalipsis de Pedro. Vers. 24. Fragmento de Akhmin) La infidelidad sexual, o adulterio, elimina o destruye en gran parte la sincronicidad, afinidad, conexión y entendimiento con la pareja, sea en el campo sentimental como en el psíquico y el espiritual.

En unos textos que un grupo de beduinos dio Jerónimo de Estridón se hallaban referencias de las enseñanzas de Ieshua a los esenios, entre las que les decía sobre el sufrimiento temporal: «Durante muchos años habéis cedido a las tentaciones de Satán. Habéis sido glotones, bebedores y putaneros, y vuestras antiguas deudas se han multiplicado. Y ahora debéis repararlas, y el pago es duro y difícil.» (Ev. Esenios 7:72:74) En el capítulo 14, Ieshua enseña: «No cometáis putaísmo, ni de día ni de noche, pues el putañero es como un árbol cuya savia se va del tronco. Árbol que se secará antes de tiempo y no llegará a dar fruto. Por tanto, no putañeéis para que Satán no seque vuestro cuerpo y el Señor haga infructuosa vuestra semilla.» (vers. 39-41) El profeta Henoc relata: «Conocida como me es la malicia de los hombres, yo sé que no aguantarán el yugo que yo les imponga, sino que han rechazado (de antemano) mi yugo, aceptando otro distinto; han sembrado semillas hueras, han adorado a dioses vanos y han rechazado mi soberanía, quedando toda la tierra manchada de injusticias, injurias, adulterios e idolatría. Y por esta razón haré sobrevenir un diluvio sobre la tierra, quedando ésta sumida en un lodazal inmenso, y preservaré a un varón justo de tu tribu con toda su casa, el cual estará dispuesto a obrar según mi voluntad.» (Los Secretos de Enoc 11:95-97) Esto fue décadas antes del nacimiento de Noé.

«...los poetas han representado a los dioses encendidos por la cólera y enloquecidos por la concupiscencia, y han desplegado ante nuestras miradas sus guerras y sus combates, sus luchas y sus heridas, sus odios, sus enemistades y sus querellas, sus nacimientos y sus muertes, sus quejas y lamentaciones, sus abiertas e intemperantes pasiones, sus adulterios, sus encarcelamientos, sus uniones con los seres humanos y el nacimiento de una progenie mortal hija de un progenitor inmortal.» (Sobre la Naturaleza de los Dioses. Cap. 16. Cicerón) Hasta los griegos, ajenos al cristianismo o el judaísmo tuvieron poetas y filósofos que no compartían la visión del sexo que tenían sus congéneres. En la Tierra se establecieron lugares de los "malos", como imperios y ciudades: «Porque tú lo hiciste tener deseo por la hechicería, adulterios estaban contigo y relaciones carnales sin ley con chicos. Tú el mal de la ciudad, afeminado, injusto, malogrado por encima de todo. ¡Ay, ay! Tú ciudad de la tierra de Latín, inmunda en todas las cosas, ménade tener alegría en serpientes...» (Oráculos Sibilinos. Libro V, cap. 223-228) Del mismo libro extraemos: «Pues miserables mortales, ni adulterios y el amor sin ley de los varones, ni homicidio ni tumulto, mas bien, una contienda justa en todo.» (verso 575)

El escribano judío, Baruc, fue uno de muchos que han sido llevados fuera de la Tierra para ver otros reinos, y del Segundo Cielo relata: «-Señor, ¿Por qué quitaron la corona de la cabeza del sol y por qué está el pájaro tan agotado? Y el ángel me contestó: -La corona del sol, cuando este termina de recorrer el día, la toman cuatro ángeles, la trasladan al cielo y la renuevan por haberse manchado ella y sus rayos sobre la tierra. Así que de esta forma se renueva cada día. Yo, Baruc, repuse: -Señor, ¿y por qué se manchan sus rayos sobre la tierra? Y el ángel me contesto: -Por contemplar las transgresiones y las injusticias de los hombres, como son las prostituciones, adulterios, robos, saqueos, idolatrías, borracheras, asesinatos, disputas, envidias, difamaciones, murmuraciones, cuchicheos, adivinaciones y cosas como estas que no son agradables a Dios [...].» (2ª Apoca. Baruc) Y el evangelio de María refiere: «Pedro le dijo: "Puesto que nos lo has explicado todo, explícanos también esto: ¿cuál es el pecado del mundo?". El Salvador dijo: "No hay pecado, sin embargo, vosotros cometéis pecado cuando practicáis las obras de la naturaleza del adulterio denominada 'pecado'. Por esto el bien vino entre vosotros, hacia lo que es propio de toda naturaleza, para restaurarla en su raíz". Prosiguió todavía y dijo: "Por esto enfermáis y morís, puesto que [practicáis lo que os extravía. Que quien pueda comprender] comprenda. [La materia engendró] una pasión carente de la semejanza, puesto que procedió de un acto contra natura. Entonces se produce un trastorno en todo el cuerpo. Por esto os dije: Estad en armonía (con la naturaleza), y si no estáis en armonía, sí que estáis en armonía ante las diversas semejanzas de la naturaleza.» (Ev. María. Fragmento copto berolinense)

Del primogénito de Noé se recoge milenios después: «Pues el agua es un cuerpo insignificante. Y los hombres no son liberados, ya que están obligados en el agua, al igual que desde el principio a la luz del Espíritu estaba preso. Oh Sem, son engañados por los múltiples demonios, pensando que por el bautismo, con la impureza del agua, lo que es oscuro, débil, vacío, (y) preocupante, va a quitar los pecados. Y no saben que parten del agua pues el agua no es esclavitud, y el error y la falta de castidad, envidias, homicidios, adulterios, falsos testimonios, las herejías, los robos, los deseos, balbuceos, la ira, la amargura, grandes [...]. Por lo tanto, hay muchas muertes que pesan sobre sus pensamientos. Mas lo anuncian a los que tienen un corazón. Se abstendrán del bautismo impuro. Y aquellos que toman el corazón de la luz del Espíritu no tener relación alguna con la práctica impura.» (Paráfrasis de Sem 37:14 al 38:9) Uno de los primeros judíos cristianos, de días de Pablo, escribió: «No fornicarás, no cometerás adulterio, no corromperás a los jóvenes.» (Epístola de Bernabé 19:4) El capítulo 20:1, dice: «Mas el camino del "Negro" es torcido y lleno de maldición, pues es camino de muerte eterna con castigo, en que están las cosas que pierden el alma de quienes lo siguen: idolatría, temeridad, altivez de poder, hipocresía, doblez de corazón, adulterio, asesinato, robo, soberbia, transgresión, engaño, maldad, arrogancia, hechicería, magia, avaricia, falta de temor de Dios.»

Uno de los textos más característicos y leídos por los primeros cristianos, nos cuenta: «Y yo le dije: "Señor, si un hombre que tiene una esposa que confía en el Señor la descubre en adulterio, ¿comete pecado el marido que vive con ella?" "En tanto que esté en la ignorancia", me dijo, "no peca; pero si el marido sabe que ella peca, y la esposa no se arrepiente, sino que continúa en la fornicación, y el marido vive con ella, él se hace responsable del pecado de ella y es un cómplice en su adulterio." Y le dije: "¿Qué es, pues, lo que ha de hacer el marido si la esposa sigue en este caso?" "Que se divorcie de ella", dijo él, "y que el marido viva solo; pero si después de divorciarse de su esposa se casa con otra, él también comete adulterio". "Así pues, Señor", le dije, "si después que la esposa es divorciada se arrepiente y desea regresar a su propio marido, ¿no ha de ser recibida?" "Sin duda ha de serlo", me dijo; "si el marido no la recibe, peca y acarrea gran pecado sobre sí; es más, el que ha pecado y se arrepiente debe ser recibido, pero no varias veces, porque sólo hay un arrepentimiento para los siervos de Dios. Por amor a su arrepentimiento, pues, el marido no debe casarse con otra. Esta es la manera de obrar que se manda al esposo y a la esposa. No sólo", dijo él, "es adulterio si un hombre contamina su carne, sino que todo el que hace cosas como los paganos cometen adulterio. Por consiguiente, si hechos así los sigue haciendo un hombre y no se arrepiente, mantente aparte de él y no vivas con él. De otro modo, tú también eres partícipe de su pecado. Por esta causa, se os manda que permanezcáis solos, sea el marido o la esposa; porque en estos casos es posible el arrepentimiento. Yo", me dijo, "no doy oportunidad para que la cosa se quede así, sino con miras a que el pecador no peque más. Pero, con respecto al pecado anterior, hay Uno que puede dar curación: Él es el que tiene autoridad sobre todas las cosas".» (El Pastor de Hermas 29/I)

Este escrito da consejos a considerar: «"Sé templado, por consiguiente, absteniéndote de toda maldad, y haz lo que es bueno." "¿Qué clases de maldad, Señor?", le dije, "¿son aquellas de que hemos de abstenernos siendo templados?" "Oye", me dijo; "del adulterio y la fornicación, del libertinaje y la embriaguez, de la lujuria perversa, de las muchas viandas y lujos de los ricos, del jactarse y la altivez y el orgullo, de la falsedad y hablar mal y la hipocresía, la malicia y toda blasfemia. Estas obras son las más perversas de todas en la vida de los hombres. De estas obras, pues, el siervo de Dios debe abstenerse, siendo templado; porque el que no es templado de modo que no se abstiene de ellas, tampoco vive para Dios. Escucha, pues, lo que ocurre a éstos." "¡Cómo!", dije, "¿hay otros actos malos todavía, Señor?" "Sí", me dijo, "hay muchos ante los cuales el siervo de Dios ha de ser templado y abstenerse: hurtos, falsedades, privaciones, falsos testimonios, avaricia, malos deseos, engaño, vanagloria, jactancia, y todas las cosas que son semejantes".» (El Pastor de Hermas 38) Otro escrito famoso de su época entre los cristianos, recordando los evangelios, dice: «Y los escribas y los fariseos traen una mujer sorprendida en adulterio; y habiéndola puesto en medio, le dicen: Maestro, esta mujer ha sido sorprendida en adulterio, en el mismo acto. Ahora bien, en la ley de Moisés [se nos] manda que apedreemos a las tales; tú, pues, ¿qué dices? [Y esto lo decían para tentarle, para tener de qué acusarle.] Pero Jesús se inclinó, y con el dedo escribía en el suelo. Pero cuando ellos siguieron preguntando [le], Él se levantó y [les] dijo: El que esté sin pecado entre vosotros, le eche la primera piedra. Y de nuevo se inclinó, y escribía en el suelo. Y ellos, cuando lo oyeron, se fueron uno a uno, empezando por los más ancianos; y Él se quedó solo, y la mujer allí donde estaba, en medio. Y Jesús se levantó, y le dijo: Mujer, ¿dónde están? ¿Ninguno te condena? Y ella dijo: Ninguno, Señor. Y Jesús le dijo: Ni yo te condeno; sigue tu camino; a partir de ahora no peques mas.» (Fragmentos de Papias. Vers. 4)

En el libro de Robert Graves y Raphael Patai, 'Mitos Hebreos', los redactores refieren: «En la décima generación la raza de Adán había aumentado mucho. Como faltaba la compañía femenina, los ángeles llamados "Hijos de Dios" encontraron esposas entre las bellas Hijas de los Hombres. Los hijos de estas uniones habrían heredado la vida eterna de sus padres, pero Dios decretó: "No permanecerá por siempre mi espíritu en el hombre, porque no es más que carne. 120 años serán sus días". Estas nuevas criaturas eran gigantes, llamados "los caídos", y sus maldades decidieron a Dios a exterminar de sobre la faz de la tierra a todos los hombres y mujeres, con sus corruptores gigantescos. Los hijos de Dios fueron enviados para que enseñasen a la humanidad la verdad y la justicia; y durante 300 años enseñaron ciertamente al hijo de Caín, Enoc, todos los secretos del cielo y de la tierra. Más tarde, sin embargo, codiciaron a las mujeres mortales y se corrompieron mediante el trato sexual. Enoc registró no sólo sus instrucciones divinas, sino también su subsiguiente pérdida de la gracia; antes del final gozaban ya indistintamente con vírgenes, matronas, hombres y animales. Algunos dicen que Shemhazai y Azael, dos ángeles que gozaban de la confianza de Dios, preguntaron: "Señor del Universo, ¿no te advertimos el Día de la Creación que el hombre demostraría que es indigno de Tu mundo?" Dios replicó: "Pero si destruyo al hombre, ¿qué será de Mi mundo?" Ellos respondieron: "Nosotros habitaremos en él". Dios preguntó: "¿Pero si descendéis a la tierra, no pecaréis más que el hombre?" Ellos suplicaron: "Permítenos vivir allí durante un tiempo y santificaremos Tu nombre". Dios permitió que descendieran, pero inmediatamente los subyugó la belleza de las hijas de Eva, y Shemhazai engendró con ellas dos hijos monstruosos llamados Hiwa e Hiya, cada uno de los cuales comía diariamente mil camellos, mil caballos y mil bueyes. Azael inventó además los adornos y cosméticos que se ponen las mujeres para descarriar a los hombres. Dios les advirtió, en consecuencia, que dejaría en libertad las Aguas de Arriba y así destruiría a todos los hombres y animales.» (Los Hijos de Dios y las Hijas de los Hombres)

Divisiones

Podría incluir muchas cosas afines en el tópico de las divisiones, ya que la forma de entender, ver o percibir diversas cosas influye en cómo las aceptamos, realizamos o enseñamos. Como he dicho, uno de esos casos es la clásica propaganda Illuminati de la "igualdad de género", promoviendo la perspectiva incoherente de que "hombres y mujeres somos iguales". El adoctrinamiento sobre esta locura solo conlleva a una pérdida de identidad y a un esfuerzo por cambiar los valores naturales de las cosas. El ser humano crece apenas sin comprender qué hace acá, de dónde viene, qué razón tiene su vida o para dónde va. Por extensión no comprende lo que él mismo es. Algunos se identifican con su género sexual, y le impacta solo imaginarse que de alguna manera llegase a ser algo diferente a lo que es, sea en naturaleza o biología, o en género sexual. Otros, por el contrario, sienten que no son lo que realmente sienten que son, o que sus estímulos y conceptos mentales no coinciden con su biología. En los peores casos, desde la infancia se daña la integridad e individualidad de los niños, perdiendo su amor propio, su seguridad y su identidad, empezando desde entonces a ver el mundo de forma desordenada y su cuerpo como un medio o recurso para todo tipo de trastornos emocionales o pasionales.

Lo más traumático para ellos es el abuso físico, y con él el emocional, y estos son los más serios que se deben tratar. Eso empieza por reintegrar al individuo a aquellos que entiende erróneamente a cusa del *shock*. Una niña que ha sido abusada sexualmente necesita sanar liberando primero el testimonio de lo que le ocurrió, al menos someramente, entender la figura del hombre como un hombre, padre, amigo y hermano, y recibir de quien le ayuda la imagen que ella necesita, desde el respeto, el amor y la confraternidad. Tienen que redefinir la idea que tiene en su mente para empezar a sanarse. Un chico igual, teniendo ambos un gran sentimiento de frustración, ira e impotencia en su interior, y se debe aceptar lo ocurrido, perdonar y entender los verdaderos roles de hombres y mujeres. Hay que recordar que todas las personas somos diferentes, y el que experiencias traumáticas hayan marcado nuestra vida con ciertos individuos, no significa que todos sean igual o que todo se vaya a repetir. Si no se sana y equilibra la distorsión, sí que se puede repetir, y puede que no en uno, pero sí en nuestros hijos.

La energía femenina es protectora, mineras que la energía masculina es creadora. Hay 4 partes de la energía: Rey, Amigo, Amante y Guerrero. Rey es de la Visión (crear, hacer crecer, mejorar el reino); Guerrero es la Seguridad (la lucha, defender el reino con fuerza, ser creativo, tener valor, tener dolor y tener humor); Amante es de Vulnerabilidad (el amor íntimo con el/la rey/reina y sus hijos); Amigo es la Conexión (conectar con otros de tu propio sexo, interactuar). Cuando el hombre tiene el 'Rey' y 'Guerrero' sobredesarrollados es Hipermasculino, o sea, se hace dominante, egoísta, agresivo, mujeriego, infiel, orgulloso, rígido y propenso a actividades "masculinas". Por el contrario, cuando tiene sobredesarrollados 'Amigo' y 'Amante' es "blando", es decir, es exageradamente cariñoso, bonachón, cobarde, evita discusiones o conflictos (mal ambiente, mal rollo), es generoso, pasivo, se siente insignificante y realiza pocas actividades físicas. En el caso de la mujer básicamente lo mismo: Reina (asegurarse que el rey es fuerte), Guerrera (defiende y protege la prole), Amante (amor íntimo con el rey) y Amiga (libera emociones mediante el diálogo, las compras, el criticar o focalizarse en la belleza). Cuando la mujer es "malvada", o como dicen vulgarmente "cabrona" o "perra", es cuando tiene sobredesarrollado el rol 'Reina' y 'Guerrera', siendo dominante, egoísta, para quien nunca nada es suficiente, siempre se compara y siempre critica y se queja ("si, pero...").

Por el contrario, cuando sobredesarrolla la parte 'Amiga' y 'Amante' es lo que lleva a la sumisa, que es demasiado cariñosa, todo lo entiende, se queja, pero no hace nada más, justifica cualquier tipo de maltrato, le gustaría ser de otra manera, obedece y no cuestiona. Es importante que el ser humano sepa y comprenda quien es. La conciencia y conocimiento sobre esto son la base angular para reconocerse a sí mismos y la razón por la cual están viviendo su existencia. De esta forma su carácter personal, de pareja, de familia, de amigo y en la sociedad es el equivalente a la hormiga que hace su parte en el engranaje de la colmena, o aún contratado, y rinde con el desempeño que se espera que logre como especialista en su campo. La programación de "machismo" y "feminismo" distorsionan precisamente estos papeles, extrapolando y exagerando las ideas primigenias del valor masculino y femenino. Todos sabemos por evidencia social que los hombres somos directos, simples, y las mujeres suponen y dan más vueltas a las cosas; Los hombres son prácticos y las mujeres complejas; los hombres ven el contexto de las cosas, ms las mujeres ven los detalles. Es una cuestión de operación cerebral: cerebro masculino y femenino, y por ello se complementan a la perfección.

Un ejemplo de la "igualdad" promovida, es el que cosas que ya de por sí están mal, sean aceptadas para otros. Si ya de por sí en la sociedad ya está mal la promiscuidad que dentro de los hombres hace verse como normal, y regularmente entre hombres como símbolo de fuerza, poder, hombría o victoria, ahora esa idea hace parecer que también es un "derecho" de las mujeres. Más que reivindicar el feminismo, esto reivindica el propio machismo y refleja el odio de esas mujeres al hombre por causa de su propio padre (más clásico de las lesbianas) y/o su propia inseguridad. Esta actitud es deshonrosa, y degrada el valor del hombre, y lo ha identificado como "macho", no en algo masculino sino de dominador y arbitrario. Dicha influencia está pervirtiendo asimismo a las mujeres, como si degradarse, con ese mal ejemplo, fuese un derecho, en vez de un pretexto para el libertinaje. La igualdad de género pretende purgar a la sociedad del tal llamado "machismo" con un nuevo machismo, no de machos sino de hembras. Lo que antes hacían mal los "machos" ahora lo hacen las "hembras": no se eliminó el problema, solo se disfrazó, degradando ahora la otra parte que aún no estaba degradada: la mujer. Ahora todos están degradados. El feminismo y la guerra contra el falso machismo solo buscan destruir el hogar, siendo un arma inicial que ahora es complementado por otros movimientos ideológicos como el aborto (asesinato), el lobby LGTB, que luego será LGTBP (Lesbianas, Gays, Transexuales/Travestis, Bisexuales y Pederastas) y el transhumanismo/posthumanismo.

Otra razón de la "igualdad" es realmente la envidia. Si vemos la explotación laboral a hombres en determinado lugar y época, ninguna mujer deseaba igualdad con aquellos caballeros para hacer su trabajo. Es más, lo más habitual era que las mujeres hiciesen de "amas de casa", lo cual era un "empleo" digno y respetado en la sociedad. ¿Por qué? Porque no tiene nada de holgazán o cómodo tener que hacer todas las funciones de un hogar, más encargarse de lo terremotos (niños). ¿Qué hombre iba a desear ese trabajo? La verdad detrás de muchas de estas cuestiones de la tal "igualdad" es la envidia de ver determinados "gustos" o "beneficios" que uno de los dos (en su caso, mujeres) no tienen respecto del hombre, como si hubiese algo que envidiar que en ese contexto viniese a ser positivo para la persona. Con ese tipo de tendencias solo se promueven diferencias y discusiones: "si él tiene, yo también quiero", "si ella hace, ¿por qué yo no?". En vez de que simplemente cada cual esté concentrado en lo suyo, haciendo bien su propio oficio. Otra cosa es que, por determinadas razones, como son las expectativas y/o talentos, el hombre y/o la mujer lleven a cabo cosas que salen del ámbito convencional, de cómo ha sido tradicionalmente. Si se tiene una carrera, experiencia, dones o conocimientos sobre un área, sea mujer o hombre, el que va más avanzado es cabeza de dicho asunto.

Si bien es cierto, en gran parte del mundo por mucho tiempo las mujeres no tuvieron participación en el sistema educativo, no por una gran conspiración "machista", sino porque desde tiempos inmemoriales su rol había sido familiar y hogareño, y la educación que recibían era entre mujeres respecto de esos papeles – no pocos -, mientras el hombre los recibía con su padre en su oficio y en áreas fuera del hogar. Las mujeres sabían cocinar, coser, teñir, criar a los niños, cultivar, limpiar, reparar cosas de la casa, se encargaban de la ropa, y muchas más cosas tediosas que empezaban temprano y concluían más tarde que las tareas del hombre. El hombre posiblemente tendría que madrugar antes, y su papel era en el campo, la caza, la guerra, la protección y defensa, dar la cara por el hogar, hacer la parte mayor de fuerza en lo físico, saber ser líder y hacer sabiamente amigos y aliados. Así las mujeres solían estar más protegidas y seguras, y cultivaban la parte interna de la casa, que es más afín con su mentalidad y características de mujer, mientras el hombre, como protector, estaba más en los aspectos de fuera, dando la cara y previniendo el peligro y las amenazas, pudiendo defenderse diferente que las mujeres (que incluso podían ser violadas). A este estilo de vida se le ha llamado "la época machista", pero porque se destacó por la participación directa y activa de hombres en los diversos cambios sociales, y la propaganda del presente hace sentir a las mujeres que se estaban perdiendo de su participación ahí.

Aunque eso en teoría es muy cierto, no lo es en la práctica, porque estaba mal visto que las mujeres se metiesen en esos asuntos, mas no por machismo de una comunidad de hombres. La razón detrás de la reacción negativa hacia las mujeres era porque estaban dejando claro que no sabían cuál era su papel en la sociedad, menos en la familia y el hogar. Como habrás comprendido, si una mujer estaba ahí con hombres, ¿quién estaba encargándose del hogar, de los niños y de complementar al marido? Si ella fue educada por una familia conocida, estaba avergonzando a sus padres. Es tal sencillo como comparar los tiempos de guerra y patriotismo, donde todos los hombres se supone que estarían luchando para defender a su nación, pero si viesen a un varón por ahí fuera de la batalla, en su casa o haciendo cualquier otra cosa, habría sido llevado al calabozo, reclutado o visto como un cobarde, o hasta fusilado. Si miramos a la naturaleza, hasta ella es más sabia, y los papeles no se mezclan, ni se pisan ni se obvian. Gran parte de esa idea social del "machismo" es falsa, porque quien ha visto mundo ha observado cómo mujeres han sido golpeadas, violadas, robadas o insultadas por alguien, y la gente de alrededor ha linchado al agresor.

¿Por qué? Porque la idea de la mujer estaba en muy alta estima, y porque en naturaleza somos buenos, como bien vemos hasta en animales de otras especies que defienden a otros de enemigos y/o de abusos. Para el hombre, la mujer era imagen de su madre, y para la mujer su marido, imagen del padre. Para un hombre coherente, el ultraje a una madre es como el ultraje a su propia madre o a su hermana, a quien tienen en su respeto y consideración. Los abusos y maltratos han ocurrido cuando la persona que hace el mal está fuertemente desequilibrada y carente de principios y valores, lo cual no se llama 'machismo'. Es ausencia de la figura paternal correcta, es la ausencia de amor, en la ausencia de dominio propio. Por el contrario, si se viera a una mujer fumando, ella misma se estaba avergonzando a sí misma. Es por la imagen sagrada de la mujer por la cual salirse ella de eso que la identifica y representa, hace que quedase mal vista ante la sociedad, no porque la sociedad fuese machista, sino porque la mujer es símbolo de la vida, del hogar, de la educación de los niños, de respaldo del hombre, sin la cual el propio hombre no es hombre (como la mujer sin el hombre no es mujer). El hombre se descubre a sí mismo con su mujer, y la mujer se descubre a sí misma con su varón. La mujer es sagrada, y al salir de su imagen sagrada, queda en evidencia sola, tal como el hombre que a sí mismo se degrada aun cuando la humanidad está adoctrinada en ver esto como algo normal.

ORIENTACIÓN y OBJETIVOS

La Virginidad

En una obra conocida por los antiguos israelitas, y redescubierta en las cuevas del Qumran, se escribe: «Y Yahudáh respondió a su padre, diciendo: ¿Fue por nada que mis hermanos Shimeon y Levi mataron a los habitantes de Shejem? En verdad fue porque Shejem había humillado a nuestra hermana, y transgredido el mandamiento de nuestro Elohim a Noaj y sus hijos, porque Shejem agarró a nuestra hermana por la fuerza, y cometió adulterio con ella. Y Shejem hizo este mal y ni uno de los habitantes de esta ciudad interfirió con él, en decir: ¿Por qué haces esto? Ciertamente por esto mis hermanos fueron y golpearon la ciudad, y YAHWEH la entregó en nuestras manos, porque sus habitantes habían transgredido los mandamientos de nuestro Elohim.» (Libro de Jaser 34:52-53)

En hebreo, el vocablo 'Almah' es 'señorita', sinónimo de 'virgen' (Betulah). En los tiempos de Ieshua (Jesús) la tradición judía en las bodas incluía que un grupo de amigas de la novia esperaran al novio cerca del lugar en el que se llevaría a cabo la fiesta nupcial, para iluminarle el camino con lámparas cuando este llegase, lo cual a sus seguidores dio sentido la parábola de las Diez Vírgenes. Mariam, la que fuera madre de Ieshua, por varias razones debió ser virgen antes de concebirle, ya que todos estos conceptos representan la pureza. Aunque hay una clara distinción entre ser virgen y no serlo, el dar a luz marca aún más la diferencia (muchas mujeres pierden la vida dando la vida). En tanto se es virgen, sin influencia sexual, se está en un estado espiritual de gran vibración y de valiosa energía pura. La activación de los sentidos sexuales, como pretenden hacer oscuros seres en la sociedad por medio de adoctrinamiento infantil, es despertar a más corta edad, y de forma deliberada, el sentido pasional. Una vez despertados estos instintos, el deseo sexual se vuelve casi como un tipo de droga, que pasa él mismo por distintas etapas. Se despierta el deseo sexual, que al principio se combina con estados hormonales que empujan mayormente a la propensión de

la actividad sexual fisiológica, como los sentidos sensoriales que se
mezclan con las dudas existenciales e inseguridades de identidad. Si
a eso se suma una ausencia de presencia de los padres o de figuras de
referencia, y/o el tiempo de actividad de los jóvenes sin un supervisor,
lleva a juegos que conllevan en proyectar los estímulos a todo tipo de
desórdenes, que suelen ser las primeras prácticas sexuales que vienen
a ser los referentes de la adultez.

La constelación de Virgo es llamada en hebreo 'Betulah' (Virgen),
definida en la antigua Sumer como 'AB.SIN' ('padre [de ella es] Sin').
En la astronomía Medieval católica fue considerada por expertos
como alusión al paraíso. La inicial 'M' usada por la ICAR (Iglesia
Católico-Apostólica Romana) ha sido representativa de Mariam
(María), en la práctica la principal deidad de la fe católica. A pesar
de que se difundió que la madre de Ieshua había sido virgen cuando
quedó embarazada, sin contacto con mortal alguno, para muchos
pueblos había relatos de casos semejantes, fuese con vírgenes o no,
donde las doncellas o hasta reinas eran preñadas, usualmente durante
la noche mientras soñaban. En el caso de Mariam, se dice que el
arcángel Gabriel vino a anunciarle que sería depositada en su interior
la luz que fecundaría para dar a luz al Mesías. La santificación sexual
es un elemento fundamental, y por ello se describe a la novia y el
novio como personas 'santificadas' o 'consagradas'. Cristo define la
idea de 'esposo', justamente usando analogías y alegorías donde sus
elegidos para acceder a la trascendencia (resurrección) son definidos
como 'castos' y 'vírgenes'. Es más, el contexto de los elegidos de Cristo
que personifican a la Nueva Jerusalem (el templo de Dios que vendrá
del cielo) como esposa del "cordero inmolado", evoca a todos los que
han tenido una vida casta, acorde a los mandamientos enseñados por
Ieshua y sus seguidores.

Este tipo de apreciaciones se usaban para designar la moralidad,
definiendo la castidad y virginidad como la pureza máxima, y los
males como la fornicación y prostitución. En un sentido puro, la

cámara nupcial y la unión marital (sexual) eran el símbolo maestro de la perfección, de la eliminación de las polaridades y de la desaparición de la dualidad. Uno de los más de cuarenta manuscritos hallados en Nag Hammadi, aborda un punto de vista muy llamativo sobre las polaridades sexuales, el alma y las fuerzas oscuras ("ladrones"): «Los sabios de la antigüedad dieron al alma un nombre femenino. Es más, ella es mujer en su naturaleza también. Ella incluso tiene su matriz. Mientras ella estaba sola con el padre, ella era virgen y en forma andrógina. Pero cuando ella cayó en un cuerpo y vino a esta vida, entonces cayó en las manos de muchos ladrones. Y las criaturas sin sentido su pasaban de uno a otro y [sobre] ella. Algunos hicieron uso de ella por la fuerza, mientras que otros lo hicieron seduciéndola con un regalo. En resumen, la contaminaron, y ella [perdió] su virginidad. Y en su cuerpo se prostituyó y se entregó a todos y cada uno, teniendo en cuenta cada uno estaba a punto de abrazarla para ser su marido. Cuando se había entregado a injustificables, adúlteros infieles, para que puedan hacer uso de ella, luego suspiró profundamente y se arrepintió.»

«Pero incluso cuando vuelve la cara de esos adúlteros, se dirige a los demás y se obliga vivir con ellos y prestar servicio a sus familiares en su cama, como si fueran sus amos. Fuera de vergüenza que ya no se atreve a salir de ellos, mientras que la engañan durante mucho tiempo, pretendiendo ser verdaderos esposos fieles, como si la respetasen mucho. Y después de todo esto, la abandonan y se van. Ella se convierte en una pobre viuda desolada, sin ayuda; ni siquiera una medida de su comida se dejó desde el momento de su aflicción. Porque de ellos no ganó nada, excepto las impurezas que le dieron mientras tenían relaciones sexuales con ella. Y su descendencia por los adúlteros es muda, ciega y enferma. Son de poco ánimo. Pero cuando el padre que está por encima la visita y mira hacia abajo sobre ella y la ve suspirando - con sus sufrimientos y vergüenza - y arrepentida de la prostitución en la que participa, y cuando ella comienza a invocar su nombre para que pudiera ayudarla [con] todo su corazón, diciendo: "¡Sálvame, mi padre, porque he aquí voy a rendirte cuentas, porque yo abandoné mi casa y huí de mi trimestre de doncella. Restáurame a ti mismo de nuevo." Cuando él la ve en un estado tal, entonces él va a considerarla digna de su misericordia, porque muchas son las aflicciones que han llegado a ella porque ella haber abandonado su casa.» (La Exégesis del Alma) Esta parábola sobre el alma, como vemos, es muy bella e insta a la consciencia sobre cómo nuestro ser interior no es consciente de todos los males que le sobrevienen por desviarse de la Luz.

Más adelante, el mismo pergamino enseña: «Y ella soñaba con él como una mujer enamorada de un hombre. Pero entonces el novio, de acuerdo a la voluntad del Padre, vino a ella a la cámara nupcial, que se preparó. Y decoró la cámara nupcial. Puesto que éste matrimonio no es como el matrimonio carnal, [donde] los que van a tener relaciones sexuales con otros estarán satisfechos con el coito. Y como si fuera una carga, que dejan tras de sí la molestia del deseo físico y vuelven sus rostros el uno del otro. En este matrimonio [es diferente]. Pero una vez que se unen entre sí, se convierten en una sola vida. Por lo cual dijo el profeta, relativo al primer hombre y la primera mujer, "ellos se convertirán en una sola carne". Pues ellos se unieron originalmente uno a otro cuando estaban con el padre antes de que la mujer llevase por mal camino al hombre, que es su hermano. Este matrimonio les ha traído de nuevo juntos de nuevo y el alma se ha unido a su verdadero amor, su verdadero maestro, como está escrito, "pues el maestro de la mujer es su marido". [...] Y el profeta dice en los Salmos: "Escucha, hija mía, y ve e inclina tu oído y [no] te olvides de tu pueblo y la casa de tu padre, el rey ha deseado tu belleza, porque él es tu señor".» Sépase que al decir que vuelven el rostro, se refiere a darse la espalda, a no mirarse, y al firmar que "es su hermano", quiere decir que es su semejante y hechura como ella. En la analogía, el marido es el Espíritu, la representación de Dios.

Aún más, agrega el escrito: «Así también se dijo a Abraham: "Sale de tu país y tu patria y de la casa de tu padre". Así, cuando el alma se había adornado a sí misma de nuevo en su belleza [...] disfrutaba de su amado, y él también la amaba. Y cuando tuvo relaciones sexuales con él, ella obtuvo de él la semilla que es el espíritu que da vida, por lo que por él da buenos hijos y les asoma. Porque esta es la gran maravilla perfecta de nacimiento, dado que este matrimonio se perfecciona por la voluntad del padre. Ahora bien, es conveniente que el alma se regenere a sí misma y se convierta de nuevo a lo que antes era. El alma entonces se mueve por su propia voluntad. Y recibió la naturaleza divina del padre para su rejuvenecimiento, para que ella pudiera ser restaurada al lugar [de] donde originalmente había sido. Esta es la resurrección que es de entre los muertos. Este es el rescate de su cautiverio. Este es el viaje ascendente de ascenso a los cielos. Este es el camino de ascenso al padre. Por lo tanto, dijo el profeta: "¡Alabado sea el Señor, alma mía, y todo lo que está dentro de mí, (alabanza a) su santo nombre. Mi alma, gracias a Dios, que perdonó todos sus pecados, que sanó todas sus enfermedades, que ha redimido su vida de la muerte, que la coronó con misericordia y que satisfará su anhelo de cosas buenas. Su juventud se renovará como un águila".»

En otra obra, en su caso de origen griego, se dice: «Cuando, por tanto, la capacidad receptiva de imágenes y profética se halla perfectamente armonizada con la composición del soplo inspirador como con un fármaco, necesariamente se produce la inspiración en los divinos intérpretes; cuando por el contrario no es así, no se produce, o bien se produce erróneamente, no pura, y perturbadora, como sabemos a propósito de la Pitia muerta recientemente. Habiéndose presentado del extranjero, en efecto, consultantes oficiales del oráculo, dicen que la víctima aguantó inmóvil e impasible las primeras aspersiones con agua, y por más que los sacerdotes se excedían y perseveraban en su celo, apenas si cedió una vez que estuvo empapada e inundada. ¿Qué ocurrió entonces con la Pitia? Descendió hasta la sede oracular, según dicen, contra su voluntad y retraída, y enseguida, a las primeras respuestas, era evidente por la aspereza de su voz que no comunicaba, a la manera de una nave que se precipita muda, y estaba llena de un espíritu maligno; finalmente, completamente trastornada y lanzándose con un grito ininteligible y terrible hacia la salida se tiró al suelo, de tal modo que ahuyentó no sólo a los consultantes oficiales del oráculo sino también al profeta Nicandro y a los hombres sagrados que se hallaban presentes. Al poco rato sin embargo entraron, la recogieron vuelta en sí y vivió unos pocos días. Por esta razón mantienen el cuerpo de la Pitia puro de contacto sexual y su vida completamente apartada y al margen del trato con extraños, y antes de la respuesta oracular toman las señales, porque creen que para el dios es visible el momento en que aquélla tendrá el temperamento y disposición adecuados para someterse a la inspiración sin ser dañada.» (Diálogos Píticos, Moralia. Plutarco)

Ieshua comenta sobre la castidad en una analogía con los eunucos (que otros traducen como 'célibes'), diciendo: «"Y os digo que quienquiera que repudie a su mujer, a no ser por un motivo justificado, y se case con otra, comete adulterio". Sus discípulos le dijeron: "Si esta es la situación del hombre para con la mujer, no es bueno casarse." Él les dijo: "Las palabras no las captan todos, sino sólo aquellos a quienes ha sido dado. Porque hay algunos célibes que nacieron así del vientre de su madre, y hay célibes que fueron hechos por los hombres, y hay célibes que a sí mismos se han hecho tales por amor del Reino de los Cielos. El que pueda captarlo, que lo capte".» (Evangelio de los Doce Santos 42:7-8) Por un lado los discípulos se sorprenden de que incluso en esa situación sea adulterio, ya que aún no entendían qué era el matrimonio en profundidad. Ieshua les hace ver que, salvo una razón de peso, como fuere el adulterio o la fornicación, realmente no había motivos de separación, y de haberla, mejor sería para la persona no volverse a casar, porque entonces se estaría uniendo psíquica y energéticamente a otro, alertando su estado vibratorio. El adulterio es el cambio, manipulación o engaño de la naturaleza propia de algo.

«"Padre mío, hay un hombre que ha venido de las colinas, es el más poderoso de la tierra; vigor tiene. ¡Como la esencia de Anu, tan tremendo es su vigor! Siempre recorre las colinas, siempre con las bestias se nutre de hierba. Siempre planta los pies en la aguada. ¡Tan espantado estoy, que no oso acercarme a él! Cegó las hoyas que yo había excavado, destrozó mis trampas que yo había puesto, las bestias y las criaturas del llano hizo escapar de mis manos. ¡No permite que me dedique a la caza!" Su padre abrió la boca para hablar, diciendo al cazador: "Hijo mío, en Uruk vive Gilgamesh. Nadie hay más fuerte que él. ¡Como la esencia de Anu, tan tremendo es su vigor! Ve, pues; hacia Uruk dirige tu faz, refiérele el poder del hombre. Haz que te entregue una ramera. Llévala contigo; Prevalecerá sobre él a causa de un mayor poder. Cuando abreve los animales en la aguada, se quitará el vestido, mostrando desnuda su madurez. En cuanto la vea a ella, a ella se acercará. ¡Le rechazarán las bestias que crecieron en su estepa!"» (Épica de Gilgamesh 3:1-20) Aquí hay un testimonio babilonio sobre cómo el hombre que no había entrado en la esfera sexual tenía un poder especial al lado del hombre común experimentado en la sexualidad.

En el capítulo 4:10-40, agrega que «la moza libertó sus pechos, desnudó su seno, y él poseyó su madurez. No se mostró esquiva al recibir su ardor. Desechó su vestido y él descansó en ella. Mostró al salvaje el trato de una mujer, cuando su amor entró en ella. Durante seis días y siete noches Enkidu se presenta, cohabitando con la moza. Después que (se) hubo saciado de sus encantos, volvió el rostro hacia sus bestias salvajes. Al ver a Enkidu, las gacelas huyeron, las bestias salvajes del llano se alejaron de su cuerpo. Sorprendióse Enkidu, su cuerpo estaba rígido, sus rodillas inmóviles - pues sus bestias salvajes habían huido -. Enkidu hubo de aflojar el paso - no era como antaño -, pero entonces tenía sabiduría, más amplia comprensión. Volvióse, sentándose a los pies de la ramera. Mira a la cara de la ramera, atento el oído, cuando la ramera habla; La ramera le dice a Enkidu: "¡Tú eres sabio, Enkidu, eres como un dios! ¿Por qué con las criaturas silvestres vagas por el llano? ¡Ea!, deja que te lleve a la amurallada Uruk, al santo templo, morada de Anu e Ishtar, donde vive Gilgamesh, perfecto en fuerza, y como un buey salvaje señorea sobre el pueblo." Mientras le habla, sus palabras encontraban favor, su corazón se iluminaba, ansía un amigo.» Esta historia parece la misma que la de Hurmanetar en el Kolbrin, lo cual es evidente que fue un relato conocido y relevante de la antigüedad ampliamente difundido, y un referente sobre la humanidad.

En la obra 'Mitos Hebreos' (1964), sus escritores Robert Graves y Raphael Patai, relatan lo que sería 'el Nacimiento de Set', diciendo que «Adán, temiendo que otro hijo de Eva y él pudiera compartir el destino de Abel, se abstuvo del trato sexual con ella durante no menos de ciento treinta años. En todo ese tiempo los súcubos llevaban con frecuencia demonios a Adán mientras dormía, causándole sueños pecaminosos e involuntarias emisiones de semen. Además, los íncubos violaban a Eva dormida y engendraban demonios con ella. Como los súcubos, estos íncubos, o Meri'im, eran los espíritus tenebrosos creados por Dios en el Sexto Día al anochecer. Antes que pudiera completar sus cuerpos el sol se puso, comenzó el primer Shabat y se vio obligado a desistir. Como Dios decidió poblar la Tierra con hombres y no con demonios, inculcó en el corazón de Adán un ardiente deseo por Eva. Hasta entonces Adán podía reprimir ese deseo sólo mediante la ausencia; pero ahora, inclusive a gran distancia de Eva, ese deseo se hizo en él tan fuerte que, recordando la orden de Dios, "¡Creced y multiplicaos!", volvió a buscarla, se acostaron juntos y ella le dio a Set.»

«Algunos dicen que el ángel de Dios ordenó a Adán que se acostase con Eva, pero él se abstuvo hasta que se le prometió un hijo llamado Set —que significa "consuelo"—, el que aliviaría su aflicción por Abel. Según otros, Eva dijo: "Dios me ha asignado (shath) otro hijo en lugar de Abel". Cuando, después del nacimiento de Set, Adán volvió a la abstinencia, Samael, otra vez disfrazado de mujer hermosa, se presentó fingiendo que era hermana de Eva y exigió que se casase con ella. Adán rogó a Dios que lo guiase y Él inmediatamente puso de manifiesto la figura perversa de Samael. Siete años después Dios volvió a decirle a Adán que se acostase con Eva, prometiéndole que impediría que los tentase la lujuria desenfrenada e indecente. Y mantuvo su promesa. Antes de morir Eva le dio a Adán treinta parejas de mellizos, un hijo y una hija cada vez, como resultado de ritos maritales realizados con la santidad y el decoro máximos. Adán vivió ochocientos años después del nacimiento de Set.» Es curioso cómo detrás de mitos y metáforas se esconden gran cantidad de detalles fundamentales para comprender la historia, o en su caso, la pre-historia.

Pero en la Tanak (Antiguo Testamento) hay historias que resaltan la castidad, como el joven Iosef (José), último de sus hermanos cuando fue vendido por ellos y fue a parar a Egipto como esclavo. La esposa del encargado Potifar le seducía una y otra vez hasta que impotente de no ver que él la atendía, hizo creer a su esposo que Iosef había intentado violarla, y esto llevó al joven hebreo a estar en prisión por un par de años. Aunque pareciese que la moraleja es contradictoria, las penas de Iosef se convirtieron en recompensa, pues salió de la cárcel y fue nombrado segundo después del faraón sobre todo Egipto. Siglos después, cuando los hebreos recuperaron Canaán, tuvieron jueces para gobernar entre el pueblo antes del inicio de la era de los profetas de Israel, y entre estos jueces fue puesto un hombre fuerte para guiar al pueblo. Un ángel anunció que nacería un libertador que soltaría el yugo que los filisteos tenían sobre las tribus de Israel. Éste fue Shamshun (Sansón), quien simplemente debía guardar algunos requisitos: no beber alcohol, no tocar nada muerto y no cortarse el cabello. De mantener esto – lo cual se denominaba 'nazareato' (consagración) – obraría con una fuerza sobrehumana. Lo que realmente significaba eso, y que puede que Sansón no hubiese comprendido – al menos hasta el último momento – es que debía mantenerse centrado en su misión, evitando los excesos y la desconexión con la realidad (simbolizado con la sobriedad); que no debía degradar su santidad juntándose con personas inmorales ni con cosas inmorales (lo muerto); y que no debía cortar su conexión espiritual y dignidad (el cabello).

Sansón desobedeció todos estos principios, y por tanto, no pudo cumplir su objetivo, empezando por no guardar su castidad y buscar mujeres del pueblo de sus enemigos (lo cual simbólicamente es unirse con el enemigo en una carne). La obra intertestamentaria de los guerreros macabeos, judíos héroes en la guerra contra Antíoco IV, se habla también del gran Iosef: «Por eso alabamos al virtuoso José: porque venció la concupiscencia con su raciocinio.» (4º Mac. 2:2) Otra traducción dice "venció al deseo sexual". Los versos siguientes dicen, respecto también de la "unión sexual": «A pesar de su juventud y de poseer plena capacidad para la unión carnal, reprimió con la razón el aguijón de las pasiones. Pero la razón vence el impulso no sólo del deseo carnal, sino de cualquier otro deseo. La ley dice: "No desearás la mujer de tu prójimo ni los bienes ajenos". Y si la ley nos manda no desear, tenemos ahí una prueba decisiva de que la razón puede vencer los deseos como también las pasiones que se oponen a la justicia. ¿Cómo alguien inclinado naturalmente a la gula, la glotonería y el vicio de beber puede ser inducido a cambiar sino porque la razón es dueña de las pasiones? De hecho, tan pronto como uno ordena su vida de acuerdo con la ley, si es avaro, violenta su manera de ser, prestando sin interés a los necesitados y cancelando las deudas cada siete años; y si es tacaño, termina vencido por la ley a través de la razón, de modo que se abstiene de espigar sus rastrojos y de rebuscar en sus viñas. También en cuanto a lo demás se puede ver que la razón es dueña de las pasiones.»

«La ley, en efecto, supera el cariño a los padres cuando no se renuncia a la virtud por causa de ellos, está por encima del amor que se tiene a la esposa cuando se la corrige si ella contraviene a la ley...» (Vers. 3-11) En otros rollos antiguos, se revela que el mandamiento de "no desear a la mujer del prójimo" era, en sí, realmente un llamado a no abrazar la seducción de Ialdabaot por medio de la pasión sexual, en un sentido global. No se trataba simplemente de "no desear", sino de no hacer, pues la mente crea con el pensamiento, y se materializa según las circunstancias y decisiones. Y ¿por qué muchos mandamientos parecen dirigirse al hombre y no a la mujer? Pues porque responsabilizan al varón, organizando el modelo social en un sistema cooperativo más dirigido a la acción que a la diplomacia. No pretende establecer una igualdad, dado que no la hay (hombres y mujeres son distintos), y más bien da trabajos y obligaciones morales, civiles y de conciencia para cada sexo, de modo que cada cual actúa conforme a la naturaleza de su patrón: el que es hombre perfecciona la hombría, y la que es mujer, perfecciona la feminidad. Así, la unión entre ambos, perfecciona al ser UNO que ambos representan y deben alcanzar.

Construcción

Somos en gran medida lo que han inculcado en nosotros nuestros padres. Las ausencias crean en nosotros ausencias. Los pecados de los padres hacia los hijos pueden incluso ser de abuso sexual, pero todo lo que hacen los padres directa o indirectamente, consciente o inconscientemente, de cara a los hijos, o encubierto - con ellos o antes de ellos - implica deudas y ataduras espirituales que recaen en los hijos. Todo lo que hacen y dejan de hacer los padres, y cómo lo hacen, marca a los hijos. Desarrollamos nuestro centro energético de dos maneras: 1. Copiamos a nuestro referente, o 2. Rechazamos a nuestro referente. Eso causa desequilibrios emocionales. Cuando Moisés escribió que Dios visita la maldad de los padres hacia los hijos, se refiere a que toma nota del mal que los padres causan a los hijos, toda vez que los hijos dependen de la guía, educación e influencia de sus padres. Todo lo que dejamos de hacer y hacemos marca pautas conscientes o inconscientes en nuestros descendientes. Además de perdonar a nuestros progenitores, es importante darles las gracias por lo que han hecho, bueno o malo, y objetivamente decirles lo que erróneamente han causado en nosotros. Esto es tanto por salud física como por salud mental, y para no repetir nosotros con otros o nuestros hijos los programas de los ancestros, de hasta la tercera y cuarta generación. Una vez entendido eso, y lo anterior, hay que poner bases nuevas en los cimientos, porque empieza el proceso de sanación, donde el sanado sería una vía para los semejantes que el Espíritu Santo traerá para que a su vez sean sanados.

El dolor que hemos pasado será el testimonio para la restauración de otros cuando hayamos empezado a superar el trauma, la enfermedad y la adicción. Entiende tu rol y naturaleza, tanto humana como espiritual. Toma nota de tus pasos a seguir, auto-evaluándote. Y documéntate sobre tus puntos débiles y fuentes de tus problemas, para hallar las raíces y cortarlas. En el sexo, sábete que, si has estado en adicción u obsesión, vendrá un tiempo de dificultad, que es la fase o franja del 'síndrome de abstinencia'. Son periodos donde una a una los primeros días, y luego las siguientes semanas, serán subidas y bajadas, pero mayormente subidas, y tensión y sudores y ansiedad. Pero si estudias todos los parámetros, te anticipas y conoces a tu enemigo interno, lo controlarás a él y no él a tí. Así como para nosotros las adicciones sexuales, a videojuegos o apuestas, al alcohol, o el cigarrillo, o las drogas, o muchas otras cosas, son una vía para suprimir carencias y frustraciones, por otro lado, son arterias de las que se alimentan demonios que evitan nuestro avance, progreso y despertar. Tu aliado más grande será, 1º la Oración (aprende a saber orar), 2º la Meditación, 3º la música de vibración armónica (no en sí la música cualquiera), 4º el Conocimiento (entérate de lo tocante a la construcción personal) y 5º saca adelante Metas.

«Pero, el uso frecuente de drogas, tabaco o alcohol exige cantidades cada vez mayores para lograr el mismo efecto; a este hecho se le conoce como tolerancia, y ocurre porque las sustancias adictivas sustituyen gradualmente la creación de neurotransmisores que desencadenan sensaciones de bienestar. En consecuencia, el paciente pierde la capacidad de experimentar gozo y tranquilidad de manera natural, y crea una dependencia o consumo compulsivo para no sufrir una serie de malestares como ansiedad, nerviosismo, alucinaciones, sudoración, temblores, escalofríos, dificultad para dormir, vómito y otros que, en conjunto, forman el síndrome de abstinencia. Cabe destacar que el abuso de sustancias no siempre crea dependencia física, sino psicológica, la cual se basa en el deseo continuo de consumir un químico para hacer frente a situaciones que generan malestar. Aunque también es muy difícil de superar, tiene la peculiaridad de que cuando se deja de emplear la droga no se manifiestan cambios en el organismo, es decir, no hay síndrome de abstinencia, sólo alteraciones emocionales y de conducta. El uso continuo de sustancias que actúan sobre el sistema nervioso es responsable de dependencia física, ya que el cuerpo se adapta a ellas y el cerebro experimenta un cambio en su estructura y desempeño, de manera que sólo puede funcionar normalmente ante la presencia de dichos químicos, sin olvidar que cada vez requiere mayores dosis para obtener efectos placenteros.» (Wikipedia)

Aparte del trabajo de oración y meditación, junto con la aceptación, se debe entender que los padres, son padres, es decir, son humanos. Han tenido que pasar por las mismas experiencias que sus previos padres (nuestros abuelos), y así sucesivamente, tal como nosotros ahora las repetimos, y tras nosotros, nuestros hijos. Nadie nace aprendido. Debemos ver las virtudes tanto como los defectos, y tener un sentido crítico objetivo, justo, honesto. De la misma manera hemos de abrazar nuestras virtudes y nuestros defectos. No verlos como cosas "malas", sino como aprendizajes. Debemos bendecir, amar y aceptar nuestros defectos y polarizaciones. Y eso no significa sentirnos orgullosos de nuestras distorsiones y no enfrentarnos a ellas como una lucha, sino asimilar que pelear contra algo con fuerza implica fricción y esfuerzo, que lleva al cansancio. Mejor es integrar estos sentimientos y pensamientos bajo el amor y la comprensión, sin juzgarlos. Entrar en ellos en meditación para vernos reflejados tal como somos, y descubrir porqué son debilidades o porqué son fuerzas. No odiar. No aborrecer nuestras partes polarizadas o las de nuestros progenitores o maestros, porque eso solo alimenta el engaño de la ilusión, y el odio no es fruto del Espíritu. Más bien veámoslas como una oportunidad de perfeccionamiento, un regalo de amor del infinito para que trabajemos en perfeccionarnos.

Cabezas

Suele ser un tópico a veces hablar de "cabeza" en el hogar, dado que en el cristianismo se entiende que Ieshua es la cabeza del hombre, y el hombre es la cabeza de la mujer. Pero, ¿eso qué significa? La cabeza simboliza la autoridad y el liderazgo, mas, ¿cuál sería la razón por la cual el apóstol Pablo habría determinado eso? Esto no venía de Pablo, sino de siempre. A la mujer se le dijo en el tiempo de los primeros padres, Adam y Jevah, que el hombre se "enseñorearía" de ella. En español esto suena a sometimiento, pero en hebreo se refiere a ser el "señor" (el 'Adonei'). Empero, Dios es el "señor" del hombre, y el hombre el "señor" de la mujer. Dios es nuestro escudo y fortaleza, y es señor por ese poder, y el hombre es escudo y fortaleza de la mujer, y por ello ella le llamaban "mi señor". El solo gesto ya hace sentirse al hombre maduro, responsable, respetado y comprometido (cuando confían en ti, te sientes responsable de cumplir a los que creen en ti). Por ello se ve tantas veces en las sagradas escrituras hebreas el que la mujer llamase a su marido, "mi señor", pero una mujer misma es "señora", porque tiene poder sobre la virtud del hogar y sobre Lucifer. ¿Cómo así? Lucifer quiso dañar el hogar por la mujer, y si la mujer honra a su marido y protege el interior de su casa, Lucifer es humillado en su cabeza (autoridad), perdiendo capacidad de entrar en una familia.

Es como un modelo militar, donde hay un orden de mando y de delegar, de modo que se evitan las indecisiones, lentos procesos y discusiones de una asamblea. Los ángeles de Iaheveh mandaron el manejo del país por medio de líderes grupales y de miembros de asamblea. El concepto de hombre es el del liderazgo como se aprecia hasta en el organigrama de los ángeles. Pero hay otras asambleas, que son las de dioses y diosas, que son el estándar más allá de la jerarquía angelical, pues el hombre, tras ser hombre, será ángel, y tras ser ángel será un dios. Tanto en la reencarnación como en la naturaleza angélica y divina se puede cambiar de envase de hombre a mujer o de envase de mujer a hombre. No obstante, es en el coro de los dioses donde dios y diosa realmente sin iguales, porque tienen la personificación de la virtud dual del cosmos para el equilibrio del Yin con el Yang. Eso quiere decir que la situación del hombre y la mujer es temporal, según las necesidades de este tiempo y esta naturaleza, pero en esencia, su raíz y su destino, es ser una totalidad en una verdadera igualdad. Pues en el cielo no hay necesidad de protegerse, ni de complementarse, ni de deseo sexual, ni de procrear, ni de cuidar el hogar, ni de cocinar, ni de ir a cazar, ni de todas las demás trivialidades de esta vida pasajera.

Ahora las decisiones generales se tomaban en grupo, pero el orden de liderazgo se efectuaba a nivel militar, es decir, sistema de cúpula. Las asambleas se conforman de los más sabios y ancianos, debido a su experiencia y capacidad de meditar cabalmente en las determinaciones fundamentales de cuestiones generales o puntuales. Sin embargo, las cosas genéricas grupales de cada momento y cada familia y persona son muchos cada día, como para ser estudiados por un grupo de personas, ya que, además, de ser así, no tendrían vida propia, estando toda la jornada y la vida tras los asuntos de la gente. Los hombres deciden en política hasta la ancianidad, pero en las mujeres las ancianas guían a las más jóvenes, como las más jóvenes a sus hijas y el principio del hogar. El sistema piramidal deriva responsabilidades y da oficio a todos, integrando a cada persona a la estructura. No obstante, un sistema lineal de debate para toma de decisiones no serviría como medio efectivo y rápido para el desarrollo de proyectos, mucho menos si se tratase de lucha. Por ello el sistema "hormigas" es útil si solo hay que seguir una orden y no pensar, repitiendo lo mismo sin aportar nada más que la mano de obra elemental. Cuando hay dones y talentos, se entiende que hay escenarios donde han de ser utilizados, y si estos talentos o dones son muy distintos, entonces los escenarios de trabajo serían variados.

En consecuencia, cada cual ha de saber cuál es su rol y cómo entran ahí sus cualidades. Las hormigas no sirven para eso, pero el modelo más efectivo es el de "miembros" de un cuerpo, o "células" de un cuerpo. Cada miembro y órgano tiene una función específica y trascendental y está integrada en el trabajo del otro. Las células realizan funciones determinadas según la zona que les corresponde, y operan todas juntas, integrándose con las más cercanas, creando una red completa que da la funcionalidad al cuerpo entero. Pero hay una gran diferencia cuando de matrimonio se trata, y una cosa sería transportar el mismo modelo a una pareja, a una familia con hijos, y una sin ellos. En la pareja lo que se trabaja es la polaridad y la dualidad, por lo que los principios de operatividad inicial del desarrollo son sobre los "espejos" que uno y otro se proyectan entre sí. Sin embargo, en la realidad, especialmente en la era moderna en este planeta, casi en todas partes y por regla general, los roles del hombre y la mujer están desfasados, modificados u olvidados. Por eso hay familias destruidas, y las familias destruidas son una sociedad destruida. De manera que salvo en modelos realmente religiosos o positivamente filosóficos - en el sentido estricto de la palabra - pocas veces se viviría en un proceso de avance matrimonial verdadero. Si a eso se suma el pretender objetivamente que exista un sistema de diplomacia matrimonial sin el equilibrio masculino-femenino, la ingenuidad ante la realidad, acabaría con la pareja, ya que por instinto eso se adquiere en la experiencia, con la madurez, no suele ser nato en las personas bajo la educación recibida, menos en dos que conviven juntos al mismo tiempo.

Ese tipo de actitud se ve en individuos que ya han pasado por varios matrimonios, y han limado muchas cosas que les han obligado a someter su ego en pro de una buena convivencia. Lo cierto es que el hombre y la mujer son muy diferentes, y para un trabajo donde cada uno sabe lo que debe hacer, la efectividad es grande, pero para pretender entenderse con mentes distintas, habría que contradecir la realidad. Antes que esperar que el hombre y la mujer se pongan de acuerdo, siendo que ambos representan opuestos y piensan diametralmente diferente, lo lógico es poner prioridades. Si la mujer se centra en el marido y el marido en Cristo, acaba el debate y, progresivamente, la discusión. Este modelo elimina las confrontaciones triviales y potencia el trabajo en las necesidades primarias. Entonces la mujer corrige gran parte su polaridad errada no entendida y el hombre se equilibra por el espíritu. La mujer se somete a su ego, y el hombre se somete a su verdadera autoridad. Ella sabe encontrar su lugar y el hombre aprende a ser líder siendo discípulo, obedeciendo y conectando con la fuente. Seguidamente, con esto ya en marcha, el hombre debe velar por las necesidades generales del hogar y de su pareja, y la mujer dedicar tiempo a su propia espiritualidad. Entonces pasan a la tercera fase, que es integrar a toda la familia al crecimiento espiritual y la ciencia espiritual y sus ejercicios.

El hombre es identificado con el número 6. Son 6 los sentidos de la percepción: mente, vista, oído, tacto, gusto y olfato. Al pensar en

Mente pensamos en la Cabeza, inconscientemente porque refleja la fuente de nuestras ideas, aun cuando realmente el 'liderazgo'. Cabeza en hebreo es 'Rash' (en hebreo moderno pronunciado 'Rosh'), que es una palabra que también indica "inicio" (por ejemplo, 'Rosh ha.Shanáh' (inicio de año), o año nuevo, relativo al primer día de año nuevo del calendario judío). Rosh es también alusivo a ser jefe o líder, como 'Rosh ha.Mishpajah' (cabeza de la familia), respecto del cabeza del hogar, o el padre. Por ejemplo, Naj (Noé) era de 500 (Reish (200) y Shin (300) = 'RSH') años cuando tuvo a sus 3 hijos-estirpes, los pobladores del mundo tras el diluvio. A imagen de la Mente en lo psíquico a lo físico, el cerebro rige los sistemas de los 5 sentidos, 4 de los cuales están en la cabeza. Recordemos la importancia del '4' en lo que respecta al Espacio-Dimensión de la Realidad-Ilusión. A diferencia de estos 4, el tacto informa al cerebro a través de la piel (operando por percepción de presión), por medio del sistema nervioso. El gusto y el olor son básicamente sentidos químicos, que traducen partículas en información (en su caso, el sabor se percibe supuestamente por la lengua en dulce, salado, amargo y ácido); los ojos y los oídos perciben las ondas: unos las electromagnéticas de la luz visible (el color por la frecuencia de luz, y el brillo por la energía de la luz), y otros la oscilación de vibración (entre 20 y 20.000 Hz). En indoeuropeo, cabeza es 'Ker', de la misa raíz de donde viniese la forma hebrea 'Keren' (corona). De los 5 sentidos, 3 de sus órganos receptivos se hallan en la frente, y otro a lado y lado. La vista es el sentido del engaño porque solo nos muestra la ilusión, lo que tenemos delante, las apariencias; la nariz va delante, porque refleja, entre otras cosas, la intuición: "me huelo, algo que se viene"; las orejas van a los lados y dentro los oídos, pues son el punto de equilibrio, y por ende, están a cada lado para mantener el balance. La cabeza es el centro de comunicación individual, de las emociones, pensamientos, vida espiritual y crecimiento personal, y de él hemos de analizar también el cerebro y el cráneo, porque representan el inicio. La conexión entre el cerebro y la médula espinal es la raíz de todo el sistema de emoción (sistema nervioso), como lo es recubriéndolo el cráneo y las vértebras. El cerebro es el control centralizado sobre los demás órganos del cuerpo. La parte que nos representa es la cara, por ello el responsabilizarse de algo es "dar la acara". La cara representa el presentarse. En lengua hebrea se denomina 'Pneh' (rostro, cara, faz), y se usa para identificar el estar "delante" de alguien o de algo, o designar la parte superficial de algo. Esa misma zona se caracteriza por la distribución, forma y simetría de las partes que expresan al exterior nuestro estado emocional, y 3 de los medios de los sentidos: ojos, nariz y boca. Como complemento del rostro está la frente, símbolo de "dar la cara", de liderazgo y de iniciativa. El vocablo 'Pneh' suma 135, igual que en griego 'Stodi Leuki' (vestido blanco).

Recubriendo la bóveda craneal se dispone el cabello, que, pese a que apreciable en la mayoría de zonas del cuerpo, en mayor o menor medida – salvo en las palmas y en la zona central horizontal del rostro -, crece abundantemente y largo. El pelo, en general, mejora la temperatura por efecto de disipación y dificulta la picadura de insectos. Esta fibra de queratina proporciona protección al cráneo ante los impactos, mantiene el calor corporal de la cabeza y protege de los rayos directos del sol. El cabello es símbolo estético, sabiduría, experiencia, virilidad o feminidad, fortaleza, libertad (incluso su ausencia como esclavitud), moda, religión, poder adquisitivo, estamento social o ideología político-filosófica. El uso, ausencia o estilización del pelo, es una forma consciente o inconsciente de reflejar las ideas, la forma de pensamiento o una filosofía. Indica personalidad o carácter, consagración (ver Núm. 6:5), fuerza (Juec. 16), belleza (2ª Sam. 14:26), luto o dolor (Isa. 22:12), dignidad del ser y esencia del poder. En un sentido metafísico, el cabello expresa el contacto con la energía espiritual, y es denominado en hebreo 'Shiaar', que numéricamente es 580, igual que las ideas casi antagónicas de 'Sair' (cabro) y 'Atik' (anciano). El estado del pelo representa el poder sexual, genital y reproductor. Otra característica del cabello es su relación con la idea del poder para dirigir mi propia vida. Aparte de símbolo de potencia, belleza, libertad y fuerza, el cabello pone en contacto la energía espiritual cósmica y supra-cósmica. Este símbolo de la esencia del poder y la dignidad del ser es la parte superior y más elevada de todo el sistema (cuerpo), y por ende su relación estrecha con el chacra corona, o Rayo Violeta.

Innovación

Dentro del tiempo disponible es también clave considerar momentos para la pareja, sea al llegar del trabajo (antes de hacer las rutinas del hogar, para no estar completamente cansado y desmotivado, por ejemplo), o antes de irse a trabajar. Como hacen quienes guardan el Shabat (sábado), toman para la familia el domingo, respetan la siesta tras el almuerzo, ven una película después de cenar o aprovechan los momentos en que los niños están en la guardería o en el colegio. Se pueden priorizar dichos momentos para introducir ahí el trato íntimo y las ideas que se pueden desarrollar según la disponibilidad (hay quienes según su tiempo de trabajo se pueden incluso permitir escapadas para tomar a su pareja por sorpresa... ningún momento es malo, incluso los complicados lo hacen más divertido y despiertan el espíritu jovial y picaresco de ambos). La priorización de la búsqueda y aplicación de recursos y diversas formas de desarrollo sexual psíquico-corporal evitan las lagunas por donde se refuerzan progresivamente los problemas que posteriormente van fracturando la relación de pareja desde las coyunturas más frágiles. Uno de los catalizadores que potencian la falta de motivación, la fabricación de excusas, el desinterés, el aburrimiento y la monotonía sexual es la falta de cambios geográficos, cambio en el entorno, en los lugares de "interacción" y "juego". Esto podría empezar a potenciarse positivamente, e incluso sin contacto necesariamente físico, en un entorno fuera de la "cámara nupcial", especialmente fuera de casa.

La comodidad del matrimonio tiende a bajar la guardia respecto de los esfuerzos que se hacían en la soltería para cuidar la forma y tratar de agradar, y el dar por sentado que ya estando casados no hay que preocuparse por la actividad física o las mejoras que pueda haber para las prestaciones del cuerpo y la estimulación de los sentidos, lentamente va haciendo hueco para alimentar pasiones que tendrían que haber fluido dentro de la privacidad de la propia pareja. Es importante, en este sentido, no solo el ejercicio físico, sino el cuidado personal en áreas tales como la higiene, el vestir y el decoro. Mostrarse bien, también refleja salud, vigor y autoestima, lo cual inspira a los semejantes, y motiva estética y químicamente a la pareja. La importancia de los juegos y la evasión del deseo de realizar juicios crean y mantienen un ambiente pasional, romántico y de conexión a distancia, entendiendo por "juegos" principalmente el uso de vocabulario verbal y físico de "cortejo", que sin importar la edad ratifican la sexualidad y unión de pareja, sin importar la edad o la condición en la que se esté.

«El sexo tántrico forma parte de una filosofía de vida llamada tantra que surgió en Oriente hace más de 4.000 años. La parte sexual es tan sólo una pequeña parte de ella. Esta corriente se fundamenta en cuatro pilares básicos, o como lo denomina el propio tantra, en cuatro llaves. Diego Jiménez, 'sex-coach' y director de Escuela Tántrica en Madrid, enumera a ZEN en qué consisten esas claves y cómo se pueden extrapolar a la forma de sentir y entender la sexualidad. La primera llave es aceptarse a uno mismo y a los demás tal como son. Si tú no te aceptas como eres, no podrás disfrutar plenamente de la vida. Lo mismo ocurre en el sexo: si no te aceptas a ti mismo con tus virtudes, tus defectos, tus capacidades y complejos, ni tampoco a la persona que tienes enfrente, no podrás disfrutar plenamente de tus relaciones sexuales. La segunda llave es estar presente en el momento con los cinco sentidos. Es decir, para vivir la vida plenamente tienes que estar absoluta y conscientemente en ella.»

«Este principio extrapolado al sexo significaría lo mismo: si estás en una relación sexual con los cinco sentidos, la disfrutarás mejor y más satisfactoriamente que si sólo estás por estar o por obligación. La tercera llave de la filosofía tántrica es expresar lo que sientes y piensas. Para poder dar y recibir es necesario decir lo que cada uno quiere y siente en un momento determinado. En el sexo también. Tal como afirma Jiménez, "la realidad es que todas las personas practicamos el sexo en base a nuestras experiencias e historias de vida. Cada uno somos un mundo y, por tanto, cada relación sexual también lo es". De este modo, es necesario saber pedir lo que queremos y lo que nos gusta, lo que nos apetece en cada momento, así como escuchar también a la persona que tenemos delante. Y, por último, la cuarta de estas llaves es el movimiento armónico y fluido. O lo que podríamos denominar como alcanzar el equilibrio. Es decir, acompasar tu energía y tus ritmos con los de la otra persona para poder fluir y estar en armonía.» (Beatriz G. Portalatín, artículo de 'ElMundo.es', actualizado el 20 de septiembre de 2015)

Las rutinas y horarios suelen facilitar la configuración de programas mentales – por así decirlo – que predisponen a monopolizar la relación sexual a momentos determinados, los cuales, debido al "destino" se alteran, entorpeciendo esas situaciones que se preveía que fuesen las que terminarían en contacto o interacción sexual. Lo más indicado es introducir las experiencias sexuales, independientemente de las circunstancias, en cualquier momento, y no monopolizar un horario, ya que lo más probable es que la hora esperada sea truncada por cualquier "imprevisto". También es importante adaptarse a los horarios, ya que por trabajo muchos no tienen poco tiempo para la familia, y menos energía para un extra, toda vez que en muchos casos al llegar de trabajar no le espera a uno descanso sino las labores del hogar. Aunque no sea todos los días sagrados, un día sí y un día no es apropiado tratar de incorporar al tiempo disponible de uno momentos de intimidad. Esto, aparte de romper la rutina, ayuda a aliviar las cargas cotidianas y cobrar ganas de seguir con las actividades del día. Somos espíritu y alma, somos vida y vigor, no nos creamos que el exterior o el tiempo nos ha apagado o matado. Disfruta de tu relación.

¡Dios te bendiga!

Don't miss out!

Visit the website below and you can sign up to receive emails whenever Frederick Guttmann publishes a new book. There's no charge and no obligation.

https://books2read.com/r/B-A-DKUGB-OPECD

BOOKS 2 READ

Connecting independent readers to independent writers.

About the Author

Israeli writer, researcher, disseminator, documentary filmmaker and influencer. He is the writer of more than 35 books, mostly research and dissemination theses.

Read more at https://www.frederickguttmann.com.

9 798231 868766